不负自得

教育工作札记

伍平伟 著

上海财经大学出版社

**图书在版编目(CIP)数据**

不负自得:教育工作札记/伍平伟著. —上海:上海财经大学出版社,
2021.3
ISBN 978-7-5642-3696-0/F·3696

Ⅰ.①不… Ⅱ.①伍… Ⅲ.①中学教育-文集 Ⅳ.①G63-53

中国版本图书馆 CIP 数据核字(2020)第 260118 号

□ 责任编辑 杨 闯
□ 封面设计 从个堂

**不负自得**

——教育工作札记

伍平伟 著

上海财经大学出版社出版发行
(上海市中山北一路 369 号 邮编 200083)
网 址:http://www.sufep.com
电子邮箱:webmaster@sufep.com
全国新华书店经销
广东虎彩云印刷有限公司印刷装订
2021 年 3 月第 1 版 2021 年 3 月第 1 次印刷

710mm×1000mm 1/16 14.25 印张(插页:2) 264 千字
定价:48.00 元

# 序

乙亥末，庚子初，一场突如其来的新型冠状病毒肺炎疫情肆虐神州大地。习近平总书记要求：坚决打赢疫情防控的人民战争、总体战、阻击战。

国有难，召必战，战必胜。

大渡口区教委始终把全区师生的生命安全和身体健康放在第一位。自疫情爆发以来，深入贯彻落实中央、市、区防控相关文件精神，用严格的制度压实主体责任，以顺畅的沟通筹集防疫物资，凭日报告和零报告等制度呈现管控轨迹，统筹指挥全区学校疫情防控工作——

1月27日至3月14日，大渡口教育系统疫情防控小组组长、区委教育工委书记、区教委主任伍平伟，连续48天撰写教育工作札记直至重庆确诊病例清零，统筹部署全区师生开展疫情防控工作；

2月10日起，全区师生开始探索线上教学模式，构筑起全系统师生员工学习、防疫、工作和生活的交流平台，筑牢抗疫防线；

4月20日起，全区学校相继通过72项复课验收，做好复学准备工作，各校逐步复学复课；

6月2日，全区各学段师生全部安全复学复课。

启动抗疫工作以来，全区广大师生，同呼吸、共命运，坚定信心战疫情，同舟共济筑防线。各学校校长，闻令而动，亲自部署，靠前指挥，精准施策，科学防治，运筹帷幄，在大渡口区教育系统形成了全面动员、全面部署、全面加强疫情防控的战略格局，有效阻击了新型冠状病毒肺炎疫情的传播，为战胜疫情，深化区域教育领域综合改革，构建有品质、有内涵、有情怀的大渡教育奠定了坚实的基础！

为记录抗疫这些天、这些人、这些事，遂作《望海潮·大渡教育》一阕，以飨读者。

望海潮·大渡教育

　　大渡教育,渝州翘楚,义渡自古扬名。旧石新馆,二马金鳌①,汇集千年文明。川江绕城行,细浪逐清波,代代驰骋。繁花满园,名师萌娃,胜祥云。

　　乙亥末庚子初,新冠突袭,万面悲悯。夙兴夜寐,运筹帷幄,万千师生同频。园丁扮主播,生醉为砚席,又闻佳音。今又朗朗书声,往谓德无垠。

**赵斗禄**

重庆市大渡口区长征学校书记、校长

2020 年 11 月

---

　　① 旧石:指大渡口康然山庄出土的旧石器时代的石斧;新馆:指工业博物馆;二马:指马桑溪、马王场。

# 自 序

    回望即将过去的庚子年,这是一段可歌可泣、刻骨铭心的岁月。在以习近平同志为核心的党中央坚强领导下,14 亿中国人民进行了一场惊心动魄的抗疫大战,经受了一场艰苦卓绝的历史大考,付出巨大努力,取得了抗击新冠肺炎疫情斗争的重大战略成果。在同疫魔的殊死较量中,中国人民和中华民族以敢于斗争、敢于胜利的大无畏气概,铸就了生命至上、举国同心、舍生忘死、尊重科学、命运与共的伟大抗疫精神。

    疫情突如其来,中国人民没有被吓倒,各条战线的抗疫勇士临危不惧、视死如归,以生命赴使命,用大爱护众生。中华民族,上至百岁老人,下到嗷嗷待哺的婴儿,每一个生命都得到全力护佑,人的生命、人的价值、人的尊严得到悉心呵护——这是中国共产党执政为民理念的最好诠释。疫情面前,全国人民心往一处想,劲往一处使,把个人冷暖、集体荣辱、国家安危融为一体,集中体现了中国人民万众一心、同甘共苦的团结伟力。正是因为千千万万个普通人挺身而出,中华民族才能够经历无数灾厄仍不断发展壮大。

    "苟利国家生死以,岂因祸福避趋之。"总书记号召以"必胜之心"坚决打赢这场阻击战!"凡是人,皆需爱,天同覆,地同载。"重庆市大渡口区正从"十里钢城"蜕变为"两高城区",扬帆建设高质量产业之区、高品质宜居之城,努力打造"上善之地、大德之城"的重庆市南部人文之城中心区。在这个非常时期,白衣天使、社区工作者、人民警察、环卫工人、超市工作人员……坚守岗位,默默付出。正是因为有他们的守候,我们才能安心地"宅"在家里。"哪有那么多岁月静好,是因为有那么多与我们素昧平生的人,在为我们抵挡风雪……""一方水土养一方人",一代又一代大渡人传承着"义渡"文化。

    渡人渡己,培养更多幸福的摆渡人,是我们大渡口每一位教育人的担当与使命。在这场抗疫大战中,我们谨记"责任之心",凝心聚力,联防联控,精准施策,强化"三四五"工作机制。以教委为中枢、学校为支点、班级为触角,有序高效地推进疫情防控工作:摸排调查、校园管控、现场督导、物资保障……孩子的学业进步更是教育人的责任。抓实抓细"停课不停学",探索推进"三化""三融合""三统筹"课程建设……生活、学习、锻炼、游戏,齐头并进,孩子们的成长不能耽搁,"停课不停教、停课不停学",我们从心出发,努力搭建起了孩子们健康成长的"空中育人走廊"。不忘初心,心怀赤诚是教育人的本分,我们每一位大渡口教育人是璀璨星空中最耀眼的星星。"战役有我,征召必回!"是我们的铮铮誓言!"社区'娘子军'里来了一名男教师",是共产党员把初心落在行动上,把使命担在肩膀上。"为最美逆行者护航""待到战疫胜利时,我们照张全家福"……无不是支持前方的坚实行动!

2020 年,党和国家走过了一段极不平凡的历程,我们的教育也经历了疫情期间这场史无前例、事无前例的改革与实践。在这段最艰苦的时间里,我努力把大渡口教育人的所思、所想、所做的点滴故事记录下来,哪怕是所记录的不及这些人和事的万分之一,但终归能守住一些记忆,也算心满意足了。正所谓"君子深造之以道,欲其自得之也。自得之,则居之安;居之安,则资之深;资之深,则取之左右逢其原,故君子欲其自得之也"。我们紧紧围绕立德树人的根本任务,践行着"多维一体,教育大渡"区域教育理念,努力办有品质、有内涵、有情怀的大渡教育,深情地讲述着我们的教育故事,实践着我们的教育使命,不断助推生命成长的人本教育属性、促成全面发展的素质教育属性、夯实内涵发展的未来教育属性、凸显健康和谐的生态教育属性、突出多元载体的现代教育属性,不负韶华,不负自得,终成孩子们的幸福人生!

伍平

2020 年 12 月 28 日

# 目　录

# 第一章 ·········

# 一场突如其来的战"疫"

　　守土有责、守土担责、守土尽责。教育系统将全面贯彻落实区委区府、市教委会议精神,进一步落地落实落细工作,做到疫情信息全摸清、动态信息全掌握,守护师生生命安全和身体健康。

　　大渡口教育人心怀赤诚和责任担当,友善诚恳规劝我们的家长、学生居家过节,没有特殊事情不外出,少接触外人,出门必须正确佩戴口罩,避免交叉感

图 1—1　中共大渡口区委教育工委书记、区教委主任伍平伟部署疫情防控工作

染。特别的春节,我们隔离不隔爱,多在家里享受亲情,在网络中传递关爱。

师生情况摸排是疫情防控的重要环节,是研判疫情发展态势、制定防控措施的重要依据。各校数据摸排一定要做好家长工作,任何瞒报、假报、乱报都将层层追责,甚至担负法律责任,切不可掉以轻心!

# 第一节　建立防疫工作的管理制度

2020 年 1 月 24 日(星期五)　提出校(园)假期安全管理,明确假期值班的三点要求。

2020 年 1 月 26 日(星期日)　采取线上线下同步办公,保持随时随地信息通畅,坚决打赢抗"疫"这场攻坚战。

2020 年 1 月 27 日(星期一)　今天是全面完善统计报表的第 1 天,也是落实市教委视频会议精神的第 1 天,同时也是我区教育系统召开动员会后的第 1 天。

## 一、严明工作纪律,规范假期值班

### 2020 年 1 月 24 日　星期五

各位校长书记除夕快乐!过去一年因为你们,大渡教育扬帆起航,新的一年我们从"心"开始,更需携手向前加油干!

刚刚我检查了几所学校,特别感动的是不少学校校长与值班干部和保安同志共同坚守岗位,还有学校给值班保安带去了温馨的慰问品,这都是很走心的体现,这也是有情怀的大渡教育应有的精神面貌。向大家致敬!感谢你们!

在检查过程中,也发现了一些问题,值班干部不到位不到点,对值班要求不清楚。今天和明天是重要佳节,放假前教委已多次提醒和强调值班安排,区委区府更是反复强调值班纪律,加之最近全国处于疫情特殊时期,我们干部一定要清楚值班的要求与纪律,千万不可大意,更不能失职渎职!现在再次强调:请各校(园)加强假期安全管理,抓好假期值班值守工作,具体要求如下:

一是加强值班值守。严格落实领导带班、行政值守、保安 24 小时在岗;值班室要有学校值班安排表。

二是严格落实门岗管理制度。切实加强进出人员管理,严禁无关人员进出校门。

三是做好进出人员信息登记及询问盘查工作。特别是有家属区的学校,要进一步加强与社区、辖区派出所等部门联动,做好家属区人员进出校园管理等工作。

图1－2　腊月二十八疫情防控工作会

## 二、线上线下办公,保持信息通畅

**2020 年 1 月 26 日　星期日**

春节寒假期间,请大家按照今天市教委和区教委的会议精神与工作部署,头脑清、手脚灵、思路多、措施当,在习总书记重要讲话精神指引下,落实好党中央国务院重要部署及市区两级党委政府部门工作安排。

我们齐心协力,采取线上线下同步办公,保持随时随地信息通畅,以高度的政治自觉与责任担当,切实运转好防疫工作机制,坚决打赢这场攻坚战,确保师生生命健康!

拜托大家,也辛苦大家了!

## 三、摸排疫情防控,加强舆论引导

**2020 年 1 月 27 日　星期一**

今天是全面完善统计报表的第 1 天,也是落实市教委视频会议精神的第 1 天,更是我区教育系统召开动员会后的第 1 天。

各位校长书记大家辛苦了!为了共同构筑防控疫情防护网,我们还需要努力与坚持,还需要智慧与付出,更需要我们众志成城高效运转。

每一项工作都需要学校党政齐心,上下一心,充分做到站位高、底子清、方向明、措施准、数据准。今天学校信息报送还存在以下三个问题:

　　(1)上报不及时。没按规定时间(下午 3 点前)传送信息。

　　(2)审核不严谨。多次重复报送,反复修改信息。

　　(3)填报不规范。没按模板要求和格式填写,有随意删减更改的情况。

　　上述问题需要各校立即做出整改,明天开始必须按要求既快又准推进。我们也会对各校报送信息情况进行汇总,也是考察学校执行力的重要依据,谢谢大家的理解与配合,这是一场"全民战争",需要我们人人动员、人人行动。

　　代表教育工委、教委拜托大家! 同时温馨提示:

　　师生情况摸排是疫情防控的重要环节,是研判疫情发展态势、制定防控措施的重要依据。

　　请各校高度重视,及时、准确、全面地报送信息。同时,做好疫情防控宣传引导:

　　(1)引导师生、家长不到人群密集场所和封闭空间,不到疫区及周边旅行;

　　(2)指导从疫区及周边返渝的师生,坚持居家医学观察,有发热咳嗽症状及时就医;

　　(3)指导师生在假期里保持充足睡眠、合理膳食,加强锻炼,增强免疫力;

　　(4)加强网上舆论引导,正确对待疫情,不懈怠、不恐慌、不信谣、不传谣。

## 第二节　做好重点人群的排摸工作

　　2020 年 1 月 28 日(星期二)　今天教委下发了 6 号、7 号文件,对近期工作做了细致的要求和部署。

　　2010 年 1 月 29 日(星期三)　对全区 4 万余师生员工开展又一轮精准摸排和重点人群跟踪调查;区教委紧急采购 1 500 个口罩、3 件 84 消毒液、3 件免清洗消毒液、3 件瓶装乙醇消毒液、3 件喷雾型乙醇消毒液,解决值班人员的安全防护问题。

### 一、提前做好预案,排查返渝人员

**2020 年 1 月 28 日　星期二**

　　今天,是全面加强防控疫情的第 2 天,也是规范填报"疫情摸排调查表"的第 2 天。

　　区教委副主任沈维安检查了部分学校,反馈情况很好,大家都动起来了,防控疫情的意识大大加强,在此给大家道一声辛苦了!

　　教育二科也向我反馈了各校数据填报的情况,较之昨天大家有了时间观念,填表也更加规范了,这些变化凝聚着 27 所中小学和部分幼儿园一线班主任、德育干部、校领导们的辛劳和智慧。大家都是心怀赤诚和自觉担当,在节日里无私奉献! 为我们的老师们点赞。

对于数据,校长书记们既要延续数据的客观与真实,还要分析数据背后的故事,就最近两天的数据来看,我们很是担忧!

昨天,我们新排查出与湖北返渝人员有密切接触的师生数 17 人,今天又排查出 11 人。接触时间最早为 1 月 13 日,最晚为 1 月 27 日。

这说明我们的少数学生和家长还没有高度重视,还没有疫情防控意识。这需要我们的工作还要靠前,还要强化! 尤其是数据变化的学校更要重视,一线老师们更要注重工作的方式方法,注意引导,要晓之以理、动之以情,以善意、诚恳的姿态规劝我们的家长、学生,在疫情防控如此严峻的态势下,必须对自己负责、对家人负责、对社会负责。

尽量居家过节,没有特殊事情不外出,少接触外人,出门必须正确佩戴口罩,避免交叉感染。特别的春节,我们隔离不隔爱,多在家里享受亲情,在网络中传递关爱。

同时,我们对目前存在的问题,还要用好统计数据,加强分析研判,锁定潜在的感染人群,建议校长书记们根据各自学校实际,提前做好预案,跟踪调查密切接触者的健康状况。切不可疏忽大意,更不可瞒报、谎报、乱报。

今天教委下发了 6 号、7 号文件,对近期工作做了细致的要求和部署,希望大家严格执行,积极推进! 不懈怠,善作为!

生命重于泰山,疫情就是命令,疫情就是政治,防控就是责任,防控就是担当,大家只要坚定信心、科学施策、精准防控,就一定能打赢这场疫情防控阻击战! 再次拜托大家! 感谢大家!

## 二、排摸重点人群,加强校园管控

**2020 年 1 月 29 日　星期三**

今天是教育系统总动员后的第 3 天。

大家众志成城,上下全员行动,以教委为中枢、学校为支点、班级为触角,有序高效地推进疫情防控工作。

一是摸排调查。对全区 4 万余师生员工开展又一轮精准摸排和重点人群跟踪调查。

二是校园管控。现场督导 12 所学校幼儿园的卫生整治、门岗管理、家属楼管理。各校校级领导在岗值班,门岗管理严格执行身份证登记和体温测量制度,用警戒线隔离家属楼。

三是保障物资。区教委紧急采购 1 500 个口罩、3 件 84 消毒液、3 件免清洗消毒液、3件瓶装乙醇消毒液、3件喷雾型乙醇消毒液,解决值班人员的安全防护问题。

四是延期不延学。区教委指导学校在延期开学的情况下,充分利用互联网,制订学生在家学习工作方案,多方汇集网络学习平台和资源,确保"延期不延学,停课不停学"。

五是离校不离爱。大渡口教育人心怀赤诚和责任担当,友善诚恳规劝我们的家长、学生,居家过节、居家观察,做好自我防护;细致耐心地宣传引导,及时报告疫情接触的实际情况,对自己负责、对家人负责、对社会负责;公布心理健康教师的电话,为师生和家长疏导心理压力,争取家长朋友的理解支持,构建最广泛的疫情抗击战线。

只要大家坚定信心、同舟共济、科学防治、精准施策,定会打赢这场阻击战。辛苦大家了!

图1—3　1月27日九十五中党委书记彭英杰主持召开疫情防控动员会

## 第三节　落实上级防疫会议精神

2020年1月30日(星期四)　下午4:00区政法委召开重要会议,政法委书记孟德华强调了8个"一律";昨天下午4:30市委市府召开了防疫工作视频会议,陈敏尔书记做了重要讲话,唐良智市长作了5点强调和部署;下午5:30区教委召开防控领导小组工作会,落实上级会议精神,坚持7个工作组推进全面工作,坚持5个片区相结合,网格化推进疫情防控。

2020年1月31日(星期五)　今天下午市教委召开防疫工作视频会议,我代表区教育系统作大会交流发言,全面介绍了大渡口区教育系统疫情防控工作举措和阶段性成效;今天,共摸排 127 所中小学、幼儿园、教育培训机构,6 万多名师生(含教职工);明确发挥基层党组织 7 个方面作用,部署近期 7 项重点工作。

**一、研制应急方案,建立防控工作小组**

**2020 年 1 月 30 日　星期四**

我们进入防疫工作总动员后的第 4 天。

请校长书记们认真领会文件精神与要求,坚守岗位,做到守土有责、守土担责、守土尽责,严格落实! 最近市里将全面督查防疫工作,这是市里督查的要点,麻烦对照自身工作查漏补缺,不能麻痹大意。下面传达几次会议的要求和精神。

(1)2020 年 1 月 29 日下午 4:30 市委市府召开了防疫工作视频会议,陈敏尔书记做了重要讲话:

一是要坚决学习、领会、贯彻总书记系列讲话精神和党中央国务院的决策部署;

二是深刻认识当前疫情防控的严峻形势;

三是按照四个工作面(医疗救治、交通流动、乡村城市管控、社会信息发布)与两保障(物资保障与组织保障);

四是全面加强领导强化执行,陈敏尔书记讲话的宗旨是要求我们下一阶段防疫工作必须更严、更紧、更实、更细、更快。

唐良智市长作了 5 点强调和部署。

(2)第二阶段区级会议。大渡口区委王俊书记强调:

大家要按陈书记、唐市长的要求与部署执行,要对标对表落实到位,尤其是查找细节,以问题导向控制存量,坚决不新增增量。

(3)2020 年 1 月 30 日下午 4:00 区政法委召开重要会议,政法委书记孟德华做了重要讲话,尤其是强调希望大家以最高的政治责任感和社会责任感抓好疫情工作,坚持全覆盖,不漏一家单位、一个人,排查到位,坚持问责导向。尤其强调了 8 个"一律"。

一律由牵头单位党组织负责人(学校是校长与书记双负责)负总责;

一律由领导干部深入一线排查督察到底;

一律发挥被排查单位党组织作用;

一律搞好排查人员的自我防护;

一律同步搞好防控教育宣传引导;

一律同步搞好舆情导控与稳定工作；

一律随时报告突发情况；

一律定时准确上报排查情况。

（4）今天下午5:30区教委召开防控领导小组工作会，全面学习上面几次会议精神与要求，再次部署了近期工作，也完善了工作机制。教委领导始终坚守岗位，靠前指挥，条块结合，既坚持7个工作组推进全面工作，又坚持5个片区相结合，网格化推进疫情防控，坚决有力打赢阻击战！

大渡口区教育系统将师生生命安全和身体健康放到第一位，以高度政治责任感，持续抓好疫情防控的各项工作。

一是党政办公会学习《重庆市教育系统新型冠状病毒感染的肺炎疫情防控包片包校网格化管理责任制工作方案》，针对时下疫情防控形势专题研究防控工作，强化守土有责、守土担责、守土尽责。

二是研制《大渡口区教育系统防控新型冠状病毒感染的肺炎疫情应急预案》，指导校（园）有序应对开学疫情防控工作。

三是建立5个校（园）疫情防控工作小组，由5位委领导分别担任组长，划片区精准摸排防控师生疫情。

四是开展第四次全覆盖摸排。

五是持续指导学校进行校园全面消杀。

希望大家认真学习、认真领会、认真贯彻、认真落实！拜托大家！辛苦大家了！

### 二、部署重点工作，发挥战斗堡垒作用

**2020年1月31日 星期五**

今天是全面防控疫情总动员会议后的第5天，也是一月份收尾最后一天。

现简要传达今天下午市教委防疫工作视频会议精神与要求。今天下午会议由市教委副主任邓沁泉主持，会议有两个议程：

一是调度会，由三个区县教委及三所高校负责人代表讲话，分别汇报各自防疫工作开展情况。

二是市教委防疫领导小组组长、市教委工委书记黄政做了下一阶段再动员、再部署、再落实的工作要求。

重庆市教育工委书记、教委主任黄政提出如下三点要求：

一是准确把握教育系统疫情的严峻形势。

二是准确把握防疫当前工作的薄弱环节。

这一点包含三个方面，一是思想认识上有差距；二是工作措施上有差距；三

是保障力度上有差距。

大家一定阶段总结反思各自工作,坚持问题导向,全面督查,强有力组织开展后面的各项工作。

三是准确把握做好防疫防控工作。

这一点包含七个方面:一是在提高认识上再下功夫;二是在精准摸排上再下功夫;三是在加强管理上再下功夫;四是在线上教学上再下功夫;五是在开学准备上再下功夫;六是在宣传引导上再下功夫;七是在发挥基层党组织作用上再下功夫。

同志们,希望大家认真领会此次会议精神,防疫工作做到一把手务必情况清、底子明、数据准,做到基础信息全摸清、动态信息全掌握。我们教育工委要全面介入,对于在此次防疫工作中冲锋在前、敢担当、敢作为、不言苦、不言累的党员干部,我们要关注,要宣传,更要培养。对于防疫工作执行不力,不作为,乱作为,造成工作失职渎职的,我们坚决严肃追责!

疫情形势进入异常复杂严峻阶段,义渡大爱,攻坚克难,我们一起战斗、一起努力,很多工作已经按"10+5"工作机制展开,有序有效推进,取得阶段性成效,再次感谢大家一直以来的努力与付出! 在这样的攻坚阶段,市教委再次召开工作会,再强调,再部署,再落实,只为上下一心,众志成城,打赢阻击战! 现将今天工作再次强调:

1. 专题会强认识、理思路、抓要点

今天下午市教委召开防疫工作视频会议,对下一阶段工作再动员再部署。我代表区教育系统作大会交流发言,全面介绍了大渡口区教育系统疫情防控工作举措和阶段性成效。

区教委领导班子、科室负责人、相关工作人员参加会议。视频会后,区教委迅速响应,聚焦提高认识、精准摸排、加强管理、线上教学、开学准备、宣传引导。

发挥基层党组织 6 个方面作用,部署近期 6 项重点工作。即强化值班值守,做到党政牵头、领导在岗、全员行动;强化疫情摸排、重点人员跟踪,按时准确上报数据;强化宣传教育引导,做到理性认识、科学防控疫情;强化线上教育,做到延期不延学;强化物资保障,提前预订采购消毒液、口罩、测温枪及防控服;强化校园管理,注重进出人员管控,整治校园环境。

各学校、幼儿园不得以任何理由接收学生(幼儿)提前开学、返校、到校自习。

2. 党组织振精神、树榜样、强纪律

教育工委将发挥战斗堡垒作用,关注、宣传、培养在此次防疫工作中冲锋在前、敢担当、敢作为、不言苦、不言累的党员干部;对于防疫工作执行不力、不作为、乱作为,造成工作失职渎职的,坚决严肃追责。

3. 摸排调查全覆盖、掌动态、诚关爱

今天,共摸排 127 所中小学、幼儿园、教育培训机构,6 万多名师生(含教职工)。

守土有责、守土担责、守土尽责,教育系统将全面贯彻落实区委区府、市教委会议精神,进一步落地落实落细工作,做到疫情信息全摸清、动态信息全掌握,守护师生生命安全和身体健康。

再次温馨提示:

各校数据摸排一定要做好家长工作,任何瞒报、假报、乱报都将层层追责,甚至担负法律责任,切不可掉以轻心!校长书记、分管校长、主任,以及班主任,都要落实责任,家长上报的痕迹也要保留好。辛苦大家,这项工作来不得半点马虎与虚假。

大家继续战斗!继续努力!坚持就是胜利!

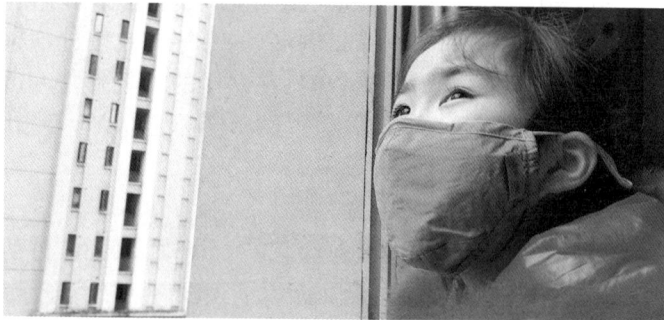

图 1-4　宅家,只见四角的天空(摄影:龙劲)

第二章 ·········

# 严防疫情本地扩散

切忌工作方式的简单与粗暴,注重在与老师、家长和学生沟通中,晓之以理、动之以情,让我们以"仁爱"为出发点,争取更大范围的理解与支持,为我们的防控工作提供助力!

阻击疫情还可能是一场持久战,我们接下来将实时组建一支"大渡口教育防疫情突击志愿队",这将是一支大爱无疆的队伍,可以是党员,可以是普通群众,可以是领导干部,也可以是平常默默无闻的一员……

保障师生生命安全和身体健康就是我们的初心和使命。大渡教育传达意志、传导温度、传递信心。我们坚信有难一起扛!携手更坚强!有爱终会赢!

疫情防控是全国一盘棋,疫情就是命令,防控就是责任,时间就是生命。一路走来,大家尽职尽责地做好每一件防控工作,其苦其累你我皆知,一定务必做好自我防护安全,确保安好。

## 第一节 沟通多点人文关怀

2020 年 2 月 1 日(星期六) 实施网格化管理,今天继续摸排 127 个中小学、幼儿园、教育培训机构;持续指导学校开展"生活习惯与生命健康——新型冠状病毒感染肺炎疫情防控"主题教育活动。

2020 年 2 月 2 日(星期日) 拟定近期出台《大渡口教育系统复课后疫情防控工作方案》,做到未雨绸缪;2 月 10 日起,各学校按"一校一策"组织学生在线学习,安排教师轮值班级群,跟踪学生在线情况。

图 2—1  企业捐赠防护物资

2020 年 2 月 3 日(星期一)  将组建一支"大渡教育防疫情突击志愿队",这将是一支大爱无疆的队伍,可以是党员,可以是普通群众,可以是领导干部,也可以是平常默默无闻的一员……今天是复工上班的第一天,教委机关严格执行卫生消毒制度,采用分散办公、线上线下多形式办公的方式有序开展工作;依托大渡口发布、教委公众号、学校新媒体平台向大渡口区全体教职员工、全体党员、广大家长朋友、全体中小学生发出 4 封倡议书。

**一、实施网格化管理,制定延期开学方案**

**2020 年 2 月 1 日  星期六**

今天是全面防控疫情总动员会议后的第 6 天。

我们一如既往开展各项防控工作,节奏加快,任务加多,但大家效率却更高,为大家点赞!

今天我们针对节后上班开学临近、疫情防控形势严峻的挑战,以更严、更实、更细、更快的作风,继续抓好摸排跟踪、校园管理、环境消毒、延期开学工作筹备,坚决落实好《关于进一步加强重庆主城九区新型冠状病毒感染的肺炎疫情防控工作的紧急通知》文件要求。

一是实施网格化管理、地毯式摸排,确保数据准确、监管到位。今天,继续摸排 127 个中小学、幼儿园、教育培训机构。

二是指导学校落实延期开学教育教学工作方案。各校、各教育集团,结合立足学校实际制订"一校一案""多校一案",依托"互联网＋"创新线上学习交流互动形式,准备丰富的网络教育资源。

三是持续指导学校开展"生活习惯与生命健康——新型冠状病毒感染肺炎疫情防控"主题教育活动。引导学生关注这个特别的春节,关注我们的生活,关注为我们守候的特殊群体,培育健康生活理念、环保意识,培育新时代公民意识、社会责任感。

期盼在大家共同努力下,构筑好我们教育系统坚不可破的防护网!

**二、加强家校社沟通,应对策略释放"仁爱"**

**2020 年 2 月 2 日　星期日**

今天是全面实施疫情防控总动员后的第 7 天。

各位校长书记,区教委办公室主任刘小华在群里发的新闻,希望大家引起高度重视,也要深刻反思我们的工作方式方法。我们在与学校领导、普通教师及家长和孩子们沟通链条中的每一个环节,都要晓之以理、动之以情,方式方法切忌简单粗暴。

我们面临物资紧张,这是不争的事实,我们需要与家长真情沟通,要共同担起保护孩子生命健康的责任,让家长能理解我们的困难和他们理应配合的地方,取得情感认同才是关键。

面对在外地无法返回的教师或者学生,我们每一所学校是否考虑充分? 是否有"一校一策"的应对策略? 多一点人文关怀,少一点命令式要求。

教师因交通无法回来,我们应该想好应对办法。学生无法正常返校,我们是否针对这个群体又有新的招数,就如同这两天不少学校所做的"空中课堂"就很有思考和创意,很好地解决了延期不延学的现实问题。

就如同刚刚九十四中学彭炜校长所发的"20200202"数字的特殊含义,我们的每一项措施、每一份文件、每一次决定都基于"仁爱"出发,就不会偏离初衷。

新闻的叙述者也许是家长,也许是教师,也许是我们的一线管理者,更可能是社会中关注教育的一员,但无论是谁,都是对我们工作的鞭策与鼓励,只会让我们越加努力!

再次希望大家靠前指挥,亲力亲为,事事督导,策略得当,科学指挥。拜托大家!

区教委继续保持高度重视、高度警惕、高度负责的状态,在区委区府领导下,全面推进疫情防控各项工作。

一是根据市委市府对疫情抗击的再部署再强调再落实。全面修订教育系统疫情防控应急预案,拟定近期出台《大渡口教育系统复课后疫情防控工作方案》,为各学校开学前和开学后如何实施疫情防控提前谋划,做到未雨绸缪。

二是更全更细开展精准摸排,进一步明确层层签字层层负责的机制及其含义。做到不遗漏任何一人、不遗漏任何一环,切实履行"师生生命安全和身体健康始终是我们工作的第一要义"的承诺。

三是加强机关疫情防控。准确掌握机关返岗人员的健康状况、活动轨迹,完善工作台账;安置 10 台无醇泡沫免洗手机器人,储备 100 只医用口罩,全面喷洒消毒液。

四是指导学校做好在线教学准备。制订居家学习方案,测试网络平台,保证在线学习技术支撑,确保 2 月 9 日前按时向学生和家长推送至少一周的教学安排;选好用好各类资源平台,确保公益性,避免产生负面影响;10 日起,各学校按"一校一策"组织学生在线学习,安排教师轮值班级群,跟踪学生在线情况;每天根据在线教学安排,3 年级以上安排适量作业,对作业及时检查和反馈。

五是再次强调学校防疫工作中的策略与方法。

各位校长书记:

每一天,我们都在努力!

每一天,我们都在改进!

每一天,我们都在坚持!

这是我们教育人应有的初心与使命!也是"大渡教育"应有的情怀!加油!

### 三、组建突击志愿队,主动担当义不容辞

**2020 年 2 月 3 日    星期一**

今天是我们进入疫情防控工作全面总动员后的第 8 天。

给大家推荐一首歌曲——《坚信爱会赢》,静下来欣赏这首用爱打造的作品,太提气了。所有奋战一线的战友们及正遭遇疫情困扰的人们,都会因为这一份特别的作品而倍受鼓舞!尤其感动于里面的一些歌词,写出了多少人的心声,道出了多少人的情怀,真正绘就了民族的脊梁。

"为了你,我拼了命"

"我保证不离不弃"

"绝不让生命叫停"

——献给所有奋战在阻击疫情阵地的人们!

"有难一起扛"

"共分担才更坚强"

"最难舍是这份情"

"真情守望"

"我们坚信，有爱就会赢"

——献给所有有情有义的中华儿女！

"风雨中凝聚民族的力量"

——献给我们饱经风霜屹立不倒的伟大民族！

以上是我对歌词的理解与感受！谢谢大家春节无休的付出与辛劳！坚持就是胜利！因为"有爱就会赢"。

大家可以利用新媒体和微信朋友圈向家长、学生及朋友多多转发，凝聚起民族的正能量！众志成城，早日打赢疫情阻击战！

请各位校长、书记，将四份倡议书分别致党员、教职工、家长和学生，请大家按不同对象，针对性布置工作，要求人人阅读，一定落实到位。倡议书人人周知、人人转发，才更有利于我们疫情防控工作的全面展开，为我们的工作奠定坚实的基础。辛苦大家利用学校新媒体和微信朋友圈，一定落实好！

市里区里接连几次召开疫情防控工作会议，面对重庆本地感染、集聚性病例增长快的严峻形势，我们大渡口教育人恪守责任担当，以更主动的姿态、更严谨的态度推进疫情防控工作。

一是依托大渡口发布、教委公众号、学校新媒体平台向大渡口区全体教职员工、全体党员、广大家长朋友、全体中小学生发出四封倡议书。号召全体教职员工提高认识，统一思想行动；立足岗位，主动担当作为；全力以赴，保护学生健康；为人师表，践行公民道德。号召全体党员政治站位要提高，防控知识要谨记，宣传引导要及时；坚守岗位不放松，遵纪守法不逾矩；志愿服务做先锋。在疫情防控中践行初心使命，充分发挥先锋模范作用。倡议家长陪伴孩子阻击疫情，配合学校防控疫情，指导孩子假期生活；与孩子一起，用特殊的方式阻击疫情，用温暖的方式抵御孤单，用快乐的方式关照成长。号召全体中小学生保护自己，珍爱家人；养好习惯，健康生活；创新学习，自得成长；用保护好自己、奋发学习的方式表达与祖国同在、共克时艰的决心。病毒无情人有情，众志成城齐抗灾！我们坚信，有爱就会赢！

二是依托教委、学校、班级三级工作体系，更全面细致摸排疫情，提高防控精准度，数据统计更有序有效，力争做到情况清、底子明、数据准，为防疫工作打下坚实基础。

三是今天是复工上班的第一天，教委机关严格执行卫生消毒制度，采用分散办公、线上线下多形式办公的方式有序开展工作，坚守岗位，统筹指挥疫情防控工作。

四是继续多方筹集防控物资。今天又筹集到消毒液60瓶、消毒粉3袋、消毒颗粒1桶，以解决一线岗位应急需要。

**图 2—2　三十七中疫情防控物资摆放规范**

"有难一起扛","共分担才更坚强",当下我们正处在疫情防控工作的困难期,也是极为重要的关键期,春节以来从未休息、在一线奋战的同志们已经非常疲劳与困倦,但他们还是无怨无悔地坚守岗位,与新冠病毒展开搏斗。

阻击疫情还可能是一场持久战,我们接下来将组建一支"大渡教育防疫情突击志愿队",这将是一支大爱无疆的队伍,可以是党员,可以是普通群众,可以是领导干部,也可以是平常默默无闻的一员……

"有爱就会赢",我们始终坚信这一点。区里有需要,我们就冲锋在前,哪里有困难我们就冲锋在哪里!这应该是我们每一个教育人的担当与情怀!每一位校长书记要有这份政治自觉和使命担当,一旦发起号召,在保障学校正常教育教学秩序下,我们应义不容辞、责无旁贷!志愿者就是我们的突击队,就是我们的代言人!

# 第二节　将生命安全放在首位

2020 年 2 月 4 日(星期二)　由教委主要负责人牵头、分管领导和纪检监察组长具体负责,建立"岗位坚守组""学校督查组"和"防疫支援组"3 支队伍。

2020 年 2 月 5 日(星期三)　今天我区发布《实施物业小区封闭式管理的通告》,疫情防控进入更加复杂严峻的攻坚期。

### 一、建立三支队伍,规范防控机制

**2020 年 2 月 4 日　星期二**

今天是 2 月 4 日,是我们进入疫情防控工作全面总动员后的第 9 天。

面对重庆主城疫情防控形势的严峻变化,我们及时分析各校(园)疫情基础信息,研判开学复课后防控要点、难点,坚定有力地对教育系统防疫工作再动员、再部署,积极有力推进防疫工作更迅速、更务实、更细致、更精准。

一是优化疫情监测。身体异常症状的信息采集扩大到全体师生,以应对二代传染风险;对疫情和疫区接触者,实施定点定人定时随访调查;及时统计"重庆市学校传染病管理系统"中学校管理人员、以班主任为主体的上报人员的基础信息,搭建信息采集工作体系。

二是统筹防控资源。科学规划、统筹调配教委机关、基层学校(幼儿园)疫情防控人力资源和物资资源,建立多梯队应战防线,合理储备精力,应对长期防控和开学后高强度防控工作。以此役为契机,不断增强治理能力、提高治理水平。

三是提高工作效能。机关实施分餐制,配发口罩,坚持环境消杀、体温测量,全力保障办公条件;严格规范在岗上班和线上上班要求,有效调动机关同志全力投入防疫工作。

四是建立 3 支队伍。由教委主要负责人牵头、分管领导和纪检监察组长具体负责,建立"岗位坚守组""学校督查组""防疫支援组"。岗位坚守组,规范学校防控运行机制,激励教委机关、各级各类学校(幼儿园)在岗工作人员,有情怀、有担当,落实好教育系统各项防疫工作。学校督查组,发挥指导、督查职能,督促学校抓好开学前的准备工作和开学后的疫情监控阻击工作。防疫支援组,在不影响教育系统正常工作的情况下,组建 100 人左右的突击攻坚队伍,在区委区府统筹调配下,随时准备紧急驰援区内疫情防控重点领域、重点工作,配合做好联防联控。

师生生命安全和身体健康就是我们的初心和使命。大渡教育传达意志、传导温度、传递信心。我们坚信有难一起扛!携手更坚强!有爱终会赢!

辛苦各位校长书记了!谢谢你们全面而坚定的努力与参与!

### 二、携手阻击疫情,感受大渡教育情怀

**2020 年 2 月 5 日　星期三**

今天是我们开展疫情防控工作全面总动员后的第 10 天。

各位同仁!今天上午难得没有会议安排,稍坐片刻,写上几句,也算是线上

办公，给大家唠叨唠叨，也算是对一些过往工作的反思，以求与大家共勉共商。

疫情防控是全国一盘棋，疫情就是命令，防控就是责任，时间就是生命。一路走来，大家尽职尽责地做好每一件防控工作，其苦其累你我皆知，抑或不尽知，但一定务必做好自我防护安全，确保安好，给大家道一声辛苦了！

此刻，我们还有一些老师和学生因为疫情滞留在外地，因为疫情隔离在家中，因为疫情还一直坚持战斗在一线……

我们一定本着人文关怀，始终将师生的生命安全和身体健康放在第一位。暂时不能回来的，让他们安心等待，不催不赶，让他们以积极心态应对疫情；已经回来的，让他们主动配合社区做好自我防护准备，调养身心养精蓄锐；已经参与延期不延学、停课不停学的，继续做好思考与备战，有序有效将"爱"连线到每一位家长、每一位学生。

无论哪种现状，我们都是在共同携手阻击"新冠疫情"，这个时候我们每一个决策、每一份文件、每一项要求都会触碰着疫情压力下的脆弱心理防线，我们要始终站在师生的角度去应对与谋划。

故此，这一切正是我们每一个同仁，也是我们每一所学校治理能力与治理体系的试金石，这需要智慧，需要策略，需要格局！我们能否通过多种形式、多元载体，让暂时远离我们的师生感受到"家"的温暖，不再惶恐；让暂时隔离居家的师生感受到"家"的港湾，不再孤单；让持续战斗的同志感受到"家"的磁场，不再疲乏；甚至，让家长、社会感受到"大渡教育"人特有的情怀，感受到我们的温度。

我们有千万种方略可以想出，有千万条路径可以实践，有千万种声音可以发出……我们不能沉默与等待，我们要学会分享，只有在分享中才能建造我们"大渡教育"的命运共同体！唯此以盼以待！

这段时间，我们也一直在汇报基层的压力与困难，也在积极畅通有关信息，疫情已经进入异常复杂严峻阶段，何时开学随时以疫情防控进展情况来预判。我的预计可能还会延后一些时间，大家要有心理准备。这种准备有较长一个困难时期，对于我们每一位同仁而言，要坚守自己的岗位；对于每一所学校而言，方方面面的工作一定要做到情况清、底子明、数据准，要将当前上级要求的疫情防控做到细之又细、慎之又慎、深之又深，不麻痹、不形式、不官僚，事事亲力亲为，件件未雨绸缪，让每一项工作都要有清晰的台账，对每一位师生的健康档案和生活轨迹都要有详细的建档。

教育是个大系统，也是一个大社会，每一个细胞都在跳跃，每一个社会人都在观望，甚至是期许，我们必须加倍努力方可万无一失！

我们这帮人要记住 2020 年"大渡教育"的工作主线，那就是从"心"出发。

唯有此,才能真正构筑一道防护师生生命安全、身体健康最重要的屏障,书写出"大难面前"大渡口教育人的靓丽篇章!拜托各位同仁与战友!

我区今天发布《实施物业小区封闭式管理的通告》,表明疫情防控进入更加复杂严峻的攻坚期,也希望我们广大的师生及家长积极配合,主动参与,共同携手阻击疫情。从23日武汉封城、24日重庆启动突发公共卫生事件一级响应,市民心理防线在疫情长期高压下更加脆弱。区教委再次号召各校(园)领导干部、党员同志从"心"出发,突出人文关怀,有序有效地将"爱"连线到每一位教师、每一位家长、每一位学生。

一是贴心关怀。温馨提示全体师生,以生命安全为重,合理安排疫情期的行程和生活。暂时不能回来的,不催不赶,安心等待,积极应对疫情;已经回来的,主动配合社区做好自我防护,调养身心养精蓄锐;已经参与延期不延学的,进一步做好思考与备战。

二是精心筹划。在区教委新发的10号文件指导下,始终站在师生的角度去研判与应对接下来的新形势、新问题。学校要坚定信心、坚守岗位,坚持不懈,建立清晰的工作台账、翔实的师生档案,反复优化学校下阶段防疫工作方案,做到细之又细、慎之又慎、深之又深,不麻痹、不形式、不官僚。

三是暖心设计。开展丰富多彩的线上主题教育,引导师生关注疫情、关注守护天使、关注身边平凡而乐观的人们,在真实故事中激励精神、温润心灵、坚定信心。

2020年"大渡教育"的工作主线,从"心"出发,让"爱"发声!倍加努力,为师生身心健康构筑防护屏障;倍加坚韧,谱写"大渡教育"真情华章!

## 第三节　安排好师生居家生活

**2020年2月6日　(星期四)**

区教委、各校(园)积极行动、主动作为,依托各种平台、资源、载体,分享身边真挚质朴的故事和激励斗志、讴歌大爱的作品。

**2020年2月7日　(星期五)**

区委教育工委准备组建"应急防疫支援队",随时做好调度到防疫一线配合其他部门参与各项工作的准备;各校依托微信公众号、智慧校园平台、家长群等平台,开辟"宅家故事""情绪治愈站""美文赏析"等专栏。

### 一、不得开展线下教育,切实减轻课业负担

**2020 年 2 月 6 日    星期四**

今天是我们全面开展疫情防控工作总动员后的第 11 天。

这几天不少学校在分享各自防疫工作的经验与做法,这是一种政治自觉和责任担当,大家都动起来了!

刚刚九十五中的彭英杰书记分享的学校各项防疫举措以及宣传聚焦正能量的做法很得当也很得法,各学校可以多多学习与借鉴。我们所有学校都应这样,主动为之,我们的老师、家长及孩子们都有大爱、都有故事,不要事事都要教委通知要求强调,做到有条件上,没有条件创造条件也要上,发挥主观能动性,利用各种平台、资源、载体,说出大渡口教育人的心声,写出大渡口教育人的故事,展现大渡口教育人的风采,凝聚大渡口教育人的情怀!

各项工作在大家的努力下持续开展。市教委发布各级各类学校 2 月底以前不开学,各培训机构和托育机构 2 月底前不得开展线下服务的通知。区教委立即行动,要求各级各类学校重点解决好坚守岗位与保持持续战斗力的关系;加强学习指导与减轻课业负担的关系;应对疫情阻击战与快乐宅家生活的关系,有序有效有节奏地安排好各项工作。

一是再次强调要求。学习贯彻市教委《不提前开始新学期课程网上教学的通知》,严格遵守时间,严格审定学习内容,严禁实施营利性教育教学,始终把学生身心健康放在首位,把疫情防控放在首位。

二是不断优化方案。对即将开始的家庭学习,区教委指导各校(园)反复研讨、不断优化工作方案,抓准疫情防控的育人元素,基于学生核心素养、现代公民素养、基本生活素养开展主题研究学习。

三是汇集抗疫的力量。区教委、各校(园)积极行动、主动作为,依托各种平台、资源、载体,分享身边真挚质朴的故事和激励斗志、讴歌大爱的作品。从心出发,让爱发"声";汇集力量,坚定信心!

四是持续做好常规工作。精准摸排师生健康状况和生活轨迹;随访调查重点师生状况;有序开展环境消杀;积极筹备防控物资。

### 二、组建防控支援队伍,全力配合联防联控

**2020 年 2 月 7 日    星期五**

今天是大渡口教育系统全面开展疫情防控工作总动员后的第 12 天。

各位校长、书记:我马上在群里发一个区教育工委内部文件,是关于拟组建疫情防控支援队伍的,此项工作涉及面不是很大,以志愿为原则,对对象要求又

比较高,政策也比较敏感,故此,先给大家强调几点要求:

(1)区委教育工委拟准备组建"应急防疫支援队",此队伍的组建在当下体现了我们大渡口教育人的政治担当和家国情怀,各位要高度重视,这是一项政治使命。

(2)此队伍的组建均以自愿为主要原则,不作为学校的硬性任务要求,在布置的时候,一定要结合学校实际组织好语言。

(3)各学校的自愿报名者一律均需通过区委教育工委会的研究审批,合乎要求方可正式确定人选,正式加入"志愿队"。

(4)组建后的队伍将作为预备队,随时做好调度到防疫一线配合其他部门参与各项工作的准备,未被安排人员暂时留在原单位工作。

(5)该文件知晓范围仅限于各校的校长、书记,严禁直接转发学校各工作群,希望各位认真参阅文件要求,根据实际情况另行组织好语言,有智慧地做好本校的动员工作,谢谢各位!

"重庆发布"强调,在疫情存续期,重庆防疫重点在于"防本地扩散",应持续强化公众宣传,加强个人防护。教育系统立足区域实际,有针对性地推进疫情防控工作。

一是学习贯彻文件精神,落实好要求。遵照区疫情防控领导小组《关于进一步规范居家和集中隔离医学观察流程的通知》《关于进一步加强疫情排查防控全覆盖工作的通知》,进一步落实好全体师生摸排,建立师生健康台账,掌握师生生活轨迹,及时在重庆市学生传染病管理系统等平台上报师生异常健康状况;针对身体异常情况的师生,保持每日关心,指导他们做好居家隔离和就诊防护。

二是宣传普及防控常识,做好个人防护。推送《新型冠状病毒感染的肺炎诊疗方案(试行第五版)》《新型冠状病毒肺炎预防手册》;学校师生把自创的童谣、顺口溜、防疫歌、居家健身操录制成微视频、制作成手抄报,小手牵大手做好个人防护、居家防护,齐心协力阻击疫情"本地扩散"。

三是乐观安排居家生活,调节好情绪。持续居家生活和疫情严峻态势的双重压力,致使焦躁、烦闷、恐慌等不良情绪滋生。各校依托微信公众号、智慧校园平台、家长群等平台,开辟"宅家故事""情绪治愈站""美文赏析"等专栏,线上分享美好生动的家庭生活,释放压力、调节情绪,让居家的生活快乐有意义。

四是严谨开展日常防控,配合好联防联控。严格机关、校(园)工作纪律,严格学校出入管理,严格工作场所每日消毒清洁,严格校园内家属楼人员摸排、环境消杀,严格规范防控物资筹备,严格酒精、84消毒液的管理和使用规范,用实际行动配合做好联防联控。

疫情防控任务还很艰巨,还需要大家坚定信心,久久为功。在此,分享九十五中学生的一段话:接力奋战在抗击疫情战斗中的你我他,包括宅在家的所有人,都尽最大努力发出一束一束的光,这光的聚集,就是黎明前的曙光!

图 2—3　育才幼儿园小朋友宅家玩数字

第三章 ·······

# 架起空中育人走廊

　　停课不停学的宗旨是引导学生坚强、理性,学会乐观、思辨,明白大爱、奉献,懂得责任、担当。在线教学有效推进三大融合,即国家课程与校本课程的广泛融合,学生为主体与教师为主导的广泛融合,线上学习与线下学习的广泛融合。

　　大渡口教育人以教育人的智慧与担当,深刻读懂"停课不停学"第一要务是防控新冠疫情,保护学生身心健康,指导学生居家学习生活充实有意义;强调严格控制网上学习时间,减轻负担,保护视力;强调学习内容以巩固性和拓展性相结合,开展疫情防控主题研究学习、阅读活动、体育锻炼、家务劳动,发展兴趣爱好。各校工作要求令行禁止,节奏把控有章有法。

　　疫情带给我们的不仅仅是社会发展的叩问、人性善恶的思考,还有很多很多。作为学校的"掌门人",我们更要借此片刻的"慢",拂去身上那份浮躁,静静去"思"学生未来成长的需要,用智慧和大爱为学生护航,不断探索有品质有内涵有情怀的"大渡教育"的真使命与真价值!

## 第一节　启动在线教学工作

　　2020 年 2 月 8 日(星期六)　教委从各方筹集的防护物资,今天逐步分批分发到各校(园);1 000 多名校(园)班主任、任课老师自发录制视频,带领同学们朗诵《京都元夕》、做抗疫手指操、制作团圆美食、绘制吉庆作品,陪同学们感受元宵节的团圆喜庆。

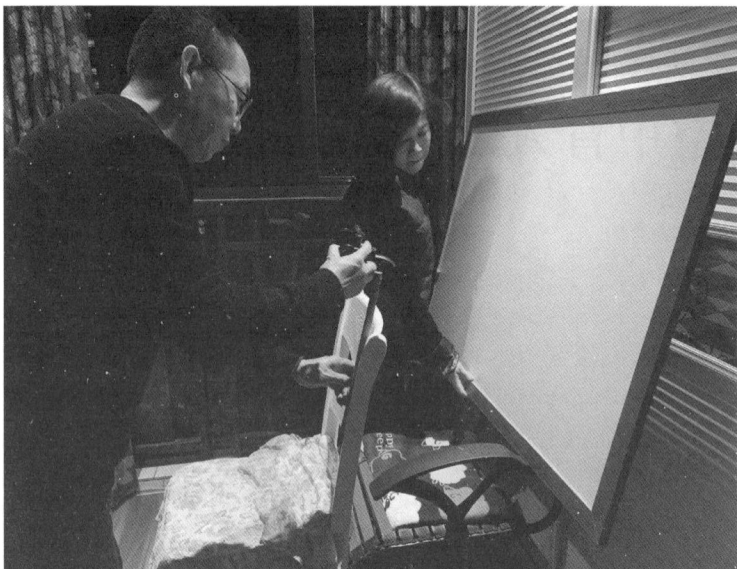

图3-1    钢花小学龚老师父母为其搭建讲台

2020年2月9日(星期日)    全市明天将全面启动延期不延学学习指导工作。大渡口教育系统抓好"10个到位",保障工作高效开展;区教师进修校建立专班,持续开展网络教学研讨和网上教研活动。

2020年2月10日(星期一)    "停课不停学"全面开展的第一天,在家长和孩子们及社会各界期盼下,逐渐揭开了"空中课堂"的全部面纱。

## 一、元宵佳节团圆日,同舟共济抗疫情

### 2020年2月8日    星期六

今天是我们疫情防控工作全面总动员后的第13天。

在阻击疫情的关键期,我们迎来了元宵佳节,这是一年的第一个月圆之时,寓意美好与喜庆!中华民族从来都是这样,多难必兴邦,这是几千年文明的传承与见证。疫情的暂时困难根本无法阻挡中华民族伟大复兴之路,越是困难,我们越是坚定而从容,这是一种精神,更是一种文化,就如同这段时间大家所有的努力,抗击疫情招数层出不穷,既新颖又实在,既全面又人文,既担当又无悔,既温情又大爱……这就是我们教育人的脊梁,也是大渡口教育人的上善与大德,它承载着无限的情怀!为大家点赞!为大家歌唱!我们带着满满的祝福,祝福大家,祝福所有的教职工、家长及孩子们元宵快乐!身体安康!祝福抗击疫情取得全面胜利!月圆正待花好时!

**图 3—2　拿到新书了,满心欢喜**

李兰娟院士说,疫情结束后希望国家给年轻人树立正确人生导向,把高薪留给一线科研人员,留给保家卫国的军警战士。

病疫来了想起钟南山,战争来了想到解放军,被抢劫了想到警察,有困难了想到政府。是我们的军人和警察,是我们的医护人员,是我们的党员干部,义无反顾舍小家顾大家逆行冲锋在战斗的最前沿,与敌人、与病魔、与灾难作殊死的抗争,用自己的青春和热血谱写着一首首生命的赞歌!

谁是最可爱的人?谁是值得平时点赞和推崇的人?每个有良知的人都应该燃亮自己的心灯,向这些迎向危难、勇于担当、守护安宁、用自己宝贵的生命去呵护百姓生命的平凡英雄致敬!

这次疫情让我们看到了什么?

看到了党的领导核心。

看到了政府执政的能力。

看到了全国人民的大团结。

看到了强大的综合国力。

看到了广泛的爱国热情。

看到了不惧危险的英雄群体。

看到了一个战无不胜的民族。

看到了雷厉风行的军警。

看到了十四亿人令行禁止。

看到了势不可挡的中华民族伟大复兴。

生活在这样的国度,生活在这样的时代,是我们最大的幸福。

"13"寓意很好,预示着我们一定会翻过"新冠"这座险山,从此翻开历史新篇章!这个特殊的节日,必然承载着亿万中国人民的美好祝福和抗疫决心。这个元宵,我们不约,心在就是团圆!大渡口教育人满怀乐观与憧憬,坚守在疫情防控的工作岗位,守护学生的生命安全和身心健康。

一是带着责任,坚守岗位。教委班子、主要科室,各校校级领导、部分处室管理干部,坚守岗位,指导教育系统防疫工作;教委从各方筹集的防护物资,今天逐步分批分发到各校(园),保障一线在岗人员的防护需求;所有班主任、部分教师坚持线上疫情摸排、跟踪调查,点对点与家长、学生沟通交流。

二是带着温暖,彼此祝福。全体教育同仁互道元宵节日的祝福,互慰前期防疫的辛劳,互展我们工作的成效……千言万语汇成快乐与安康!这是坚定信心,同舟共济的誓言!

三是带着乐观,陪伴学生。校(园)微信公众号,智慧校园网,班级微信群、QQ群洋溢着浓浓的人间真情。1 000多名校(园)班主任、任课老师自发录制视频,带领同学们朗诵《京都元夕》、做抗疫手指操、制作团圆美食、绘制吉庆作品,陪同学们感受元宵节的团圆喜庆,体会安稳居家过节背后的大义奉献和家国情怀。

月圆正待花好时!度元宵、战疫情,一起勇敢、一起坚守、一起祝福!

### 二、做好在线教学工作,抓好 10 个到位

**2020 年 2 月 9 日    星期日**

今天是我们疫情防控工作全面总动员后的第 14 天。

现发一则紧急通知:

根据市教委安排,市教委将对部分区县和学校有关"停课不停学"的做法和经验面向全市进行推广和介绍,特别给大渡口区来电话,希望我们多多推荐好的学校、好的做法、好的案例,以展现广大师生及家长各层面对于明天全面开通线上课堂的期待,现急需各学校给我们提供多方位的素材,以便我们聚焦整合并推荐,具体信息如下:

(1)关于"停课不停学"前期准备过程资料(文字+截图+照片);

(2)学校关于线上课堂构建指导思想和主要思路(文字);

(3)学校"停课不停学"空中课堂结构,主要内容特色,主要平台载体、组织方式等(文字+图片);

(4)学生和家长反响、评价如何(文字+截图+照片);

(5)师生抗击疫情中有哪些感人事迹?教师给孩子的信件、温馨提示,师生

作品等(文字+图片)。

近段时间,很多学校已经有了许多素材(宣传报道、美篇等),请各学校安排人员进行再次提炼梳理,于今天下午4:30以前将梳理的文字和精选的图片以学校名称命名分别发送至以下同志:小学,龚钛华;初中,邓红义;高中,石现鹏;职高,周小蓉。

特别说明:各学校提供的文本需要图文并茂,印证文字的图片需要插入文本中,同时,每学校精选照片10张以内,打包原图与文本一并发送。辛苦大家!谢谢!

明天,全市将全面启动延期不延学学习指导工作。大渡口教育系统抓好"10个到位",保障工作高效开展。

一是组织到位、状态到位。各校(园)遵照区教委《关于做好延期开学期间学生学习指导工作的通知》,完善实施方案、健全组织机构、明确工作职责,调整全员状态,积极投入课程教学设计、网络资源整理、学习指导策略等工作中。

二是意识到位、措施到位。明晰延期开学期间学习指导原则,注重自主研学、实践劳动、疫情防护学科渗透,强化思想教育、生命教育、体育锻炼、心理健康指导,不加重课业负担,保持阳光心态,助力自我成长。

三是宣传到位、动员到位。通过校园公众号、班级群,加强沟通交流,疏导家长、学生焦虑情绪,引导学生调整状态,积极投入自主学习。

四是资源到位、检测到位。整合网络优质教育资源,推送市教科院《重庆市疫情防控延迟开学期间中小学及幼儿园教学指导意见》、中国学前教育研究会《疫情时期学前儿童家庭游戏指南》;调试检测"空中课堂"等线上平台,确保线上指导质量及规范运行。

五是指导到位、督促到位。区教师进修学校建立专班,持续开展网络教学研讨和网上教研活动,加强各学科学习指导内容、方法、评价的指导和督促,确保学习指导方向正确、策略有实效。

2020年的寒假就快结束了,我们将以别样的方式拉开新学期的序幕,这是现代教育的步伐,这是未来教育的窗口。疫情暂时阻断了我们的脚步、桎梏了我们的欢畅,但却让我们感受到了不同寻常的亲密、温暖、坚强、力量。亲人、朋友、师生、同事,还有那些平凡而伟大的逆行者、守护者,这个寒假因为你们而光亮、明媚!让我们继续前行!

### 三、启动停课不停学,加强线上学习指导

**2020年2月10日　星期一**

今天是我们疫情防控工作全面启动后的第15天,也是全市开展"停课不停

学"网上教学工作的第1天。

下面是大渡口区实验小学校长李竹针对当下"空中课堂"的一些感受,昨天我讲,今天拉开的"停课不停学"是现代教育的步伐,也是未来教育的窗口,希望大家好好琢磨、细细品味,基于学校实际出发,我们将走一条什么样的发展之路?那天与教科院蔡院长交流中,我表述了一个观点"一场疫情暂时困扰了人们,但也激发了人们无限的创造力!"下面是李校长的几点认识,供大家参考:

(1)为了保证利用信息技术远程学习的可行性,我们做了调查。区实验小学不能在线的1.3%,新工小学不能在线的3%。说明今后建立基于互联网生态下的学习共同体是可行的。

(2)今天空中课堂第一课,我进入了一个班和家长、同学一起参与,我一直在感动,为激情、为探索、为共享、为引领。这次互联网方式,学校没有硬性规定,根据实情,有直播、有钉钉、有微信、有QQ。

面对基于互联网状态下的第一次学习,我们不退缩、不慌张!老师们如何教?同学们如何学习?作息时间如何安排?家长如何配合学校工作?这些都是矛盾,褒贬不一,但随着时间的推移,相信一切都会好起来。

依托互联网、新媒体等媒介开展线上教学指导,是拓展教育路径、应对疫情肆虐的创新举措,是教育在疫情防控总体战略中的重要任务,是广大教师为之付出巨大努力与智慧的成果。教育面对的是复杂、多元的社会群体,同时,教育面对的也是一个又一个鲜活的学生个体。基于特定的时代,每一个新事物的出现,总有修正与完善的空间,总有褒贬不一的声音,这其实是发展过程中的正常现象,但这一切无碍于我们前进的步伐,也无法否定我们探索未知世界的果敢。

围绕今天的工作,我们力图从以下几个方面做好当前的工作!

一是清思路、明导向。正如今天沈维安主任给大家提醒"不停学不是开学,不是把2月份的学习任务完成,是让孩子们不能太无聊……如果我们只是把教室搬到家里,那可就有问题了"。市教委及时发出《关于进一步明确停课不停学网上教学工作有关要求的通知》,再次强调工作原则、要求和注意事项。大渡口教育系统也迅速反应,及时调整工作方案,务求好事一定办好,务求改革一定改变。

二是走基层、听声音。实践是检验真理的唯一标准,我们一切工作必须在实践中去感知与感悟。区教委沈主任、张主任等教委领导分别带队走访区内学校,向校长们和值班人员详细了解疫情防控工作下的线上教学开展情况,听取各方意见和建议,并给予现场指导。

三是抓焦点、调航向。"停课不停学"全面开展的第一天,全社会都在关注,在家长和孩子们及社会各界期盼下,逐渐揭开了"空中课堂"的全部"面纱",我们在感叹时代发展的同时,也积极预判可能的问题与矛盾,主动而为,问题聚焦,由责任科室进一步全面摸底各校一线教师、学生及家长意见和建议,严格按照上级文件要求和区教委的工作部署,迅速研判、拟定调整方案。

四是讲节奏、重把控。大渡口教育人以教育人的智慧与担当,深刻读懂"停课不停学"第一要务是防控新冠疫情,保护学生身心健康,指导学生居家学习生活充实有意义;强调严格控制网上学习时间,减轻负担,保护视力;强调学习内容以巩固性和拓展性相结合,开展疫情防控主题研究学习、阅读活动、体育锻炼、家务劳动,发展兴趣爱好。各校工作要求令行禁止,节奏把控有章有法。

五是依学情、重人文。各校积极响应,针对学生实际情况优化工作方案。按市教委要求统一指导学习的教材版本;对于网络信号不好或身处异地无法上网的情况,制定实践劳动、主题阅读为主的自主学习指导;对初、高中毕业年级制订专项指导计划,让学生安心,保持乐观积极的精神状态。努力实现人人可学、人人会学、人人乐学。

六是强沟通、导情绪。加强学校纵向横向的沟通,加强一线教师与学生及家长的沟通,疏导大家在疫情应急状态下的焦躁烦闷情绪。温馨提示家长,因延迟开学耽误的课程,学校会通过适当的方式补回来,不必过分担心和焦虑,努

图 3—3　老师的网课像一束光,照亮了宅家生活

力构建起最为广泛的教育"统一战线"。

　　总之,"停课不停学"的宗旨是引导学生坚强、理性,学会乐观、思辨,明白大爱、奉献,懂得责任、担当。这需要我们教育者更多的统筹与谋略,我们既要有政治的高度、思考的深度、改革的广度、执行的力度,还要有育人的大度。站在家长、学生的角度去理性思考、科学施策。"停课不停学",我们正昂首走在疫情防控的路上!

　　在此给大家分享一下刘德智校长网上开学的第一讲,这份讲稿从"一群钢实人"出发,把历经疫情防控以来的心路历程真情流露,讲出了信念,讲透了担当,讲清了责任,讲深了情怀……这段时间,像德智校长一样,我们每一位校长书记兢兢业业、冲锋在前,我们时时处处任劳任怨、无怨无悔。真的为大家点赞与自豪! 大渡教育因你们才会精彩,也因为有你们才更出彩! 向大家致敬!

# 第二节　在线教学稳步推进

　　2020 年 2 月 11 日(星期二)　今天顺利接受了市政法委专项工作组现场督察和区政府唐勇副区长校园实地督察;科学施策,做好"停课不停学"学习指导。

　　2020 年 2 月 12 日(星期三)　《新型冠状病毒心理防护手册》美篇阅读量 2 000 多次,7 位专兼职心理教育教师参与市心理教育与辅导,11 位美术教师集体创作"新冠疫情"创新微课视频和美术作品,12 位教师的 15 件作品在市区专业平台展播;在志愿报名的基础上,特别组建了一支"应急支援组",最终暂时确定 100 名成员。

　　2020 年 2 月 13 日(星期四)　今日下午我区确诊的学生治愈出院;区教委开展《重庆市学校传染病管理系统》基础信息再审核,对全区 127 个中小学、幼儿园、培训机构的系统管理员和信息上报员基础信息进行审核、纠错;实施动态数据管理,每天摸排追溯至前 14 天。

## 一、扎实推进防控工作,顺利接受上级督查

### 2020 年 2 月 11 日　星期二

　　今天是我们疫情防控工作全面启动后的第 16 天,也是"停课不停学"的第 2 天。

　　大渡口教育系统以高度政治责任感和教育使命,扎实推进疫情防控工作,今天还顺利接受了市政法委专项工作组现场督察和区政府唐勇副区长校园实地督察。

　　一是实地督导,严守校园净土。各学校严把进出关,规范卫生消杀,对校园

家属楼居民登记摸排严谨。区政府唐勇副区长上午调研部分学校,给予教委及学校前期疫情防控工作充分肯定,同时也对下一步的工作进行了现场指导。在区政府的关心下,将全力支持教育系统进一步做好防控物资筹备,以应对学生返校后的疫情防控之需。

二是严格纪律,精准摸排易感人群。打好阻击战的关键,在于早发现、早报告、早隔离,阻断病源。区教委从守法遵规的高度,要求各校(园)严肃对待摸排工作,所有上报数据必须精准核对、精细台账,必须密切跟踪、不留死角,必须纵到底、横到边,学校所报数据层层把关,责任到人,对瞒报、漏报、谎报行为从重追责。

三是宣传引导,助力群防群控。增强自我防护能力,人人成为防线,是防控内部扩散的制胜战术。教育系统积极承担宣传引导职责,依托校园大型显示屏、校园微信公众平台,向学生及家长推送公共交通、上班期间防护指南和手册,提高家长们在工作期间的防控意识和能力,号召小手牵大手齐心应对复工复产后的防疫攻坚战,共同维护疫情防控稳定局面。

图3—4 育才小学学生在老家对着旁边学校的国旗敬礼

四是科学施策，做好"停课不停学"学习指导。针对网络不畅、设施不足、家长指导困难、学习负担重等问题，各校深刻理解市区两级教育行政部门的文件精神与要求，严格控制显示屏观看时间，降低学习难度，增加主题阅读、劳动实践、自主探究、兴趣发展的学习内容，保证体育锻炼和睡眠时间，致力于指导学生有规律、有意义地生活。

各位同仁，昨日，央视《新闻1＋1》连线直播中，市委常委、常务副市长吴存荣强调，重庆处于外防输入、内防扩散的关键期，复工人员流动使防控形势更加复杂、严峻，防控措施必须更严更实更细更快。教育系统承担着基础数据摸排、师生健康关爱、教师教研推进、学生生活规划以及社会舆论引导等诸多重要职责，我们必须更加清醒、更加坚韧、更加阳光，在疫情防疫攻坚战中贡献更多的智慧、更大的力量！谢谢大家一直不懈的努力与持之以恒的坚定！

**二、组建"应急支援组"，志愿者报名踊跃**

**2020 年 2 月 12 日　星期三**

今天是我们疫情防控工作全面启动后的第 17 天，也是"停课不停学"的第 3 天。

疫情防控任务依然艰巨，全民联防联控进入关键阶段。如何陪伴远离校园的孩子们认知疫情、呵护健康、懂得生活、学会学习、感悟大爱？大渡口教育人立足本职工作，从不同的角度细心呵护、真情陪伴、精心引导，上演了一幕幕大渡口教育人传递爱的"大片"。

一是深刻领会"停课不停学"要义不放松。

在大家的努力下，各级各类学校很好地处理了统一步调与"一校一策"的辩证关系，既有执行力，又有创新度。

进一步明确线上教学不是单纯意义上的网上上课，也不只是学校课程学习的简单延伸，而是更为广义的学习，是疫情防控大政治下的大学习！

只要有助于全社会疫情防控、学生健康成长的内容和方式都是可行的，这本身就是遵循教育规律的有益尝试和大胆实践。只要方向是对的，努力去做吧！

二是坚持立德树人的导向不放松。

我们学校新招层出不穷、创意连连，大家分享的举措与抓手都显著体现了国家课程学习与疫情防控学习相结合，注重疫情防护知识与生命教育相结合，注重社会认知与奉献大爱相结合。各校以不同形式注重先进事迹的宣传、社会美德的弘扬、爱党爱国爱人民爱社会主义思想情感的培育等，真正践行着"培养什么人"的首要问题和根本任务。

三是教师教书育人一刻也不放松。

首先,我们全区 1 000 余名班主任每天坚持摸底学生疫情接触史、旅行史、日常生活轨迹,对身体健康出现异常的学生嘘寒问暖、关怀备至,每一天的电话微信互动都传递着班主任最真挚的关爱。其次是我们开拓"空中课堂"的老师们,他们勇于开拓,披荆斩棘,努力尝试与推进全新领域的全新模式,他们是先行者,他们是开拓者,我们要为他们的付出呐喊鼓掌! 深情道一声"你们辛苦了!"

再次,我们区教师进修学校未成年人心理健康指导中心专门成立疫情防控"心育"工作组,为学生和家长提供专业服务,积极推送丰富的活动资源,提供市区心理援助热线,制作《新型冠状病毒心理防护手册》美篇,阅读量 2 000 多次,7位专兼职心理教育教师还参与重庆市中小学疫情防控远程心理教育与辅导设计。

最后,才华横溢的艺术教师们,发挥专业特长,给予孩子们心灵的滋养。音乐舞蹈教师创编主题舞蹈小品、家居亲子舞、抗疫手语歌;美术创新实验室的 11位美术教师集体创作"新冠疫情"创新微课视频和美术作品;书法教师创作抗击疫情书法作品,12 位教师的 15 件作品在市区专业平台展播。总之,在这场人民战役中,我们的老师付出了极大的努力与智慧! 人人都是这场战役中的英雄!

图 3—5　九十四中老师上网课

四是组建"应急支援组"志愿者行动不放松。

在疫情防控进入关键阶段,传递大爱、奉献大爱是我们大渡口教育人应有的责任与担当,我们理应参与更多的工作、付出更多的情怀。因此,教育工委谨慎研究后,在志愿报名的基础上,特别组建了一支"应急支援组"。

我们的学校反应迅速,我们的老师报名积极,远超我们 100 人的队伍组建人数。经反复研究与审定,最终暂时确定 100 名成员,其中党员人数为 78 人,"80 后"66 人,男女比 60∶40。

在组建队伍过程中,我们始终以卫健部门的专业要求为指导,对人员进行了严格审查,建立了志愿者的生活轨迹及健康档案等工作台账,同时也对各学校工作进行了科学评估,在不影响学校正常工作前提下,力争做到人员结构合理,素质、业务一流,绝对做到一切行动听指挥。一旦区里疫情防控工作有需要,我们这支代表大渡口教育人崭新形象的志愿者队伍随时随地支援到位。

今天是 2 月 12 日,寓意"爱的连线"("2"—"1"—"2")我们的所有努力都基于"爱",爱让心灵如此贴近,爱让抗击疫情的日子显得别样! 我们有能力、有信心、有把握取得疫情防控的最终彻底而全面的胜利!

各位校长书记,在前期自愿报名的基础上,我们进一步核定名单,最终确定了大名单,请大家查询一下自己学校的志愿者同志,按照上次文件的精神和要求,安排好他们的工作。组织部马上就要先期抽调一部分同志支援街镇防控工作,也请大家给予他们鼓励与支持,为他们点赞。

### 三、大渡口教育人始终无悔无惧,砥砺前行

**2020 年 2 月 13 日　星期四**

今天是我们疫情防控工作全面启动后的第 18 天,也是"停课不停学"的第 4 天。

抗击疫情、守护健康、关注生命、呵护成长,大渡口教育人秉承爱心、慧心、细心、决心,无悔无惧,砥砺前行。

1. 阻击"新冠"有爱心

有爱就会赢,今日下午 3 时,我区确诊的学生治愈出院。从 1 月 26 日晚确诊,19 天的时间里,学校无微不至地关爱孩子及其与之密切接触的 46 名师生。

每天都在爱心连线中,无论是校长、分管主任,还是班主任,他们的鼓励、问候从未间断,频频通过照片、视频等不同渠道和形式,给予这个受伤的家庭和其他 46 名师生春天般的温暖,帮助他们坚定信心,取得了最后的胜利。我们坚信有这份爱的付出,一定能打赢疫情防控这场人民战争!

2."停课不停学"有慧心

大渡口各中小学及幼儿园,立足学校实际、学生实际,以生为本,开拓创新、智慧施策,贡献了很多智慧方案。

如公民小学开展识"物"(即认识农作物、农具)、识"人"(即了解称呼及背后

的亲属关系）、识"事"（即实践农务、家务、民间手工制作）等活动,让学生在"老家"质朴的生活中感受家乡风俗、体会家庭温暖、收获成长快乐。

这个"泥"课堂实践教育活动,受到家长热捧,孩子们每天在班级群里晒照片、视频,互动点赞络绎不绝。

如三十七中学美育课程愉悦身心陶冶情操。为有效舒缓压力、调节情绪,学校为学生订制美育课程:学跳抗疫手语舞,经典音乐欣赏,赏析歌剧、音乐剧,观看美术电子博物馆,征集学生原创抗疫旋律、歌词、绘画、手工制作作品,美好居家生活、丰富艺术审美等等。

这样优秀的案例比比皆是,向大家致敬!

3. 疫情摸排更细心

病源摸排是阻击疫情的关键。为确保区域数据上报、追踪更准确,区教委开展"重庆市学校传染病管理系统"基础信息再审核,对全区 127 个中小学、幼儿园、培训机构的系统管理员和信息上报员基础信息进行审核、纠错。实施动态数据管理,每天摸排追溯至前 14 天,使摸排出的涉鄂、涉疫人员和健康状况异常人员更有针对性,助力区卫健委锁定重点人群。

图 3-6　在阳台上插上小国旗,敬礼

4. 转换思维,努力去寻求教育未来发展的决心

一场疫情让我们停下了匆匆的步伐,放缓了生活的节奏,慢可以让我们暂时静下来,此刻的静可以让我们有空间有时间更多去思考未来。这段时间疫情带给我们的不仅仅是社会发展的叩问、人性善恶的思考,还有很多很多。

作为学校的"掌门人",我们更要借此片刻的"慢",拂去身上的那份浮躁,静静去"思"学生未来成长的需要,用智慧和大爱为学生护航,不断探索有品质有内涵有情怀的"大渡教育"的真使命与真价值!

让我们继续努力,直至疫情防控取得全面胜利!

# 第三节　立德树人不停步

2020 年 2 月 14 日(星期五)　大渡教育把创新解决"停课不停学"作为提升教育治理能力、学校内涵发展的驱动器,大胆尝试、笃定前行;大渡教育以社会宣传引导为己任,依托"小手牵大手"倾力开展疫情防控宣传教育。

2020 年 2 月 15 日(星期六)　看望慰问在我区工作的外教人员;修正"重庆市学生传染病管理系统"人员基础信息;调整政法委上报数据平台及内容;健全学生和教职员工健康档案;传达市教委防控办会议精神。

2020 年 2 月 16 日(星期日)　今天是"停课不停学"的第 7 天,我们一刻也没有放松,一刻也没有大意,反而越往前走,越是专注与投入。

## 一、搭建多元载体,停课不停学笃定前行

**2020 年 2 月 14 日　星期五**

今天是我们疫情防控工作全面启动后的第 19 天,也是"停课不停学"的第 5 天。

当前,疫情防控工作到了最吃紧的关键阶段,各级党委和政府按照党中央决策部署,突出重点、统筹兼顾,分类指导、分区施策,切实把各项工作抓实、抓细、抓落地,坚决打赢疫情防控的人民战争、总体战、阻击战。

大渡口教育人守土有责、守土尽责、守土担责,以更坚定的信心、更顽强的意志、更果断的措施坚持防疫阻击,为广大师生、家长构筑起疫情防控的一道道爱心防线。

1. "停课不停学"笃定前行

因学生所处区域,家庭网络、硬件设备条件,家长配合时间、能力等因素限制,大渡口教育人把创新解决"停课不停学"作为提升教育治理能力、学校内涵发展的驱动器,大胆尝试、笃定前行。

　　在教育部、市教委相关文件精神指导下,坚定"立德树人"的教育理想,"以生为本"的教育理念,着力学情调研、课程整合,实事求是开展"停课不停学"。

　　实验小学教育集团启动"抗疫·启慧空中课堂"第二轮课程优化。着力三个关键点:把我变成我们,强化课程学习的互动性、团队性;从"带学"走向"导学",强化学生居家学习的主体性;将"被动防疫"变成"主动学习",强化学习的主动生成。

　　一周的尝试我们取得了一些经验,也带来了一些必然的问题,我们可以基于每所学校的差异性,再度"头脑风暴",深度领会及创造性落实上级部门的文件精神,分类分阶段分区域协同合作,形成课程开发的合作共同体,有效推进三大融合:国家课程与校本课程的广泛融合,学生为主体与教师为主导的广泛融合,线上学习与线下学习的广泛融合。不一刀切,不千篇一律,走出每所学校别样的风采!

图3—7　专注凝重的神情,驱走阴霾,给学生送去温暖

　　2."新偶像"催生学习增长点

　　新时代需要新偶像,这是核心价值观的期盼。"站着站着,你就睡着了;看着看着,我就哭了。"不同行业的抗疫英雄,用牺牲精神和奉献精神点亮全新偶像形象,最美"逆行者"是这个时代的精神与指向。

　　茄子溪中学同学创作的人物肖像《最美的守护者》,白衣天使脸上被口罩勒出的血痕;育才小学同学写给妈妈的信"妈妈,你放心去照顾病人吧,我在家里很好"。

　　钢花小学同学在"我想成为怎样的人"主题活动中一句句平实、真挚的人生志愿,让我们感受到时代新偶像对学生心灵的洗礼,让我们对学生的成长充满希望。爱在传递,也在传承,少年强则中国强,少年可期!

3."小手牵大手"助力群防群控

随着返程人流剧增和复工人员聚集的增加,疫情交叉感染风险随之增加。加强在工作区域的自我防护,主动配合社区封闭管理,成为疫情防控的关键。

大渡教育以社会宣传引导为己任,依托"小手牵大手"倾力开展疫情防控宣传教育。推送《钟南山给提前返岗同志的5条抗疫防护建议》,强调电梯间、餐厅、办公室等高危区域的防护要点以及勤洗手、科学酒精消毒的要领,引导同学们关爱父母长辈,提醒他们返岗复工时一定要做好自我防护。

宣传强化社区防控的关键作用,引导家长朋友支持配合物业、社区人员的小区封闭管理,构建起人人防疫的战斗堡垒,为疫情防控工作与经济社会发展贡献我们的一份力量!

各位同仁,谢谢你们,抗击疫情,我们始终勠力同心! 用心坚持、用爱坚守! 一天天走来,我们的一言一行注定与这个时代脉搏一起律动,书写出教育人的美好故事!

今天接到实验小学李竹校长的微信,现和大家分享。

### 转换思维,努力去寻找教育未来发展的方向
#### ——第一阶段空中课堂实施后有感

春日和融,草木恩泽。

"实小"在延迟开学的时段里,通过多种形式,搭建多元载体,引导学生"停课不停学,成长仍在线",展开了为期一周的"抗疫·启慧空中课堂"实践探索,再次证明,不管是成人还是儿童,经历、体验是最好的成长方式。

一、集思广益,共创资源

面对停课不停学的挑战,"实小"的教师们集思广益,共创教育教学资源。没有教材,我们的各个学科教研组提前准备,用一个个加班熬夜做成的微视频、微课打开了孩子们的学习天地。

二、在线服务,网络教学

2月10日,在这个原本是春季开学的日子里,"实小"教师严阵以待,践行我们的教育使命。没有教室,我们利用网络,化身"主播",在线上为孩子们传播灵动有趣的知识技能。虽然隔着网络,屏幕前的一张张笑脸,直播课堂上的朗朗读书声,让这个多灾多难的初春燃起了希望!

三、及时反思,总结收获

在这次"抗疫·启慧空中课堂"的实践探索中,"实小"展开了一次次自下而上、自上而下的反思与研讨,力争站好我们的教育之岗。学科教研组展开了线上直播教研,一线学科教师们交流经验与困惑,互相解答与促进;年级组领导进入每个班级的直播间,实时进行课堂观察,及时反馈教学效果。

在实施中,我们发现,其实孩子们并不特别需要哪些课程,最需要的是在课程中呈现的老师和同学,无论是声音或容貌,空中课堂可以给他们一天的生活打开一个别样的窗口! 一起说说话,一起读读书,一起做游戏……

与此同时,我们清醒地看到问题与挑战:

一是线上学习不是适合每一个孩子,每一个家庭。

二是空中课堂存在一定的互动限制,在教学过程中无法解决课堂的生成性,在评价环节无法实现反馈的及时性。

三是学生家庭学习环境的不同,无法实现教育教学的绝对资源平等。

四是在抗击疫情的社会背景下,启慧空中课堂不能只聚焦在学科知识的学习上,应该将内容拓展开来。

基于此,我们将在第二阶段进行教育教学内容的调整,将目标聚焦于社会实践课、家国情怀课、敬畏自然课、身心健康课,让我们的学生懂得我们与国家、与未来、与自然、与自己的关系。

### 二、修正传染病管理系统,做好区域防控

**2020 年 2 月 15 日　星期六**

今天是我们疫情防控工作全面启动后的第 20 天,也是"停课不停学"的第 6 天。

大渡口教育人在疫情防控的日子里,周末不休,笃实践行教育品质、教育内涵、教育情怀。

1. 隔空连线情义满满

每一次的工作布置,每一次的提醒强调,每一次的分享交流,每一次的迂回前行,我们都心领神会、心意相通、心心相印。工作群里,信息秒回呈现出我们的状态,思想碰撞凝练起我们的智慧,经验分享汇聚成我们的力量。一次次、一串串、一排排,简单的图案承载的是不简单的情怀,是责任、是担当,是大义大爱,是我们教育人的那份初心与使命!

2. 三人行必有我师焉

教育的每一次改革都会带来巨大的反响与争论,就像其他所有教育人一样,我们围绕"停课不停学"精心筹备,又不断修正,每一次的前行无不彰显了大渡口教育人面对疫情防控的坚韧和无畏,面对特殊时期育人策略的果敢和匠心,从心出发,智慧施策,大渡口教育的疫情防控和立德树人边思边行、边行边改、边改边悟,无关对错、无问西东,就如同今天沈维安主任给大家的分享一样,因为我们都朝着相同的方向前行!

3. 跨越国际真情关心驻区外教

看望慰问在我区工作的外教人员，为他们送去口罩、洗手液、酒精等防护物品；关心他们在中国的生活，提醒他们预防新冠，做好自我防护，如身体有恙及时到医院就诊并寻求校方帮助。

4. 再次细致完善系统数据

修正"重庆市学生传染病管理系统"人员基础信息；调整政法委上报数据平台及内容；健全学生和教职员工健康档案。要求学校精准摸排、及时掌握师生健康状况，确保情况清、底数明、数据准，为复学后师生正常到校上课提供重要依据。

5. 强调防疫工作要点

传达市教委防控办会议精神，强调工作要求：

(1)加强各校具体防控工作督查；

(2)坚决打好持久战，坚决做到疫情防控不松劲、不懈怠、不浮躁、不敷衍；

(3)更加认真细致地做好校园消杀、隔离点准备、完善疫情防控预案、备足防控物资等开学准备工作，确保开学后学生的生命安全和校园稳定和谐。

同仁们，疫情防控一刻都不能松懈，做好区域师生的疫情防控，守护留守家中的学生，是教育人在抗疫人民战争中的神圣使命，也是对我们教育系统治理体系与治理能力的考验。我们共携手、齐努力，为大渡学子擎起自得成长的天空，为疫情防控阻击战不断助力！祝大家周末快乐！

### 三、大渡大爱，几则抗疫的点滴育人故事

**2020 年 2 月 16 日　星期日**

今天是我们疫情防控工作全面启动后的第 21 天，也是"停课不停学"的第 7 天。

在这个周末，我们一如既往开展疫情防控的各项常规工作，在大家共同努力下，我们一刻也没有放松，一刻也没有大意，反而越往前走，越是专注与投入。

今天几所学校在群里分享的育人故事，闲下来仔细阅读，认真学习，学有所获。在大家的启发下，也与大家分享几点感悟，以求共勉！

1. 微笑理应成为我们面对疫情的最好选择，它折射出越挫越勇的人生态度

余位河书记分享的三十七中初二年级一群学生的心声，向我们诠释着微笑的魅力与积极乐观的生活力量。

有同学说："一颗种子从地底破土而出，是因为有春的梦想；一颗微星在暗夜中熠熠生辉，是因为有光的力量。而那座生病的城市，总会好起来，因为这是我们共同的愿望！希望通过我们的一点爱心，能够温暖更多人！"孩子们说"疫情期间，每一个人都应微笑面对生活"。确实如此，防疫不易，此刻最难，但阳光

总在风雨后,我们充满希望的等待,必有微笑等来的春暖花开!

2. 生命的意义在于传授世间的大义,这是我们教育人的自觉选择

毛世伟校长分享的育才生命教育"云课堂",讲述了"无法面对面,努力心连心"的教育真谛,育才人认为"岁月静好,是一线白衣天使在负重前行;文化传承,是我辈教书育人者的责无旁贷"。

这是一种担当,也是一种气度。"无论在书声琅琅的教室,还是在信息闪烁的'云端',我们心连心共抗疫情,我们手挽手众志成城,待大疫得控、国泰民安、冰雪融化、乌云散去、春暖花开时,我们定会背着装满知识的行囊在大好中华的蓝天下笑靥如花!"民族大义,我辈不负!

3. 爱的立场永远都是以生为本,哪里需要爱,哪里就应该有我们的身影

我们忽略的地方往往应该是教育着力的地方。

百花小学默默在行动,江城校长讲述着关爱疫情中的特殊群体儿童的感人故事,"让我们在这场没有硝烟的战争中,理解了责任与担当的意义,让每一个奋战在疫情前线的家庭无后顾之忧,让每一个学习困难的学生得到疫情中特殊关爱"。

在疫情战斗的吃紧阶段,我们既在阻击新冠病魔,又在注解人生,面对任何困难,"没有一个冬天不可逾越,没有一个春天不会来临",我们给孩子们传递了不畏艰险的人生哲理。

4. 生活即教育,疫情就是课堂与课程

钰鑫小学崔满校长分享的第一周课程总结,深刻、深沉、深邃,他们是带着教育智慧负重前行!

下阶段,钰鑫小学直面生活实际,将在继续有序开展"读写小天地""趣味数学园"和"自主活动学习"基础上,进一步分年段推进"小眼看疫情——我与防疫""社会与防疫""人类历史与防疫"项目式学习。让孩子们在项目式活动中增强家庭责任感、社会责任感和国家责任感。让孩子进一步理解"大义""大爱""大美""大公"的真内涵!

5. 让爱连线最美逆行者,榜样永远是时代精神的指向

彭英杰书记分享的九十五中逆境磨炼孩子、榜样激励孩子的故事特别感人。

父母战斗在疫情防控第一线,这本身就是最好的育人素材,学校紧紧围绕这一教育小切口而行动,以情育人而达人,九十五中学子们在抗疫中理解了父母,收获了成长。"这一切化成了一声加油、一句祝福、一纸书信,传递了对父母的一份理解、一份感动、一份敬佩,汇聚成了抗击疫情的暖流,凝聚起了战胜疫情的强大合力。——战斗在抗击疫情第一线的爸爸妈妈,加油!"

各位同仁,要分享的故事还很多,刚刚九十四中张敏书记分享的优秀党员吴昌平主任疫情防控故事及马王小学刘怒校长分享的师生抗疫视频,都传递着满满的正能量。

这几天太忙,不能一一点到,每一所学校都竭力而为,这样一个特殊的时期,我们每个人都被卷入了一场特殊的战役,这是一场人民战争,大渡口教育人都应拿出自己最强的精神、最大的智慧、最好的状态投入这场战斗。因为我们还要持续共同面对、共同讨论、共同参与、共同承担,在教学条件变化、交流空间变化中把疫情、把灾难当成教材,把我们应该做的、能够做的、通过努力能够做到的事情,做到最好、做到最佳,共同完成好这场生命教育、信念教育、大爱教育、科学教育、道德教育……在抗击疫情的战役中,让苦难成为背景,让坚强成为主旋律,让人生更加有意义,让每一位参与者共成长!

疫情风浪正此时,岂等弟子荒废之。风雨携手莫等闲,不负大渡育人事!

# 第四章 · · · · · · · ·

# 探索育人方式的转变

坚持"333"实施原则,即课程建构注重差异化、特色化、品质化"三化";课程实施注重国家课程与校本课、学生主体与教师主导、线上课程与线下课程"三融合";课程管理强化教委方向指导、进修学校智力支撑、学校主体执行的"三统筹"。

疫情防控是一本写不完的最好教科书,不同角度、不同视野都能获取人生价值的太多启迪与感悟。我们每一所学校自始至终将疫情防控的各种元素充分融入德智体美劳课程中,主题式、项目式、活动式课程的开展与整合,网上教学技能与方式的熟练运用,网络学习的管理方式实践与探索,家校社互动配合的磨合与默契,所有这些,都是疫情防控赋予学校教育的一次大挑战、大契机。

"没有一个冬天是不可逾越的,没有一个春天是不会到来的。"在中国大地上展开的疫情防控人民战争,向世界展现着中国速度、中国力量、中国精神、中国担当,坚定着国人心中的道路自信、理论自信、文化自信、制度自信。我们以教育人的自信从容与优雅迎接春天的到来!

## 第一节 教学改革的探索

2020年2月17日(星期一) 按照《市教委关于建立健全学生和教职员工健康档案的通知》建好师生健康档案;抓好"停课不停学",坚持"333"实施原则。

2020年2月18日(星期二) 完善《复学后学校疫情防控工作方案》和《复学后学校疫情防控操作手册》;依托大数据开展学生独自居家情况调查。

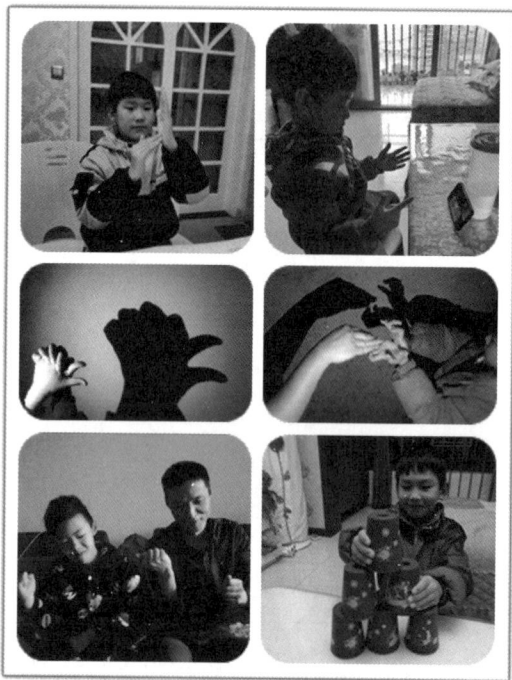

**图 4—1　花园小学指尖课堂**

2020 年 2 月 19 日(星期三)　根据"一校一策"原则,因地制宜、因校施策,制订切实可行的课程方案;网上教学原则上采取半日授课制度,每天不超过 4 学时;不得强行要求学生任何形式的网上"打卡",上传作品视频、学习照片等,增加学生和家长的负担。

2020 年 2 月 20 日(星期四)　区教委第一时间成立疫情防控指挥部,建立"7+5"指挥体系,即 7 个专项工作组与 5 个片区防控组;构建"10+5"管理机制,即 10 项制度确保 5 项重点工作落实落地落细。

**一、坚持"333"原则,提高教学实效性**

**2020 年 2 月 17 日　星期一**

今天是我们疫情防控工作全面启动后的第 22 天,也是"停课不停学"的第 8 天。

疫情防控全民战争到了最吃紧的关键阶段。为进一步筑牢师生疫情防控堡垒,卓有成效地推进疫情防控,今天区教委召开办公会,研究部署下阶段工作。

1. 把握方向,理清思路

学习领会中央深改领导小组第 12 次会议"关于完善重大疫情防控 9 种机制 4 种制度和健全国家公共卫生应急管理 15 个体系"的会议精神。这是国家强有力的改革举措。教育系统如何改革? 制度机制如何完善? 体系如何建构? 治理能力如何提升? 这一系列问题都需要我们不断思考!

同时,传达学习了教育部、市委、区委疫情防控会议精神。强调教育在疫情防控战争中的重要使命和攻坚任务:提高排查效率,严防死守、紧盯到人,宣传引导、稳定人心,配合集中医学观察;强调工作督导,要压实责任,务求工作落实、落细有实效;强调工作方法,要从心出发,发挥智慧和师爱,注重人文关怀。

2. 掌握步调,统筹规划

立足全局,面向未来,深刻思考延期开学、开学前、开学后三个阶段的工作。强调机关各科室要提前谋划工作,有计划、有重点、有举措、有评价;建好动态工作台账,情况清、底数明、数据准;作出工作指导意见,简洁明确、切实可行。学校要针对疫情发展,做好不同阶段的工作预案、实用操作指南,建立精准的工作台账、严谨规范的处置流程、科学的应急举措、人文的关怀机制等。

图 4—2 实验小学学生宅家体育锻炼

3. 抓住重点,落实落细

抓好师生健康监管。按照《市教委关于建立健全学生和教职员工健康档案的通知》建好师生健康档案;按市教委要求做好"重庆市学校传染病防控管理系统"运行准备,把好信息关口,确保信息准确可靠。抓好"停课不停学"。

坚持"333"实施原则,即课程建构注重差异化、特色化、品质化"三化";课程实施注重国家课程与校本课、学生主体与教师主导、线上课程与线下课程"三融合";课程管理强化教委方向指导、进修校智力支撑、学校主体执行的"三统筹"。

坚持"预习＋巩固＋拓展"学习任务制定,做到目标明确、任务具体、可视可检。"预习"针对主要学科,强调线上答疑,及时检验自学效果;"巩固"基于学科,设计"小""巧""精"个性化作业,开展查漏补缺、专项能力提升;"拓展"结合疫情防控大背景,研发项目式、主题式、综合式学习任务。

坚持分类复学教学,精准调研学生自主学习的程度、进度、效果,针对不同群体学生分类制订复学后的教学计划、安排教学进度,确保所有学生完成规定教学任务。

各位同仁,疫情放慢了生活的节奏,但却加快了我们的思考! 今天大家的分享应接不暇、精彩不断,用心用情用智,大家始终围绕"人"做文章、讲故事,这是走心的步调,这更是教育的主张! 向你们学习与致敬! 谢谢你的精彩呈现与智慧分享! 大渡教育因你们会更美好! 在新的一周,我们继续坚定信念、坚守初心、坚持节奏,整装又出发。

**二、谋划复学方案,全方位推进各项工作**

**2020 年 2 月 18 日,星期二**

今天是我们疫情防控工作全面启动后的第 23 天,也是"停课不停学"的第 9 天。

习总书记对战"疫"作出超强部署,强调疫情特别严重的地区要集中精力抓好疫情防控工作,其他地区要在做好防控工作的同时统筹抓好改革发展稳定各项工作,不能有缓一缓、等一等的思想。大渡教育聚焦疫情防控和师生健康成长两大关键点,注重全局的系统建构与局部的协调推进。

1. 围绕体制机制建设,积极推进教育系统治理体系与治理能力建设

首先,要牢固树立健康第一的理念,在疫情防控中谋思路,在疫情攻坚中解难题,着力加强学校公共卫生应急管理、师生身心健康指导、食品营养卫生、体质健康监测,是此次疫灾给予我们的警示,也是我们今后工作的重点!

其次,找准突破口,抓住关键点,完善健康管理的系统梳理,从学校健康管理制度机制建设为出发点,以健全和完善学校健康管理体系为归属点,精准建立师生的健康档案、生活轨迹等工作台账,夯实学生复学、教师上岗的基础信息采集与重要依据归档,这是检验我们工作能力的试金石。

最后,立足《学校师生健康档案》建设,全方面提升治理水平和能力。遵循数据摸排的精准、真实、动态原则,科学把握三大重要环节落实落地。晓之以理、动之以情、人文关怀、争取主动,力争第一时间掌握师生的真实信息档案;讲

师德、讲政策,要求一线教师、中层管理人员精准统计、及时汇报与严谨核对;讲政治、讲纪律,要求校长书记亲自把关、科学研判、及时处置。

2. 提前谋划复学应急处置方案,全方位多层面推进各项工作

不断优化区级层面疫情防控指导,完善《复学后学校疫情防控工作方案》《复学后学校疫情防控操作手册》;逐一指导学校复学后疫情防控实施方案和操作流程,确保复学后疫情防控有序有效;全力筹备应急物资,确保关键岗位之需,通过政府调配、自主采购、社会捐赠等方式,全力筹措疫情防控物资。具体情况:

红外线测温计 250 只(耳式 50 只)、热成像测温设备 39 套(用于大型学校),一次性医用口罩 15 000 只(儿童口罩 3 000 只)、N90 口罩 500 只,消毒液 2 175 升、消毒酒精 400 升、洗手液 400 瓶、橡胶手套 300 只等。

其中口罩 2 000 只、消毒酒精 275 升、消毒液 2 010 升、耳式测温计 50 只、洗手液 20 瓶已分发到机关科室和学校;近期将在实验小学、育才小学、九十五中、三十七中及教委安装热成像测温设备进行试用,接下来再全面普及全区中小学。

3. 积极探索疫情背景下的教育教学改革,谋定而后动,赢今朝看未来

针对家长复工后,留守儿童增多,生活学习无人监管的情况,依托大数据开展学生独自居家情况调查,为学校制定差异化、特色化指导课程提供依据。

依托教师进修学校专业力量,加强学校"预习＋巩固＋拓展"学生学习指导方案的优化,逐步形成"停课不停学"学习生活指导大渡口方案。

针对复学后,教学时间缩短的实际情况,教师进修学校主动作为,学科教学整合、教学方法改革、作业设计优化等维度,统筹规划复学后的课程计划和教学工作,保证学校复学后教育教学实施,有方向、有章法、有实效。

各位同仁,面对疫情带来的困难和疫情后长远的思考,我们必须从全局出发,做好区域防疫,配合联防联控;从学生出发,做好立德树人本职工作,解除家长后顾之忧,支持全国抗疫战争和经济社会稳定发展。

补充通知:

关于大渡口区教育系统疫情防控后阶段需要加强的工作任务

一、建立师生健康档案

根据《市教委关于建立健全学生和教职员工健康档案的通知》要求,中小学、幼儿园的师生员工必须建立健康档案,由学校指定专人负责并每日更新,精准掌握开学前 14 天师生的健康状况,为开学后师生是否进行医学隔离观察提供依据。如因本项工作疏忽,遗漏了应隔离而未隔离或带病上课的师生,造成疫情蔓延的,将会被追责。

二、及时准确上报数据

由于新冠肺炎疫情已经发展到了第四代,根据《区新型冠状病毒感染的肺炎疫情防控工作领导小组关于进一步加强疫情排查防控全覆盖工作的通知》要求,由原来的排查涉鄂人员及密切接触者扩大到了所有人员。所以,落实排查工作,务必精确到每一个师生,并及时上报排查情况。"重庆市学校传染病防控管理系统"已试运行,各校班主任或管理员,应以健康档案统计数据为基础,每日在系统中按要求填报当日身体健康状况和近14天内湖北返渝师生的相关信息。除上报市教委的数据外(报区府办的数据和报市教委的数据口径一致),目前还需报的数据有两类:一是重点人员管控台账(教委上报区指挥部,区指挥部指派街道按照报表信息上门排查);二是当日返区人数及涉鄂人员数(教委上报区委政法委)。

三、排查留痕

作为履职尽责的重要依据,各校应通过班级 QQ 群、微信群、学校公众号等渠道向师生及家长发布的疫情防控措施、疫情上报要求等工作信息要截图留底备查。各校疫情防控领导小组要定期抽查各班级和教职员工健康档案建立情况、各班疫情防控信息发布情况,并与每日上报传染病防控管理系统的相关数据进行比对,坚决杜绝信息延报、漏报、瞒报、错报、乱报等情况发生。

四、督导检查

教育系统疫情防控工作领导小组将在近期开展对各校(园)疫情防控履职尽责情况、师生健康档案建立情况、疫情防控信息发布情况的专项检查,并督促各校根据《重庆市新冠疫情领导小组关于切实做好新型冠状病毒感染的肺炎疫情期间企业复产复工有关工作的通知》《大渡口区教育系统复课后防控新型冠状病毒感染的肺炎疫情工作方案》要求,制定学校复课后的工作方案和疫情防护指南,开展校园环境卫生整治和全面消杀等工作。

大渡口区教育系统疫情防控领导小组办公室

2020 年 2 月 18 日

### 三、贯彻上级文件精神,明确策略与思路

**2020 年 2 月 19 日,星期三**

今天是我们疫情防控工作全面启动后的第 24 天,也是"停课不停学"的第 10 天。

大渡口教育人凝心聚力、全心投入这场没有硝烟的防疫战。从疫情摸排到重点人群跟踪调查;从校园管控到环境消杀;从物资筹措到后勤保障;从延期不延学的策略制定到停课不停学的线上实施,我们为守护学生生命安全和健康成

长负重前行、砥砺奋进。

根据今天的任务部署，我们还要进一步明确当下防控策略与工作思路！

1. 从大处想，择小处行

随疫情而来的生活桎梏、精神压力，全社会的民众心理越来越紧绷，焦虑、焦躁的负面情绪越积越多，而我们教育面对的社会群体情况更加特殊。孩子们是每一家庭的牵盼和寄托，随着线上教育的纵深推进，家长既要忙碌于自己的工作，又要配合学校忙碌于孩子的学习，生活的节奏失去了原有的平衡。

面对不曾有不曾遭遇的现实，在疫情防控最吃紧的关键阶段，一方面我们要着眼于疫情防控的大局，另一方面我们还得谋划于教书育人的具体一隅，这个时候我们必须更加冷静、睿智、从容，依据各自学校的实际，围绕学生的学情，科学实施疫情防控和"停课不停学"，争取家长、社会的理解认同、支持配合。

2. 细化方案，精准施策

严格遵照、认真学习、积极落实教育部、市教委关于"停课不停学"的文件精神，根据"一校一策"原则，因地制宜、因校施策，制订切实可行的课程方案。停课不停学应以防控疫情、守护学生身心健康为第一要务。因此，课程方案必须把握好以下几点：

第一，网上教学不可能替代开学后的教学，要合理确定教学目标、降低教学要求、减缓教学进度。

第二，网上教学原则上采取半日授课制度，每天不超过 4 个学时（每学时 40分钟），减少观看电子屏幕的时间。

第三，不得强行要求学生任何形式的网上"打卡"，上传作品视频、学习照片等，增加学生和家长的负担。

3. 换位思考，多从人文入手

这两天大家分享的工作举措和案例，最大的特点就在于人文的彰显，无论是宣传优秀党员，还是可爱学生，无论是推荐学校普普通通教职工，还是展现家长的互动配合，我们学校都做足了功夫、用尽了心思，特别值得点赞，也特别骄傲于我们这个团队的执行力！

在目前甚至更长的　个阶段里，我们还需要更充分调研学生居家学习困难和学生成长需求，调研家长的构成与实际情况，须采取更加多样性、多元化、多层级的实施策略。

细到学生家庭情况，所处区域，家长指导能力、时间、精力等情况，我们都必须做到心中有数，我们要站在学生和家长的角度，急家长之急、想家长之想，给予及时、有效的学习指导。

不搞一刀切，不搞形式主义，采取科学、务实、适宜的实施策略，追求真实的育人价值。

4. 凡事胜在沟通,赢在情感

当我们掌握了基础信息以后,我们还得加强对教师工作方法、交流艺术的指导,开展有温度、有情感的交流互动,达成育人共识,形成育人合力。班级微信群、QQ群就是教育系统防疫战场的第一线,班主任、任课教师就是防疫战的决胜力量。疫情摸排、线上指导、关心关爱,都依赖于一线教师与家长的沟通交流。

学校一定要强调教师沟通交流的方法和艺术,讲明白信息采集的意义,讲清楚工作操作的流程,讲透彻指导课程的育人价值,防止工作方式方法的简单生硬。

同时,我们作为管理者还需要把人文的关爱送达到每一位教师,他们也需要减负!

大灾即大"考",考验我们的治理体系,考验我们的治理能力,考验我们的教育智慧。当前我们面临的教育是一次全新的挑战,鞭策我们静心思考,大胆改革,在"应考"中拓展格局、完善体系、展现人文、提升能力。祝我们每一员都顺利"结业"!

### 四、建立"7＋5"体系,构建"10＋5"管理机制

**2020 年 2 月 20 日    星期四**

今天是我们疫情防控工作全面启动后的第 25 天,也是"停课不停学"的第11 天。

防疫阻击战于大年初二打响,这 25 天的点点滴滴,见证着大渡教育的战斗力、执行力、凝聚力。在疫情防控中,大渡口教育人直面挑战、直面问题、直面艰辛,坚持每天精准摸排 61 608 名师生的健康状况;坚持线上教育实时指导、改革创新、精益求精;坚持严格管理校园,规范值班值守;坚持多方筹措防护物资,有序有效稳控教育系统疫情……走过的每一天、做过的每一件、说过的每一句,都凝结着大家的辛勤付出、智慧担当!汇聚着新时代大渡口教育人同舟共济、砥砺前行的精神品质!我想要总结的话,可以高度概括为以下几点:

1. 统一指挥,迅即反应,保证防疫方向准、举措实、策略优、见效快

首先,教育防疫一盘棋。区教委第一时间成立疫情防控指挥部,建立"7＋5"指挥体系,即 7 个专项工作组与 5 个片区防控组,形成纵向专班、横向片区网格化指挥;构建"10＋5"管理机制,即 10 项制度确保 5 项重点工作落实落地落细。

各校(园)根据校情,依序建立校级防疫指挥体系和工作机制,一校一策,灵活机动,据实推进,人文渗透。

其次,闻令而动,令行禁止。特殊时期,虽没法面对面部署工作,但各校对线上指令响应之迅速、执行之果断、调整之睿智,展现出学校"掌门人"的政治自觉、责任担当和智慧情怀。昨天,在工作小结中提到"胜在沟通,赢在情感"。

今天,马王小学就发出《再致家长学生书》。复学后,零起点教学、主科足量教学,给家长定心丸;给独自留守儿童给予点对点照顾,解除家长后顾之忧。

今天部分学校的故事分享,或从党员、或从管理干部、或从榜样人物、或从课程建设等,不同角度讲述着每一所学校面对疫情防控下的学校育人主张。

正如彭英杰书记分享的故事"新冠肺炎疫情是本教科书",连续 25 天,各校校级领导坚守在防疫第一线,靠前指挥、亲力亲为,"别人开始复工上岗,有些人,却一直没离开岗位"。

这一幕幕本身也是我们动人的育人课程与教材! 在此,道一声辛苦啦! 谢谢你们!

2. 勇挑重担,冲锋在前,发挥党组织战斗堡垒作用和党员干部模范先锋作用

党旗在抗疫一线高高飘扬。为呵护确诊病患学生,连夜借车返程的钢实校党员谢江月老师;用心恪守使命,用爱坚守后方的区实小党员聂朵老师;甘当抗疫排头兵,志愿投身社区第一线的九十四中党员吴昌平老师、三十七中党员张娅老师;还有坚守疫情防控指导岗位的机关、学校党员干部们,为开展好"停课不停学"和精准摸排师生信息而努力的党员教师们,还有自愿参加随时候命组建起来的"疫情防控支援组"党员志愿者们……还有太多太多,他们用行动践行着初心和使命,带动普通教师携手以往,阻击"新冠肺炎病魔"。

3. 隔空陪伴,守护健康,确保每一位学生隔离不隔爱、孤单不孤独

在学校组织领导和先进榜样的引领带动下,全体大渡口教育人团结一心,用智慧和爱心,为学生点亮生命之光、人类文明之光。在调查健康状况、指导学习生活的点滴中,学生得到了心灵的滋养和洗礼。

面对大灾,学生们向善而生,向上而动,自得成长,用作文、绘画、朗诵作品,回馈老师们的教导,回应疫灾背后的人性光辉,孩子们在老师的呵护与引领下,在家长的配合协作下,演奏出最动人的乐章。

我们始终坚信,这场人民战争会取得彻底全面的胜利。这胜利不仅是防疫的胜利,还是教育改革勇往向前的胜利,必将激励我们不断努力,行稳致远,终成有品质、有内涵、有情怀的大渡教育!

# 第二节　五育并举育新人

2020 年 2 月 21 日(星期五)　今天上午,区教育系统"新冠"防控领导小组分组召开会议,专题研究部署教育系统下阶段防疫工作要点。

2020 年 2 月 22 日(星期六)　线上教育指导推动着教育方式的变革、教育路途的拓展、教育观念的更新,教育时空不断外延。

2020 年 2 月 23 日(星期日)　今天下午 3 点在区政府西 341 会议室参加了全国统筹推进新冠肺炎疫情防控和经济社会发展工作部署视频会议。

## 一、严防聚集性感染,切实保障师生安全

### 2020 年 2 月 21 日　星期五

今天是我们疫情防控工作全面启动后的第 26 天,也是"停课不停学"的第 12 天。

坚决遏制疫情蔓延势头,坚决打赢疫情防控的阻击战,这是一场没有旁观者的全民行动,是一场齐心协力的人民战争。面对复工复产的新形势新焦点新问题,今天再次进行了相关工作的部署:

1. 上下联动,再强调再部署再落实

教育系统的防控关乎 6 万多师生和他们身后家庭的安全、祥和。守一方净土,保一隅平安,我们重任在肩。

今天上午,区教育系统"新冠"防控领导小组分组召开会议,专题研究部署教育系统下阶段防疫工作要点,并对综合协调组、摸排防控组、爱国卫生组、宣传引导组、后勤保障组、安全稳定组、纪检监察组 7 个专项工作组提出具体要求。

谋定而后动!在区教育系统防疫工作领导小组领导下,各学校应该发挥主观能动性,及时研判各类风险、及时评估当下形势、及时调整应急预案,以应对不断出现的防控新问题新风险,保校园平安、保师生健康。

2. 前后联系,一以贯之推进疫情防控各项工作

随着疫情防控战役的纵深推进,厘清新的风险点。防疫战必将从现在最吃紧的关键期,走向决胜期,直至最后的胜利。学校必须从延学居家期和开学复课期两个阶段思考不同的风险点,注重前后贯通、无缝衔接。

第一阶段,随着复工复产进行,疫情防控进入复杂期,聚集感染几率增大。

加之现滞留在主城区或大重庆外的部分师生陆续返程,也存在感染的风险,这些为我们的防控工作带来了可变因素。同时,因受家长育人观念与陪伴

时间、家校沟通、延学方案等多种因素影响,使"停课不停学"的实施依然存在着家校磨合、协同互动及社会舆论等多重风险。为此,我们应该进一步积极搭建沟通平台,完善沟通机制,畅通沟通渠道。进一步积极宣传防护方法,完善师生健康档案、生活轨迹及工作台账;进一步积极引导广大师生及家长配合相关部门,依法依规共同做好疫情防控工作。

图 4—3 互助小学一年级小学生宅家学洗袜子

第二阶段,随着疫情防控的结束,一旦进入开学复课期,我们面临的问题也是一大堆。

尤其突出表现在两点:聚集的学习生活会加大疫情传染几率与风险,会极大冲击、影响我们正常教育教学秩序的开展;前后两个阶段的学习衔接,如何做到规范有序、融合有效,这也是对我们的极大考验。为此,我们当下必须严格做好师生健康档案和生活轨迹建档,确保所有信息动态、精准、真实,杜绝一切可能的疫情防控风险和漏洞。我们要在区教委的统筹指挥下,依托进修学校的整体部署,切实做好停课不停学的课程教育教学科学评估、科学贯通,实现一体发展。

我们还要精准锁定学校这个重要阵地。一旦开学复课,校园将成为防疫最重要的战场。入校体温检测区、教室、就餐区、寝室、楼道、医学隔离室,是人群最密集的场所,是校园防疫最重要的阵地。制定针对性强、操作性强、实效性强的专项方案,并将之落实落地落细,对守住阵地至关重要。

3. 先后一致,持续发力,抓住关键点

疫情防控工作是一场持久战,这场战争中无论何时何地,人力与物资都是重要基础和关键环节。

首先人力安全。教师群体,食堂、超市工作人员,生活教师,保安,清洁人员都应保证身体健康、工作前 14 天无接触史;全员防控,事事到人,人人有责。

其次物资筹备。筹备足量体温测试工具、防护口罩、消毒液等防控物资;搭设、调试体温测试设备;添置洗手设施、备足洗手液;实施专业消杀;食品、寝室防控设施添置。未雨绸缪,早思考、早研判、早谋划,方能做到先后一致、久久为功、科学防控、精准施策。

各位同仁,“没有一个冬天是不可逾越的,没有一个春天是不会到来的”。在中国大地上展开的疫情防控人民战争,向世界展现着中国速度、中国力量、中国精神、中国担当;坚定着国人心中的道路自信、理论自信、文化自信、制度自信。我们以教育人的自信从容与优雅迎接春天的到来!

## 二、立足新时代,思考育人的真谛

### 2020 年 2 月 22 日　星期六

今天是我们疫情防控工作全面启动后的第 27 天,也是“停课不停学”的第 13 天。

“新冠”病毒强制性地按下了暂停键,虽让国人放缓前行的脚步,却加快了人们思考的速度。我们在反思与大自然相处之道,如何实现与大自然的和谐共生;我们也在思索自我与社会的关系,如何成为一名“逆行者”,为这个社会贡献一份光和热。

我们更在感悟这个伟大的国家、不屈的民族,有国才有家,是我们内心深处形成共识的呐喊! 带着思考上路,我们步伐就会更加坚定。

1. 改革创新,且思且行

立足新时代的教育使命,我们要有改革创新的思维,不断探索以什么样的方式和路径去培养什么人的时代课题,不断厘清教育在促进个体发展、社会进步、民族富强的地位与作用,不断实践面向未来的教育系统性深刻性的综合改革。

这段时间,我们每一所学校所做的每一件事情,都代表着我们前所未有的改革动力、改革魄力、改革步伐。“停课不停学”实施两周,我们在摸索、优化、实践、总结的闭环轨迹中不断调整、完善、提升,我们每一位都是参与者、设计师,我们以改革创新之势走出了一道大渡教育的靓丽风景线。

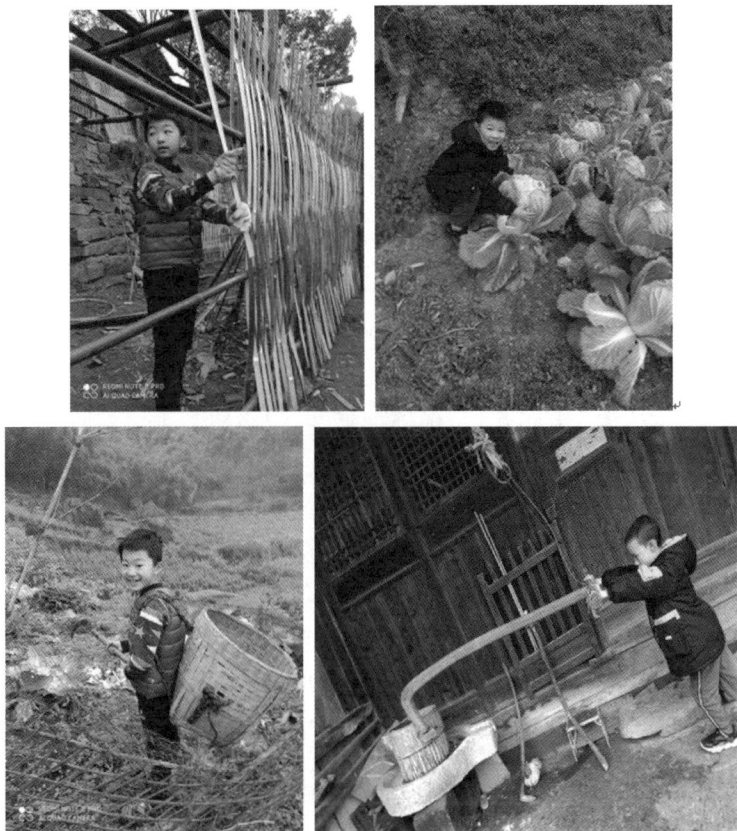

图4—4　公民小学学生的"泥课堂"

2. 寻道前行,本位回归

在疫情按下暂停键的那一刻,不切实际的奥数、不知疲倦的培优、不问深浅的补习……太多的加之于学生的过重"枷锁"也暂时消停,被社会乱象裹挟的家长、学校、教师也有了片刻时间与空间,思考育人的真谛和属于每一个学生的发展路径,这是教育价值与教育属性的回归。

学习从极端功利化的价值追求,理性回归到立德树人的正途。我们面对的是每一个鲜活的个体,培养人、发展人、幸福人是我们不变的教育大道,身心健康、个性培养、全面发展,理当得到最大彰显。

3. 返璞归真,百花齐放

社会即教材,生活即教育。面对疫情防控这部巨大的教科书,各校立足校情、学情,积极探索德智体美劳全面发展、多维一体的课程建构与融合,注重系统化、体系化梳理。以小学为例：

钰鑫小学"生命·信念·科学·公德"四堂大课；双山实验小学"阅读、锻炼、劳动、综合实践"四大版块主题课程；公民小学"泥课堂"；花园小学"小葵花—指尖课程"等。

各学校回应着春天百花齐放、千姿百态，积极回应着"多维一体、教育大渡"的发展理念。

4. 载体多元，方式多样

在彼此隔离的特殊时期，"互联网＋"的教育方式发挥出惊人的力量。线上教育指导推动着教育方式的变革、教育路途的拓展、教育观念的更新，教育时空不断外延。

各校举全校之力，大胆尝试，勇于创新，坚定睿智地走向新时代更为广阔、更为灵活、更为个性的教育改革样板，也许疫情过后，我们回首一看，原来教育还可以这样丰富多彩！

没有哪个寒假像 2020 年这般激昂、奋进，深情、温暖。我们被爱感动、我们用爱前行；中国精神激励着我们砥砺前行，我们感召着学子奋斗进取。在彼此独处却又同心共进的日子，是心中那份热爱与执着驱动着我们，我们相信，在阳光灿烂的日子，终会呈现大渡教育这边风景独好！

图 4—5    半岛幼儿园屈瑶瑶老师线上指导音乐游戏

### 三、防控初现成效，彰显社会制度的优越性

**2020 年 2 月 23 日 星期日**

今天是我们疫情防控工作全面启动后的第 28 天，也是"停课不停学"的第 14 天。

今天下午 3 点在区政府西 341 会议室参加了全国统筹推进新冠肺炎疫情防控和经济社会发展工作部署视频会议，中共中央总书记、国家主席、中央军委主席习近平出席会议并发表重要讲话。总书记着重围绕疫情防控和经济社会发展统筹这个重点部署了具体工作，感受很深，与大家一起学习、传达、分享、动员几点：

1. 这是一场集中统一领导的战争

新冠肺炎疫情发生后，党中央高度重视，迅速作出部署，全面加强对疫情防控的集中统一领导，把人民群众生命安全和身体健康放在第一位，采取切实有效措施，坚决遏制疫情蔓延势头。

党中央审时度势、综合研判，及时提出坚定信心、同舟共济、科学防治、精准施策的总要求，及时制定疫情防控战略策略，把提高收治率和治愈率、降低感染率和病亡率作为突出任务来抓，把武汉和湖北作为全国主战场，加强对武汉和湖北防疫的统一指挥，统筹抓好其他地区防控工作，加强医用物资和生活必需品应急保供，切实维护社会稳定，加强宣传教育和舆论引导，积极争取国际社会支持。

2. 这是一场群防群控、联防联控的战争

在这场严峻斗争中，各级党组织和广大党员、干部冲锋在前、顽强拼搏，广大医务工作者义无反顾、日夜奋战，人民解放军指战员闻令而动、敢打硬仗，广大人民群众众志成城、守望相助，广大公安民警、疾控工作人员、社区工作人员等坚守岗位、日夜值守，广大新闻工作者不畏艰险、深入一线，广大志愿者等真诚奉献、不辞辛劳，党和国家有关部门和人大、政协以及各人民团体等主动担责，社会各界和港澳台同胞、海外侨胞纷纷捐款捐物，为疫情防控做出了重大贡献。

3. 这是一场彰显社会主义制度优势的战争

这次新冠肺炎疫情，是中华人民共和国成立以来在我国发生的传播速度最快、感染范围最广、防控难度最大的一次重大突发公共卫生事件。对我们来说，这是一次危机，也是一次大考。经过艰苦努力，目前疫情防控形势积极向好的态势正在拓展。实践证明，党中央对疫情形势的判断是准确的，各项工作部署是及时的，采取的举措是有力有效的。防控工作取得的成效，彰显了中国共产党领导和中国特色社会主义制度的显著优势。

4. 这是一场不取得完全胜利就不收兵的战争

"咬定青山不放松""不破楼兰终不还",疫情进入攻坚阶段以后,精准施策是关键,习近平总书记又亲自部署了七点任务和要求。

第一,坚决打好湖北保卫战、武汉保卫战;第二,全力做好北京疫情防控工作;第三,科学调配医疗力量和重要物资;第四,加快科技研发攻关;第五,扩大国际和地区合作;第六,提高新闻舆论工作有效性;第七,切实维护社会稳定。

这些科学的战略与策略为阻击疫情,最终取得完全彻底的胜利奠定了坚实基础。

5. 这是一场两手抓两手都要硬的战争

新冠肺炎疫情不可避免会对经济社会造成较大冲击。越是在这个时候,越要用全面、辩证、长远的眼光看待我国发展,越要增强信心、坚定信心。综合起来看,我国经济长期向好的基本面没有改变,疫情的冲击是短期的、总体上是可控的。习总书记就有序复工复产提出8点要求,全面统筹推进疫情防控和经济社会发展工作。

今天会议上,习总书记还特别强调各级党组织要认真履行领导责任,特别是抓落实的职责,把党中央各项决策部署抓实抓细抓落地。各级干部特别是领导干部要增强必胜之心、责任之心、仁爱之心、谨慎之心,要不断狠抓工作落实,增强忧患意识,提高工作本领。

各位同仁,中华民族历史上经历过很多磨难,但从来没有被压垮过,而是愈挫愈勇,不断在磨难中成长、从磨难中奋起。我们每一个教育人都要在这场没有硝烟的战争中努力磨砺自己、提升自己、完善自己,不断追寻我们的大渡教育梦!

## 第三节　打造大渡教育文化体系

2020年2月24日(星期一)　今天上午在区教委后二楼召开了区教委行政办公会扩大会;今年,区教委将围绕"文化味""书香味""现代味""人情味"打造机关文化环境,形成"多维一体,教育大渡"的文化协同发展大格局。

2020年2月25日(星期二)　党务室指导"志愿服务队"点对点关心我区一线医务人员子女;在教委公众号上开通"健康咨询"网络心理咨询服务;督导室拟定疫情防控专项督导方案;综合服务站,多渠道筹措防控物资;安稳科,抓紧时间研判热成像测温设备准确性的保障条件和基础要求。

2020年2月26日(星期三)　今天下午,重庆市教委召开"重庆市教育系统统筹推进新冠肺炎疫情防控和教育事业发展工作视频会"。会后,由我代表区教育系统疫情防控工作领导小组,对下阶段作"4＋2＋5"工作部署。

2020年2月27日(星期四)　今天上午区教委先后召开线上教学工作专项研讨会、区教育工委会议及区教育系统新冠肺炎疫情防控领导小组会议,并点对点征求部分学校意见和建议,迅速制定大渡口区线上教学指导实施策略,指导推进线上教学工作的探索与实践。

### 一、关注心理健康,化解居家负面情绪

**2020年2月24日　星期一**

今天是我们疫情防控工作全面启动后的第29天,也是"停课不停学"的第15天。

为了贯彻和落实昨天全国统筹疫情防控和经济社会发展电视电话会议精神,部署教育系统今后一个阶段的工作重点。今天上午在区教委后二楼召开了区教委行政办公会扩大会,旨在坚定必胜信念,咬定青山不放松,毫不懈怠地抓实抓细抓紧抓严各项防控工作,旨在坚定教育理念,强力推进复课前后一体化融通机制和管理制度建设,坚持两手抓、两手硬,有序有效有节奏地统筹推进教育系统疫情防控与复课复学的各项筹备工作。

图4－6　九十四中学生"宅家"做家务

1.持续发挥指挥体系效能,坚决打好防"疫"阻击战

依托大渡口教育疫情防控"5＋10"工作机制和"7＋5"管理指挥体系,坚持疫情防控既定战略、策略,纵深推进防疫工作。

各科室、各学校要以更实更细更严更紧的工作作风,以疫情防控操作指南为遵循,切实做好师生健康档案建设、生活轨迹建档、工作台账建立,切实注重重点人员关心调查,切实落实校园管控及卫生消杀,切实做好防控物资筹备等各项工作。我们要有必胜之心,不取得疫情防控的全面胜利,不轻言成功。

2.持续做好"停课不停学",从心出发、动态优化,构筑起"家长放心、学生有心、教师用心"的"空中育人走廊"

针对当前持续居家隔离的现状,情绪疏导与心理辅导是当前一个阶段工作的主要着力点。

首先,对特殊群体学生及时给予关心与关爱。如高三、初三毕业年级的学生,独自留守居家的学生,援鄂医务人员家庭的学生,以及其他需要特殊关爱的学生等,我们要及时给予点对点的关爱、一对一帮扶,把"隔离不隔爱"做到实处。

其次,加强沟通交流,强化人文关怀。及时回应家长疑问、疏导困惑,合理安排教师工作量与减轻学生学习负担,抚慰学生、家长、教师。

最后,不断完善课程指导方案、优化实施策略。让学生居家也能做到学习有节奏、有收获、有计划、有成长。

3.持续遵循"万无一失、实用实效、上下一致、统筹推进"16字方针,做到未雨绸缪,持续完善复课复学工作方案,提前打好复课复学这场准备仗。

遵照市教委新发的《重庆市新冠肺炎疫情防控开学工作指南(试行)》《大渡口区教育系统复课后防控新型冠状病毒感染的肺炎疫情工作方案》(10号文件),进一步细化学校复课复学后的防控工作和教育教学工作。

在防疫工作方面,要突出重点区域、重点事项、重点人群的防控;在教育教学方面,要充分思考在教学时长缩短的情况下,如何达成既定教育教学目标。本周,区教委将从组织领导、防控工作、统筹教育教学三方面对各校开展专项督导,用一线指导的方式,督促、指导、帮助学校进一步做好复课前后防控工作和教育教学工作。

4.持续推进五大体系构建,坚定信心,努力完成今天各项教育教学和教育改革各项任务

尤其是大力推进立德树人体制机制的构建和落地,形成幼小中学衔接、一体化发展的完整科学的课程体系。各校要以此次疫情灾害为大挑战,大挑战即为大考,抓住育人的契合点与兴奋点,基于培养什么人为首要任务,立足社会主义核心价值观和学生核心发展素养,探索构建德智体美劳全面发展的人才培养

体系、师德与师能同步提升的教师发展体系、科学与人本的教育评价体系、守正与出新的党建工作体系,以及家校社共育的终身教育体系,为"十四五规划"的起步奠定坚实的基础。

5. 持续打造大渡教育文化体系,努力营造起"责任立己、制度立规、文化立魂"的治理体系

今年,区教委将围绕"文化味""书香味""现代味""人情味"打造机关文化环境,塑造大渡教育形象,引领文化风尚。

学校也要高位思考、全面统筹,从理念文化、环境文化、制度文化、师生文化、课程文化、活动文化等多维度塑造校园文化,以提升学校形象、学校精神及学校品位。从机关到学校,真正形成"多维一体,教育大渡"的文化协同发展大格局,为有品质、有内涵、有情怀的大渡教育助推与赋能!

各位同仁,2020 年,注定是非常特殊的一年,"千淘万漉虽辛苦,吹尽狂沙始到金",让我们带着彻底战胜疫情的勇气、决心与信心,奔赴我们既定的教育教学及教育改革的各项目标任务,从容、自信、优雅地走出我们大渡教育的铿锵步伐!

**二、坚持正确育人方向,推进教学改革**

**2020 年 2 月 25 日　星期二**

今天是我们疫情防控工作全面启动后的第 30 天,也是"停课不停学"的第 16 天。

一个月以来,全国人民在以习近平总书记为核心的党中央领导下,众志成城、齐心协力,取得防疫形势逆转的积极效果。中国—世界卫生组织新冠肺炎联合专家考察组外方组长、世界卫生组织总干事高级顾问布鲁斯·艾尔沃德在新闻发布会上,高度赞扬中国政府采取的公共卫生应对措施和中国人民高度的集体意愿,让确诊新增病例在两周内下降 80%,避免了可能发生的数十万病例。

最美的逆行者、坚守岗位的奋斗者、投身各领域的志愿者、封闭在家的每一个普通人和不幸陨落的 2 666 颗"星",汇集成磅礴的中国力量,向世界展现出中国惊人的领导能力、应对能力、组织动员能力、贯彻执行能力。我们大渡口教育人也在这场防疫战中接受洗礼、经受考验,也在用信念意志、情怀担当汇聚起大渡教育的磅礴力量!

1. 疫情就是命令,防控就是责任,我们始终把师生生命安全和身心健康放在第一位

统一指挥、统一行动,第一时间反应、第一时间落实,一以贯之、久久为功。区教委在第一时间深入学习贯彻"全国统筹疫情防控和经济社会发展电视电话

会"会议精神。在昨天的办公会议上,进一步精准部署,全员行动,体现了超强的组织力、执行力、行动力。

教委机关、各中小学迅即行动,第一时间明确工作重心、重点,按照既定方案调整优化实施策略和推进措施。党务室指导"志愿服务队"点对点关心我区一线医务人员子女,开展教学辅导和心理疏导。在教委公众号上开通"健康咨询"网络心理咨询服务。督导室拟定疫情防控专项督导方案,确定督导标准、方式以及责任分工。综合服务站,多渠道筹措口罩、消毒液、红外线测温设备等防控物资,保障一线值班人员防护、校门测温、校园消杀需求。安稳科,抓紧时间研判热成像测温设备准确性的保障条件和基础要求;强化校园值班和出入管理。教育一科采用跟踪调查的方式,加强线上教学指导的管理;教育二科抓住复学复课前疫情管控要点和师生身心健康疏导,研制复课疫情防控工作指南;精准摸排全区师生健康状况;依托进修学校心育小组开展心理健康资源推荐和心理疏导。

2. 坚持正确的育人方向,着力完善"停课不停学"的育人策略与方式,努力培养社会主义事业的建设者和接班人

疫情防控是一本写不完的优质教科书,不同角度、不同视野都能获取人生价值的太多启迪与感悟,我们每一所学校自始至终将疫情防控的各种元素充分融入德智体美劳课程中,主题式、项目式、活动式课程的开展与整合,网上教学技能与方式的熟练运用,网络学习管理方式的实践与探索,家校社互动配合的磨合与默契,所有这些,都是疫情防控赋予学校教育的一次大挑战、大契机。

在构筑"家长安心、学生有心、教师用心"的"空中育人走廊"的过程中,学校实践着涵盖育人理念、治理体系能力、师德师能、课程开发等各方面的综合改革。为打破防疫空中教学难点而不断优化的育人策略和不断提高的育人能力,正是疫情防控阻击战最直接的胜利。

当然,如果更进一步思考,我们会发现,在疫情面前,我们每一位大渡口教育人的智慧贡献、每一位家长朋友的理解与支持、每一位孩子成长的点滴……这些所有的人物、故事与现象无不绘制成一幅幅在大灾面前的从容、有序、坚韧与坚持的动人画面,这也许是更深层次的胜利!

3. 发展就是硬道理,我们一方面持续推进疫情防控工作,一方面提前谋划复课复学的各项工作

我们要进一步坚定 2020 年从"心"出发的工作主线,要进一步坚持 2020 年五大工作体系的建构,要进一步明确大渡教育的文化理念与目标愿景,坚决完成年度教育发展和教育改革的各项既定目标。同时,持续推进学校办学条件的不断优化与完善,根据建设计划,我区学校建设项目总建筑面积约 30.5 万平方

米,总投资约 21 亿元,将提供 19 830 个座位。这是区政府保障教育优先发展的重要举措,是满足区域教育优质均衡发展的硬件基础,我们必须按照既定程序和时间节点全力有序推进。

在疫情期间,基建科严谨务实,一步一个脚印,稳健推进民族中学改扩建、N31 地块新建小学续建工程;新开工建设 M36 地块、I59 地块、I03 地块 3 所学校;加快推进 K10 地块、F10 地块、D9 地块、J5 地块、F11 地块、茄子溪中学改扩建、区实验小学扩建 7 所学校前期工作。

同时,近期还将下达今年学校维修项目安排,各相关学校也要有只争朝夕的劲头,抓紧时间,做好施工图设计、预算编制及相关单位的采购申报,确保各项目有计划实施与推进,不断改善办学环境。

在疫情防控的 30 个日子里,春天已悄然而至。枝头的花蕾、树梢的新叶不顾倒春寒的打击摧残,坚韧、顽强地展露,就如同我们阻击疫情的节节胜利一般,向着阳光灿烂微笑,大渡教育在你我携手奋进中,信念不泯、追求不止、笃定前行!

谢谢大家,顺致各位晚安!

### 三、优化线上教学,提升学生核心素养

**2020 年 2 月 26 日　　星期三**

今天是我们疫情防控工作全面启动后的第 31 天,也是"停课不停学"的第 17 天。

今天下午,重庆市教委召开"重庆市教育系统统筹推进新冠肺炎疫情防控和教育事业发展工作视频会",全面贯彻落实习近平总书记在统筹推进新冠肺炎疫情防控和经济社会发展工作部署会议上的重要讲话精神,研究部署教育系统下一阶段疫情防控工作,统筹推进全市教育事业改革发展。

1. 全面贯彻落实习近平总书记的重要讲话精神

市委教育工委书记黄政在会上要求全市教育系统从四个方面认真学习领会、抓好贯彻落实。

第一,从总书记对前一段疫情防控工作的全面总结中汲取精神力量;

第二,从总书记对当前加强疫情防控的重点工作部署中进一步明确防控责任;

第三,从总书记对统筹推进疫情防控和经济社会发展的战略谋划中把握总体方向;

第四,从总书记关于加强党对统筹推进疫情防控和经济社会发展工作的领导中增强责任担当。

2. 毫不松懈,抓紧抓实抓细疫情防控工作

黄书记充分肯定前阶段教育系统疫情防控工作的成效,并向大家的辛勤付出表示崇高的敬意和衷心的感谢! 同时指出,当前教育系统的疫情防控任务仍然艰巨、风险极大,尤其是开学后。必须接续奋战,咬紧牙关,做到 5 个毫不松懈。

第一,毫不松懈地实行最严格的校园管控。

第二,毫不松懈地抓好疫情监测。要建立健全师生健康档案和疫情防控台账,准确掌握每位师生员工可追溯 14 天的居住史、旅行史、接触史和健康史,确保监测筛查全覆盖、无死角,建档对象全纳入、无遗漏,全力阻断疫情输入风险。落实"6+8"措施强化防控工作。

第三,毫不松懈地做好开学准备工作。提前做好开学方案、疫情防控应急预案,落实好分类隔离场所、学生错峰错时用餐、人员分类管控、疫情应急处置、防控及生活物资保障等措施。

第四,毫不松懈地指导好师生居家学习生活。教师积极开展网上教学,学生安心居家学习,学校加强生活指导,依然是今后一段时间师生学习生活的基本状态。要通过有效的方式,引导广大师生、家长调整好心态,以高度的政治自觉,树立"疫情面前,居家就是做贡献"的理念,坚守居家学习生活。同时注重师生员工思想引导、心理疏导。学校不出问题,就是对经济社会发展大局的维护。

第五,毫不松懈地发挥高校优势为抗疫全局多做贡献。

3. 统筹推进教育事业改革发展稳定各项工作

着眼长远,从 5 个进一步统筹推进各级各类教育高质量发展,确保年度目标任务圆满完成。

第一,进一步优化线上教育教学。确保学生身心健康有保障、学习能力有发展、能力素养有提升。要强化科学统筹,确保 3 月 2 日前所有中小学全面启动国家课程教学。要优化教学形式,实现课程学习全覆盖。要一人一案、精准施策;要特别关注防疫阻击战一线人员子女、农村留守儿童、随迁子女、困难家庭子女及学习有困难的学生,加强学习帮扶。要坚持适度教育,合理安排学习时间和任务。严格执行半日授课制度规定,每天网上授课时间不超过 4 个学时,每次连续学习时间小学不得超过 15 分钟,中学不得超过 20 分钟。适当降低教学要求,放缓教学进度,严格控制作业量。特别要关注重点年级,组织开展好初三、高三年级教育教学和复习迎考工作。

第二,稳妥推进考试招生工作。结合我们的工作,重点传达高考综合改革准备工作。首先是做好 2018 级合格性考试工作,提醒学生合格性考试不合格,将不能正常毕业,随之失去 2021 年普通高考资格。其次是做好 2019 级高一新生教育教学安排,开齐开足开全所有课程,按规定时间参加合格性考试,绝不允

许提前选课走班,提前参加考试。

第三,科学谋划大学生毕业就业工作。

第四,打赢教育脱贫攻坚战。各区县抓好控辍保学工作、学生资助工作、营养改善计划实施和巡视反馈问题整改。

第五,全力保障教育系统安全稳定。开展风险排查整治;加强宣传引导;加强意识形态管控。

4. 加强党对统筹推进疫情防控和教育事业的领导

第一,切实扛起政治责任,在本职岗位上践行初心担使命。旗帜鲜明讲政治;主动作为勇担当;认真履职尽责任。

第二,切实强化党建引领,发挥各级作用凝聚各方力量。党组织要发挥战斗堡垒作用;党员干部要发挥示范表率作用;党员要发挥先锋模范作用。

第三,切实加强组织领导,为打赢阻击战提供坚强保障。加强组织保障;注重考察识别干部;强化督导指导。

会后,由我代表区教育系统疫情防控工作领导小组在既定工作战略策略的基础上,结合市教委会议精神,对下阶段作"4+2+5"工作部署,即进一步明确当下四项重点工作;进一步研究好两份文件;进一步抓实五个方面,形成联动联防机制。

进一步明确四项工作,突出工作重点。

第一,要毫不松懈,抓紧抓细抓实各项防控工作。按照"4 个不得"和"5 个一律"的要求,严格校园管控;遵循"6+8+5"工作举措,严格疫情监测;做好开学准备工作,确保万无一失。

第二,要精准研判、精准施策,科学执行市教委 7 号文件。在 3 月 2 日有序开展线上国家课程教学,做好学生居家学习生活指导。

第三,做好疫情防控期间安全稳定工作。强化忧患意识,保持稳定安全的敏锐性,对延期开学、学生返校、教育教学等可能存在的师生关切、社会关注问题,细致排查,及时整改,加强防范;加强宣传引导,树立榜样、传播正能量;加强师生心理疏导,连线教师、学生、家长,做到关心关爱全覆盖。

第四,切实加强党组织在疫情防控中的战斗堡垒作用。强化干部考察识别,把党员干部在疫情防控中的表现作为考察政治素质、担当作为的重要内容,作为评先评优、选拔任用的重要依据;对不担当不作为、失职渎职的要严肃问责,对紧要关头当"逃兵"的要就地免职。

进一步研究两份文件,拟定工作遵循。做好调研,掌握学校、教师、学生、家长的实际情况,结合区情、校情研究分析存在的难点痛点及风险点,研究好市教委《关于印发重庆市新冠肺炎疫情防控期间开学工作指南(试行)的通知》《关于印发重庆市中小学校"停课不停学"线上教学工作指导方案的通知》,精准、科学制订我区落地方案,力争积极稳妥有序推进工作落实。

进一步厘清五大主线,形成联动机制。

第一,进一步落实好"7＋5"工作机制这条主线。强化责任担当,守土有责、守土尽责、守土担责。

第二,进一步落实好"5＋10"管理制度这条主线。结合市教委"6＋8＋5"工作举措,推进防控任务落地落细落严。

第三,进一步落实好督导工作这条主线。以问题为导向,以便于操作为原则,以堵漏洞为目的,切实帮助学校做好防控各项工作。

第四,进一步落实好"三支队伍"效能这支主线。让志愿队伍在四项重点工作中释放能量,树立榜样,引领带动,形成联防联控的最大同心圆。

第五,进一步落实好学校疫情防控这条主线。激发学校更大工作主动性与积极性,努力搭建起"家长安心、学生有心、教师用心"的"空中育人走廊",加强师生、家长心灵抚慰、心理疏导,落实好线上学习指导和疫情防控。

同志们,让我们在以习近平总书记为核心的党中央的坚强领导下,按照市委市政府的决策和市教委工作部署,紧紧依靠广大师生员工,万众一心,众志成城,坚决打赢疫情防控人民战、总体战、阻击战,奋力推动大渡教育持续、健康、有序、高质量发展。

### 四、聚焦"五级指导体系",确保线上教学

**2020 年 2 月 27 日　星期四**

今天是我们疫情防控工作全面启动后的第 32 天,也是"停课不停学"的第18 天。

"教师积极开展网上教学,学生安心居家学习,学校加强生活指导,是今后一段时间师生学习生活的基本状态。"

市委教育工委黄政书记的指示,明确了教育系统在防疫最吃紧的关键阶段所承担的社会责任和工作要求,也是大渡教育构建"家长放心、学生有心、教师用心"的"空中育人走廊"的工作标准。

为科学稳妥地贯彻落实市教委《重庆市中小学校"停课不停学"线上教学工作指导方案》,今天上午区教委先后召开线上教学工作专项研讨会、区教育工委会议及区教育系统新冠肺炎疫情防控领导小组会议,并点对点征求部分学校意见和建议,迅速制定大渡口区线上教学指导实施策略,指导推进线上教学工作的探索与实践。现就今天制发的《关于落实〈重庆市中小学校"停课不停学"线上教学工作指导方案〉的通知》与大家再做几点交流和强调。

1. 正确认识《教学指导方案》实施的现实背景与重要意义

在举国抗击疫情的关键阶段，保证教育系统师生安全，解除家长忧心焦虑，科学有序落实国家课程的实施，为社会凝聚蓬勃的青春之光、希望之光就是教育人为疫情防控做出的最大贡献。疫情进入最吃紧阶段，打好这场疫情防控人民战争、阻击战、总体战，不是一朝一夕之事，我们教育系统既要参与疫情防控工作，又要实施育人价值取向，这是落实好习总书记统筹疫情防控与经济社会发展工作会议精神的最好回应。

越是艰险越向前，一段时间，全国上下都在探索线上教学的实施方案，这是一次前所未有的挑战与大考。或优或劣，或好或坏，都不是评价我们工作的标准，而只有我们是否曾经努力、是否曾经尝试方为评价的依据。

在改革面前，没有好与不好的失败者，只有做与不做的失败者。我们必须为前一段时间大家的工作鼓掌，因为我们的执着、坚持、果敢与自我不断的修正与批判，才有今天更加有底气地向前推进的勇气和决心。所以，我们有充分的理由、信心去期待后面更加精彩的继续。

2. 突出一个核心，明确一个底线要求，确保线上教学指导方向准、思路清

第一，坚持以学生身心健康发展为核心。在疫情防控和教育教学间找到最佳平衡点；在学生身心健康和学业成长间找到最佳契合点；在学校教育和家庭教育间找到最佳融通点。全力确保学生身心健康有保障、能力素养有提升、家长焦虑有疏导、家校共育有促进。

第二，严格控制课程学习时间和任务。在疫情防控的特殊时期，稳定是一切工作的底线要求。遵循"半日授课制"，严格控制每天在线学习时长，严格控制学习任务和作业量。强化人文关怀，注重与教师、学生及家长的沟通交流，密切关注师生心理状况，关心学生个体实际情况，关照家长复工复产现状，及时优化线上教学方案，及时疏导线上教学各参与主体的情绪，确保教师规范有序"用心"教育教学，学生健康快乐"有心"自主成长，家长理解配合"安心"规划生活。

3. 制定时间表、路线图，确保线上教学指导举措实、节奏准、步伐稳

第一，第一周完成情况调研和教材配送。基于学生学习现状，尤其是硬软件方面的学习困难开展精准细致的学情调查；基于学校前期工作实效，尤其是对是否增加学生家长负担、是否有碍学生身心健康开展督查，为后期完善方案奠定基础。依托新华书店完成主科教材配送到生。

第二，第二周完成实施方案调整优化。聚焦课程目标、学科内容、教学方式、家校互动，找准课程适切性、操作可行性、理念共识性，完善一校一策、一生一案。

第三，分三步走，科学稳妥实施线上教学指导。第一步，在新方案未出台

**图4-7    九十四中学生自制实心球独自练习**

前,按照"缓坡度、降难度"的原则,稳步推进现有方案;第二步,新方案出台后,按照"大方向一致,小细节调整"的原则,边施行边调整,以求不断优化,以满足每一个学生的学习需求。第三步,研究、制订正式开学方案、教学计划,确保线上教学与线下课堂教学有效衔接,实现教育的最大公平。

4. 聚焦"五级指导体系",凝聚起三个主体群体力量,发挥最大效能,确保线上教学指导实效好

第一,机关各科室要发挥管理、指导、服务职能。把握方向、制定标准、掌握步调、提供支持,确保推进稳定有序。

第二,教师进修学校要发挥业务指导、效能督查的职能。把好课程资源审核关、课程教学实施关、教师教学教研质量关、业务指导队伍组建关、评价督导反馈关等,以最大的智慧与勇气担当起初心与使命。

第三,各学校要发挥统筹调配、主体实施职能。依托全员育人机制,有序有效统筹推进,做到教师积极响应、家长积极配合、学生积极参与,做到方案实施有计划、有检查、有落实、有反馈、有评价,真正打造大渡教育独特的校园名片。

各位同仁,凡事预则立不预则废,我们要以未雨绸缪的姿态,以线上教学指导为着力点和切入点,以最大的改革勇气、最实的推进魄力、最优的教学策略,携手并肩、勇往直前、且思且进、行稳致远!

# 第五章 ●●●●●●●

# 向最美逆行者致敬

防控新冠肺炎疫情已成为世界关注的焦点。来自世界不同的论调、不同的声音都掩盖不了一个事实：中国在这场疫情防控中不断证明着几千年文化的魅力，证明着我们社会制度无比优越，证明着每一个疫情背后人们的大爱精神与真情守望相助。

我们每一位管理者须继续"下沉"，下沉，首先要"下"，关键在"沉"。"下"是靠前指挥、身先士卒、冲锋在前，不当甩手掌柜。而"沉"在于沉下心、沉住气，沉浸到线上教学研究里，沉入线上教学实践中，沉醉在每一堂充满生命质感、情感充沛、多元成长的课堂上！

"新冠"病毒强制性地给我们的城市按下了暂停键，虽让国人放缓前行的脚步，却加快了人们思考的速度。我们反思与大自然相处之道，如何实现与大自然的和谐共生；我们也在思索自我与社会的关系，如何成为一名"逆行者"，为这个社会贡献一份光和热；我们更在感悟这个伟大的国家、不屈的民族，有国才有家，是我们内心深处形成共识的呐喊！带着思考上路，我们步伐会更加坚定。

## 第一节　大渡口教育人真情付出

2020年2月28日(星期五)　今天又召开疫情防控专题会，研究修订《教委机关疫情防控工作方案》和《大渡口区新冠肺炎疫情防控期间开学工作指南(试行)》；据本周摸排的教职员工未返回居住地情况显示，还有382位在主城外、117位在重庆市外、17位在湖北；严格执行"4个不得"和"5个一律"把好校门关。

图5—1　致敬逆行者(九十五中佳兆业中学2020级4班　唐雨涵)

2020年2月29日(星期六)　我区百名同学参加市"艺"同抗疫公益活动；长征学校雨滴班战"疫"记,记录了班主任带领"小战士"防疫的征程；民族中学庹家坳小学的"战役"在行动第四十期,讲述了一个一年级"小胖"同学的一天；双山实验小学成立专班贴心呵护,解除家长后顾之忧；区幼儿园集团为驰援湖北的5位家长贴心制作专辑……

2020年3月1日(星期日)　下周是对前段时间"线上教学"的调研与摸排,再下周将是方案的进一步优化与调整。

2020年3月2日(星期一)　今天是线上教学国家课程实施的第一天；2月27日出台《大渡口区"停课不停学"线上教学指导实施策略》之后,今天再出增强版实施举措,构建"10+4×4"指导体系和督查机制。

## 一、凝聚精神,真情关怀一线奋斗者

### 2020年2月28日　星期五

今天是我们疫情防控工作全面启动后的第33天,也是"停课不停学"的第19天。

疫情防控积极向好的形势持续拓展,重庆连续3天无新增确诊病例,包括大渡口在内的23个区县连续14日无新增确诊病例,待排查疑似病例、密切接触者持续减少。但是,我们必须清醒地意识到疫情反弹的风险。

在国内,随着生产生活秩序逐步恢复、人员流动增加,交叉感染几率增大;在国际,世界其他地区报告新增确诊病例数已超过我国,全球新冠疫情防控正处于"决定性"时刻。

面对疫情存在的潜在威胁和持续抗疫状态下可能出现的麻痹思想、厌战情绪、侥幸心理、松劲心态以及部分民众出现的盲目乐观,我们必须保持清醒、高度警惕,准确判断疫情防控的持续态势,做好持久战、拉锯战的充分准备。

1. 凝聚团队精神,汇集磅礴力量,让使命担当的内驱力支撑我们越战越勇

继昨天专题研究线上学习指导方案之后,今天又召开疫情防控专题会,研究修订《教委机关疫情防控工作方案》《大渡口区新冠肺炎疫情防控期间开学工作指南(试行)》。

会上教委班子领导和各科室人员一条一款细致研讨其科学性、可行性、实效性,站在全局管控和各自专业领域建言献策、群策群力,让意见在碰撞中成熟、策略在探讨中完善。

在学校也同样践行着这样的雷厉风行、团结奋进。各校的宣传报道呈现出一幅幅鲜活的画面,学校领导班子坚守岗位、率先垂范;党员干部奋勇争先、勇挑重担;一线教师恪尽职守、勤奋辛劳。这就是大渡教育的责任担当,是我们取得最终胜利的根本法宝!

2. 以爱连线,真情关怀,让每个坚守在一线的奋斗者都有温暖的大后方

教育是个大家庭,每一份子都在不同的位置发光发热,贡献力量。防疫战打响之日起,门岗值班人员、环境消杀人员、保洁人员就在自己的岗位默默守护着校园净土。一定要特别关心他们居家、上下班、用餐、岗位值守的防疫自护、健康状况、接触史,确保他们的安全。随着线上教学国家课程的逐步启动与实施,教职员工各自进入工作状态,还没有返家的教职工纷纷规划行程。

据本周摸排的教职员工未返回居住地情况显示:还有 382 位在主城外、117 位在重庆市外、17 位在湖北,本周返程了 49 位。随后,还会有教职员工陆续返回,我们一定要关心关爱、连线到人。

请他们遵照当地防疫要求,选择合适时间和方式出行,注意返程安全、减少接触、避免感染;请他们遵照重庆市疫情防控指挥领导小组决策要求,提前向居住地和单位报告返程情况,并严格按照居住地街镇下达的医学观察、居家隔离通知书的要求自觉隔离观察,保护好自己、保护好家人、保护好学生和同事。学校要传达人文关怀,让所有教职员工感受到大家庭的温暖。

3. 严防疏漏,精细管理,精心安排,细节决定成败

第一,以专业精神抓好消杀工作。疫情期间,消杀工作是抓好校园卫生环

境的关键环节,市卫健委专家指出,消杀浓度过高、消杀频次太紧密、消杀后通风时间不足等都会引起消杀过度,而出现更严重的健康损害。我们必须把好发放关、购买关,准确掌握消杀剂用途、用量、配比要求和操作要求。把好操作关,严格按配比浓度和操作流程实施室内消杀(室外不需要消杀),掌握好喷洒量和通风时长;严格消杀人员的个人防护,避免工作伤害。把好存储关,规范粘贴物品名称、使用时限,按物品特定要求科学存放,确保安全。

第二,落实好增强版校园管理,坚决做到"外防输入、内防扩散"。校园是人员最集中的场所之一,一旦发生疫情,后果不堪设想,决不能掉以轻心。必须严格执行"4个不得"和"5个一律"把好校门关;对必须进入学校的工作团队,要校级领导负责,建立专班、制订专案加强管理,扎紧校园传染源的闸阀;对校园内家属楼居民,要加强联防联控,与社区一起坚持摸排、严格划定通道,避免校园管理混乱。

各位同仁,又到周末,从下周开始,新的要求、新的任务、新的挑战又将全面铺开,我们的工作在一周接一周中持续推进,不敢侥幸,不敢松劲,让我们把思想和行动统一到党中央的战略决策部署上来,保持必胜之心、责任之心、仁爱之心、谨慎之心,围绕疫情防控这个工作大局,统筹推进教育教学工作,坚定履行教育人初心使命、责任担当,为大渡教育不懈奔波!

**二、温暖陪伴,教师的关爱润物无声**

**2020年2月29日  星期六**

今天是我们疫情防控工作全面启动后的第34天,也是"停课不停学"的第20天。

雨水三候,草木萌动,阳光明媚、春意盎然。安静许久的小区里,朗朗的读书声、欢心的谈笑声、悦耳的器乐声和着鸟鸣显得如此动听!居家久未外出的人们顿生愉悦,纷纷感受着如此简单又如此美妙的幸福。

疫情防控的艰难,阻挡不了春天的脚步,我们坚定向前、百折不挠!那是面对疫情的坚毅、乐观与自信!春天就是希望,万物萌动复苏直至欣欣向荣。教育的使命,就如同"雨水三候"一般,去唤起孩子们的"草木萌动",这既是春的步伐,更是育人的节拍。借着周末时光,看着大家平常的"疫线"报道,与大家分享几点。

1. 默默守护,温暖陪伴,教师的爱如春雨润物无声

"课前到书、人手一册"这是爱的承诺。为了保障国家课程线上教学实效,呵护学生明眸,大渡教育开启爱心送书行动,确保近39 000名学生在3月2日前收到配套教材。"先消毒再发车""清信息准送达",分包、分类、点数、核查、记

录、清洁。

今天许多学校的领导、党员、教师加班加点，只为快递能更快、更准地送达教材和教育人的爱。还有更多点对点的爱让人感动。

长征学校雨滴班战"疫"记，记录了班主任带领"小战士"防疫的征程。制作"新冠病毒大百科""致敬最美逆行者"资料包，指导学生创作慰问卡、录制视频、规划学习生活，引导学生从"我"做起、从身边做起，传递抗疫信心、表达爱心。

民族中学庹家坳小学的"战役"在行动第四十期，讲述了一个一年级"小胖"同学的一天。家政与生活、大课间、数学、书法、美工学习生活丰富多彩、乐趣无穷。DIY制作的纸船承载着他的梦想：希望小船能经历风雨，勇往直前！这份充实、快乐的背后，是班主任、学科老师无私的奉献和暖心的守护。

双山实验小学为解决家长支援湖北、孩子留守的困难，成立专班贴心呵护，解除家长后顾之忧；区幼儿园集团为驰援湖北的5位家长贴心制作专辑，致敬一线逆行者、奋战者……

还有众多学校，以自己的方式传递着我们的"爱"！

2.彼此关怀，携手奋进，团队的爱如春日抚慰人心

九十五中学线上主题党日活动"防疫守责永葆初心，垂范担当砥柱中流"，在"党性一刻钟""两学一做"学习教育中凝聚精神、发挥正能量。

实小集团给教师的第四封信"用一束光的温度守岁月静好"，用有温度、有情怀的表达，部署工作，真诚感谢、中肯建议、鼓励创新，传递出学校浓浓的人文关怀和文化精神。

还有太多校园云端办公模式、教研模式的守望相助，彼此抚慰。团队的爱是彼此的牵挂、是彼此的温暖、是彼此的力量，我们因崇高的事业战斗在一起，我们也因相同的追求奋斗在一起，我们是大渡教育的守望者！

3.从心出发，让爱发声，赤子的爱如春风感人至深

我区11所中小学、近100名同学自发参与重庆市"艺"同抗疫公益活动。他们用线条、色彩描绘英雄，用青春、少年的创意发起社会倡议和公益。

公民小学同学远在老家，心系抗疫一线，用自制炭笔在院坝上绘制作品；炒制感恩蛋炒饭，为逆行者点赞、为武汉加油。

钢城实验学校七、八年级同学绘制的主题手抄报"敬畏生命""我的社会责任"充满积极向上生命力。

大渡学子用自己的方式表达着新时代少年对祖国的热爱、对逆行者的礼赞！白衣战士是最美逆行者！我们这群孩子不也是这个时代的可爱逆行者吗?！未来，他们注定会创造更美好的时代！

4.群众的期盼、社会的关注、祖国的重托，如春雷催人奋进

如何引导学子在逆境中,自律、自省、自得、自强,是疫情期教育者最为重要的使命。各校面对线上教育教学的难点热点,大胆尝试、开拓创新,以积极主动的姿态直面挑战。以两所高中挑战高考线上学习为例。他们早规划、早部署,强管理、强细节。

第一,建立网格化、全程化、差异化、动态化工作机制。正视学生差异、专案实施教学辅导。

第二,构建家校生学习共同体。达成教师线上学习指导、答疑解惑,家长配合监督,学生自主学习的共识。

第三,强化教育教研、网络技能。提前信息化技术培训,优化教师资源配置,集体教研、团队教学,保障实效。

第四,启迪人生、激励奋进,增强内驱力。依托学科课程教学,开展系列励志教育,多角度培养学子爱国之心、报国之志,激励奋发斗志。

各位同仁,这样的故事还很多,这段时间大家不断晒故事、晒课程、晒人物……在这个不一样的春天里,我们用爱传递出了春天的呼喊、温暖与希望。教育无他,唯有与爱同行!顺致晚安!

### 三、守望相助,为我们这个民族点赞

**2020 年 3 月 1 日    星期日**

今天是我们疫情防控工作全面启动后的第 35 天,也是"停课不停学"的第 21 天。

今天特别有感于实验小学《待到战"疫"胜利时 我们照张"全家福"》的感人故事,聂朵老师的一句"放心去吧,家人,我照顾;人民,你照顾",让我们既感受到了最美逆行者的辛苦与付出,也看到了我们大渡口教育人的坚毅与情怀。

不经意间,已跨入 3 月,打开新闻,防控新冠肺炎疫情已成为了世界关注的焦点。来自世界不同的论调、不同的声音都掩盖不了一个事实:中国在这场疫情防控中不断证明着几千年文化的魅力,证明着我们社会制度无比优越,证明着疫情背后每一个中华儿女的大爱与真情。我们守望相助。

如同聂老师这个特殊的家庭一般,我们向世界证明了疫情防控工作,中国所带来的世界价值和世界意义!在我们致力于人类命运共同体建设中,这也许是教育人应该更多深思与启迪的最好人生教材与成长课程!

这次新冠肺炎疫情,是一次传播速度极快、感染范围极广、防控难度极大的重大突发公共卫生事件。为了把病毒抵挡住,中华民族默默做出了极大的牺牲。

有这样一篇文章,其内容让人不得不为我们这个国家、民族点赞。文章大

**图 5—2　致敬白衣天使(育才小学六年级 7 班　李睿琪)**

致这样叙述着:

钻石公主邮轮在各国的推推搡搡之下,整整拖了 31 天,导致船上的 634 人确诊新型肺炎,因为谁接手这个烫手山芋,谁就要牺牲巨大的利益。同样的一艘赛琳娜号邮轮停靠在中国,我们仅仅用了 18 个小时就处理完毕。其间直升飞机的费用,医务资源的费用,几千人隔离需要的住宿,吃喝拉撒,都是我们在承担,因为我们不能让病毒传播出去。疫情爆发后,我们第一时间研制出了核酸检测试剂,并且一直在提升速度。2 月 22 日,武汉市的日均检测量是 1.4 万份,而在日本,这个数字是 300 份。我们的"火神山""雷神山"速度,让世界为之惊叹,在美国,这可能是装一个有线电视的时间,在英国,可能连讨论要不要建的时间都不够。我们举全国之力,一省包一市,将所有的医疗设备、人员、物资都往湖北倾斜。我们的企业,积极响应号召,紧急组织口罩生产线,至 2 月 7 日,全国已有超 3 000 家企业经营范围中新增了"口罩、消毒液、防护服"等业务。

我们还拥有最好的 14 亿人民,他们不计得失,无论生死;他们严格隔离,绝不添乱;他们舍己为人,逆流而上;他们不惜一切与病毒抗争,不惧为此牺牲。

　　截至 2 月 24 日 20 时,全国医务人员确诊新冠肺炎 3 387 例,许许多多医护人员倒在了抗疫的第一线。为了隔绝病毒,延长春节假期,所有企业强制停工近一个月,国家每天的经济损失难以估量。

　　我们以背水一战的决心,誓将病毒驱逐出国土,保护我们自己人民的同时,也为世界争取时间。

"记录今日小趣味" 📷 ✦
🎼 Today is a happy day 🎵 🎵

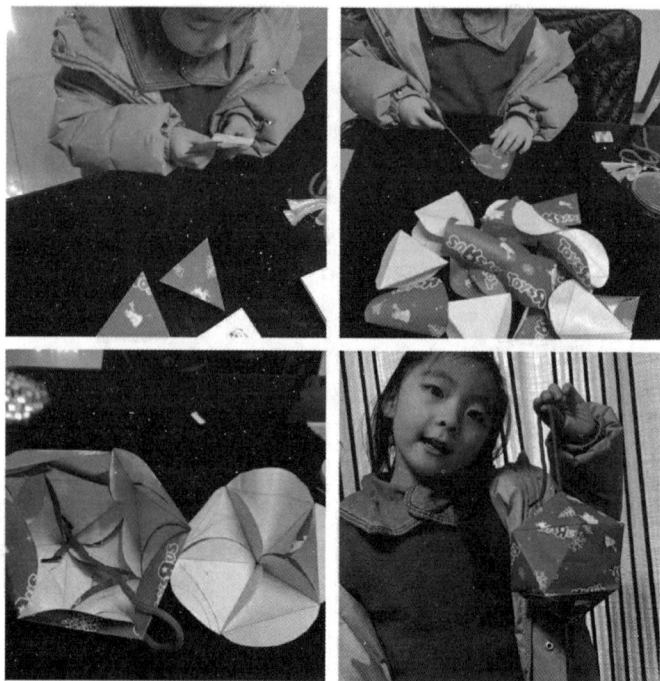

**图 5-3　育才幼儿园小朋友宅家七十二变**

　　近日一篇网络文章《重庆,求求你不要低调了》引发热议。网友为重庆疫情防控措施的得力、效果的显著、重庆人民的耿直大力点赞。重庆在市委市府的坚强领导下,全市人民齐心协力,全面贯彻落实党中央国务院决策部署,立足重庆实际,坚持"四个早"抓好阻击战、联防联控抓好总体战、群防群控抓好人民战,取得阶段性成效。从国家到地方,再到我们基层的每一个部门,每一所学校,每一个个体,我们都在这场疫情阻击战中贡献着我们的一份光与热,最终汇聚成民族的精神与磅礴力量。

借一段文字以抒心怀:

"幸,山河无恙,风雨而立。医无私,警无畏,民齐心。能者竭力,万民同心,山河犹在,龙魂不死!"

作为教育管理者,应该深思整个疫情防控赋予我们教育改革发展的重大意义和时代价值,剥丝抽茧探寻教育的真谛!

明天全国上下就要启动新一轮"线上教学"的实施方案了,下周是对前段时间"线上教学"的调研与摸排,再下周将是方案的进一步优化与调整,我们大渡教育正以我们应有的节奏和步调向前坚定迈出,只要我们坚守立德树人的总方向,把稳培养什么人的首要任务,我们定会走出别样的风采!也必定在这场疫情防控中贡献我们的智慧方案!书写我们的教育故事!

### 四、组建团队,构建指导的督查机制

**2020 年 3 月 2 日　星期一**

今天是我们疫情防控工作全面启动后的第 36 天,也是"停课不停学"的第 22 天。

让教师规范有序"用心"教育教学,学生健康快乐"有心"自主成长,家长理解配合"安心"规划生活,就是大渡教育对区域防疫战的既定策略。

2 月 27 日出台大渡口区"停课不停学"线上教学指导实施策略之后,今天再出增强版实施举措,构建"10＋4×4"指导体系和督查机制,为学校后期工作指明方向。

研实情、找策略、解难题、布重点,平稳有序推进我区在全面启动线上国家课程总动员后的"停课不停学"的科学施策。

1. 组建 10 个"停课不停学"教育教学研究指导团队

发挥教师进修学校和教学名师、骨干教师、优秀班主任的专业引领和智力支撑,加强对学校线上教育教学工作的指导和研究。团队以进修学校教研员为主体和核心,遴选部分教学名师、骨干教师、优秀班主任、心理辅导专业教师组成,共 81 人。

将从小学语文、小学数学、初中语文、初中数学、高中数学、初中英语、初中物理、初中地理、高中语文、班主任工作 10 个教学领域,围绕"教什么""怎么教""怎么教得更好",开展项目式、学科式、片区式、网络式研修,引领全区教师有方向、有策略开展线上教育教学。

2. 锁定 8 项任务,深度研究,靶向指导

坚持以学生为本,全面掌握学情,"一班一案""一生一案",因势利导、因材施教,力争不让一个学生掉队;坚持立德树人,深度挖掘抗击疫情的育人价值,有机融入国家课程;坚持实事求是,纠偏照搬线下课堂教学模式,指导设计适合线上教学的最佳方案;坚持一以贯之,做好国家课程学习当前"预习＋巩固＋拓展"阶段、后期全面推进阶段和开学后教学计划的衔接,准确把握学校教育教学内容和进度;坚持优质资源配置,筛选梳理在线教育平台,遴选整合课程资源,确保公共学习资源的精选精用与针对性和实效性;坚持推进新高考改革,高度关注高一、高二年级合格考试科目教学,重点加强学校初三、高三年级学生学习全方位指导和过程跟进;坚持家校共育,发挥德育骨干队伍的集体力量,通过定期致学生、致家长一封信的方式加强沟通交流,形成教育合力。

3. 试点先行,逐步启动

小学数学研究指导团队率先行动,2月28日开展首次线上研讨。在教研员牟敏老师主持下,成员们结合本校前三周"停课不停学"的实践探索,就合理的教学定位、恰当的内容组织、科学的教学进度、可行的教学方式各抒己见、碰撞研讨,制定小学数学1～6年级三月份线上教学安排。明确教学内容选取适合居家学习的、难度相对较低的、关注数学基本素养的单元(如计算、图形的认识、统计);线上教学按4课/周进行,每课时讲授不超过15分钟,弹性安排练习,不强求学生打卡。

4. 构建"4×4"督查机制

由教育一科牵头,进修学校为轴心,形成统筹协调的联动制度机制。线上教育工作督查,按片区分为4个组,教育一科4位同志分别加入各组,共同开展工作。线上教学指导督查、研究指导工作由进修学校谷校长亲自部署和带领,进修学校班子成员、全体教研员以及部分学校优秀教师全情投入、倾力配合、协调一致,力促线上教学平稳起步。

今天是线上教学国家课程实施的第一天,我们按照区情校情实际,围绕既定方案再出发,这其中倾注了相关科室、进修学校及各学校相关同志的大量心血与汗水,在这里向大家道一声"辛苦啦!"

停课不停学、停课不停研、停课不停教,大渡教育离不开每一所学校的奋进、离不开每一位教育人的执着追求。

在后期的推进中,希望各校更加主动作为、积极参与,让我们一道,齐心协力推改革,坚定笃行谋发展!

# 第二节　秉承大爱育人

2020 年 3 月 3 日(星期二)　历时 5 天的新冠肺炎疫情防控专项督导圆满结束;本周区教委与进修学校按既定计划分组分批进驻学校及学科组,深入调研线上教学开展情况。

2020 年 3 月 4 日(星期三)　茄子溪小学抓住疫情防控蕴含的育人元素;在钰鑫小学《穿行于基础教育森林》空中共读分享活动中,教师们充分交流、碰撞;区实验小学本周开展第四轮线上教研。

2020 年 3 月 5 日(星期四)　根据区教委《线上教学工作指导方案》三步走的实施策略,各学校作出相应部署;防疫时分,教研员、教师们心系一线,以最大限度保障线上教学实效为出发点,积极探索、大胆创新。

## 一、盯紧重点人群,做到精准防控

### 2020 年 3 月 3 日　星期二

今天是我们疫情防控工作全面启动后的第 37 天,也是"停课不停学"的第 23 天。

历时 5 天的新冠肺炎疫情防控专项督导圆满结束。此次督导,聚焦组织领导、防控工作、停课不停学三个方面 16 项重点工作,是对前期疫情防控和线上教学指导的全面摸底和对后期工作推进的基础调研。区教育系统疫情防控工作领导小组指明督查导向和目标,那就是要掌握真实情况、研判漏洞风险、指导纠偏补漏。

5 天内,党委班子和机关人员对全区 102 所校(园)开展包片包校、定人定校网格化督查,从另一个角度见证了各校(园)前期工作的辛劳与成效。各单位不管是疫情防控工作本体还是专项督导迎检,都做到了"3 严 10 到位"。

一线指挥、亲自督办,体现学校领导的高站位、高素质,做到应对突发事件纪律严明、管理严格、组织严谨;全体动员、携手并肩,彰显学校团队的凝聚力、战斗力,做到岗位工作人员到位、思想到位,宣传到位、教育到位,摸排到位、随访到位,连线到位、沟通到位,关心到位、保障到位。

在平实中见情怀、在平凡中见伟大。扎实稳健、充满人文关怀的工作和区域师生疫情稳控、线上教学平稳有序的局面,是大渡口教育人抗疫奋进者的最美写照。感谢各校(园)领导班子和教职员工以及机关全体人员的努力坚守、无私奉献!期待大家持续发力、精准发力、智慧发力,稳步推进后期的防控工作和线上教育。

**图5—4    九十五中学生创作的抗疫电子手抄报**

疫情防控进行时,我们要及时研判形势、分析风险、打好补丁,应时应势调整策略、完善方案。目前,我市疫情防控形势持续向好,越是这个时候越要克服麻痹思想、厌战情绪、侥幸心理、松劲心态,防止出现防疫防控的漏洞和失误。教育,有一个很重要的社会职能,引导社会风尚、培育精神文明。我们要进一步加强宣传教育引导,提升市民防控意识,保护校园防疫成果,助推群防群控、联防联控。为此,再强调几点要求:

一是持续强调强化家长防控意识,毫不松懈、科学防控。无新增不等于无感染,疫情发展拐点尚未到来,还没到摘口罩扎堆的时候。我们要依托线上教育、网络连线加强学生教育和"小手牵大手"家庭宣传,一定请家长和学生继续坚持戴口罩,不聚集,勤洗手、勤通风,保护好每一个家庭。

二是持续盯紧盯牢重点人群,毫不松懈、精准防控。摸排数据显示,截至今天在隔离期内的涉鄂师生还有3人,异常健康状态的师生7人;另外,还有部分身处高风险、中风险区的师生,各校一定要落实定人定时的跟踪随访和防控提示,不断提高师生防控意识和知识,尽一切努力保护健康安全。

三是持续抓实抓好关键区域,毫不松懈、依法防控。目前,由于历史遗留原因,有少部分学校内有家属楼,住户绝大多数非本校教师。各校一定要密切联系社区、辖区派出所,协同做好家属楼居民的防护宣传、出入检测、健康调查、楼道消毒。同时,要重点加强门卫人员的防护宣传和防护保障,尽一切努力保校园净土,坚决防止病源输入、校内扩散。

四是持续推进推动线上课程的调研与优化,全力打好疫情防控工作的配合战。本周区教委与进修学校已按既定计划分组分批进驻学校及学科组,深入调研线上教学开展情况,既聚焦问题,又排忧解难,既把脉问诊,又倾听意见,为国家课程更平稳实施铺垫最坚实基础。各学校务必坚持学生的身心健康这一核心任务,据实从校情、学情等角度,以人为本,灵活变通,形成可行性最优校本方案。

各位同仁,疫情防控的向好局面来之不易,家校社共育的格局来之不易。在对前期卓有成效的工作实时总结的同时,我们每一个教育人更要有创新拓展大渡教育格局的大气、站立时代潮头的勇气、直面困难的底气,不断明晰发展思路,不断谋划发展策略,不断拓宽发展路径,不断呈现发展格局,不断优化发展生态,在疫情防控人民战争、总体战、阻击战中找准教育的位置、认准教育的使命、抓准教育的职责,全力以赴、接续战斗,直至最后的全面彻底的胜利! 顺致晚安!

**二、聚焦立德树人,育人继续"下沉"**

**2020 年 3 月 4 日　　星期三**

今天是我们疫情防控工作全面启动后的第 38 天,也是"停课不停学"的第 24 天。

防控隔离的日子,同学们宅家学习还好吗? 这是教育人最深情的牵挂! 孩子们朝气蓬勃、青春洋溢的样子,是教育人最殷切的期盼! 线上教学搭建的空中育人走廊,是孩子们健康成长的时空隧道,它承载着一个个鲜活的生命,在等待春天的希望,也在等待崭新的起航。

面对家长、社会对教育的新期待、新要求,面对教育改革创新的一次新挑战、新契机,我们不断努力探寻属于每一所学校、每一个孩子,乃至每一位教师那熟悉的互动旋律。尤其感动的是,一段时间以来,无论是我们进修学校的全体教研员,还是每一位普普通通的教师,都不曾犹豫,也不曾懈怠,在区教育系统防疫领导小组的统一指挥和部署下,不断摸索、不断调试,不断找到教育有序发展的频道与轨迹,让改革进行时的旋律铿锵有力。今天,就部分小学的一些经验做法与大家一起分享探讨。

1. 线上指导、线下践行,在立德树人上下功夫

茄子溪小学抓住疫情防控蕴含的育人元素,在推进国家课程的同时,辅之以校本德育品牌项目,从爱国、孝善、生命、健康、道德法治五个维度纵深推进线上德育。

观看爱国影片《给现代人类的一封信》,培养公民意识、社会担当、报国之

志,培育个人与家国、国家与世界、人类与大自然的大格局思维;《宅家小"孝"星,战"疫"红领巾》活动手册、《义渡·传孝卡》孝行劳动,引导学生用实际行动关爱家人、孝敬长辈;绘制统计图、美术作品、手抄报,撰写倡议书,"小手牵大手"宣传防疫知识,做义渡好少年、为防疫献微力;与家人一起践行宅家卫生计划、健身计划、生活计划,健康每一天;分析传谣、造谣、制售三无口罩、哄抬物价、贩卖野生动物等战疫典型案例,普及法律知识、培育法治精神。活动针对性强、实践性强,滋养心灵、强健精神,受到家长充分认可。

2. 线下阅读、空中分享,在教育信念上下功夫

在钰鑫小学《穿行于基础教育森林》空中共读分享活动中,老师们充分交流、碰撞。

"自省自励,回归初心""用爱与尊重守护孩子的灵性""特殊时期如何帮助家长排忧解难"表达着教育信念、教育理想,探讨着教育观、课堂观、方法论。在于漪先生平凡而伟大的教育生命里,老师们受到心灵的洗涤、获得心灵的成长,更为防疫期间线上教育的改革创新注入强大的精神力量,极大助推国家课程更好落地落实。在新学期的线上升旗仪式上,学校向学生们发出号召:从小树立正确的人生榜样,今日汲取勇义之精神,明日迈出勇义之步伐。学校的老师们正是用这样的人生信念坚守在教育这个神圣的岗位。

3. 空中课堂、连线梦想,在教育教研上下功夫

区实验小学本周开展第四轮线上教研,涉及语文、数学、英语、音乐、体育等学科。

各学科组抓住学科核心素养,重点解决难点定位、进度把握、方法调整、学习任务单设计等关键问题,在严格控制时间的准则下,最大可能地促进学生综合素养提升。同时,学校总结提炼《技术护航,解忧课堂——来自一线老师的"干货"分享》放在工作群里与大家分享。

另外,再在具体学科上分享育才小学的数学教研实效。学校数学课强化数学文化和数学趣味,运用游戏、制作等体验方式,让数学融入真实生活,激发学习兴趣、调动积极思维,发展核心素养。

如二年级组的《克和千克》,让数学在生活中找到依托,很多学生因此关注自己的体重和饮食锻炼。三年级组引导孩子和家长一起玩数独、华容道、24点,提高速算能力。家长们感叹:育才老师对课程的精心安排让我们和孩子宅家宅出了新花样,我们全家都学习了。

各位同仁,于漪先生说,"备课是一辈子的功夫"。不单单是分享的几所学校这样尝试和努力,我区各个学校都在管理团队的领导带动下,集全校之力,奋战在线上教学指导的一线。大家夜以继日、全情投入,不断优化课程、整合资

源、完善课堂,只为线上卓越的那一刻,只为网线另一端拔节生长的生灵。有品质、有内涵、有情怀的大渡教育,需由全体大渡口教育人共同铸就。接下来的一段时间,直至线下教学的复课阶段。我们每一位管理者须继续"下沉",下沉,首先要"下",关键在"沉"。"下"是靠前指挥、身先士卒、冲锋在前,不当甩手掌柜。而"沉"在于沉下心、沉住气,沉浸到线上教学研究里,沉入到线上教学实践中,沉醉在每一堂充满生命质感、情感充沛、多元成长的课堂上!

### 三、忘我阻击疫情,感受雷锋精神

**2020 年 3 月 5 日　星期四**

今天是我们疫情防控工作全面启动后的第 39 天,也是"停课不停学"的第 25 天。今天同时是第 58 个"学雷锋纪念日"。

习总书记参加十二届全国人大一次会议辽宁代表团审议时强调,雷锋精神的核心是信念的能量、大爱的胸怀、忘我的精神、进取的锐气,是民族精神的最好写照。雷锋事迹经久流传,雷锋精神历久弥坚。在疫情防控的艰难时期,在线上教学指导的改革关口,大渡口教育人每一思、每一言、每一行不正是雷锋精神的承续吗?! 我们始终拧成一股绳、聚成一道光,筑牢防疫安全屏障、照亮"空中育人走廊"。今天,从部分中学分享的做法中,我们去慢慢品味与感受身边的雷锋精神。

1. 坚守教育信念,在抗疫期发挥"空中育人走廊"的最大效能

根据区教委《线上教学工作指导方案》三步走的实施策略,各学校作出相应部署,依托管理体系最大化地追求国家课程在线上教学中的教育实效。

三十七中严格"平稳推进"工作准则,充分发挥线上教学模式的最大优势,进一步加强"课后网"技术支撑和教师培训,进一步打造优质微课,强化团队合作式教学辅导,进一步凝聚学生、家长、教师的三维合力,实现线上教学高满意度。

九十五中学"质量"当头,强化教研常态化、规范化,为了一个教学难点在线上教学环境下的突破,他们时常在晚上 9 点后进行线上研讨;为了共享线上教学的新经验、好做法,他们每天在工作群"晒"课堂记录表;为了不影响学生的学习,还在月子中心的张老师,不顾医生的劝告,每天在手机上答疑解惑;后阶段,两位同年级老师在已有 2 个班教学任务的情况下,默默地、毫无怨言地主动分担张老师 2 个班的教学,接着照顾那群期待成长的学生。

还有工作群里推送的《茄子溪中学高三年级线上教学组织实记》,前期准备"早"、常规管理"细"、线上互动"实"、课程建设 "新";民族中学两万多字的巡课日记——我们所有的学校都在这特殊的时期,用行动诠释着雷锋精神的信念力

量,展现着大渡口教育人的情怀和梦想。

2. 秉承大爱育人,在抗疫期让老师的爱守护你们健康成长

你安好,便是晴天!你的成长,就是我们最大的期望!各校非常注重学生的精神成长,在线上教学的同时,特别关注德育美育教育。九十四中依托空中班级,分阶段开展系列德育主题活动,隔离不隔爱。"疫情防控,我们共同加油",引导学生自觉做好防控;"大爱是引领",引导学生更加尊重生命、敬畏自然、崇尚真英雄;"劳动教育正当时",指导学生创造洁净空间,体验"舌尖上的亲情"。

在学校正能量的感召下,学生们发起爱的倡议,自发购置口罩,和家长一起为一线医务人员送去爱心。旅游学校精心组织形式多样的主题教育:《为爱发声》征文、《致最美逆行者》书画展、《战疫在行动》诗朗诵、抗疫 3D 动漫制作;坚持每周一节主题班会,多维度引导学生深刻思考疫情背后的职业操守、人生哲理、中国精神;茄子溪中学体育组 6 位教师,心系高三体育班高考的学生,自己驾车将学校的训练器材送到学生家里,只为当面鼓励学生,为他们制定小区现场环境的适应性体能训练计划。

3. 坚定锐意进取,在忘我防疫防控中激发教师最大的变革动力

防疫时分,教研员、老师们心系一线,以最大限度保障线上教学实效为出发点,积极探索、大胆创新。

区进修学校物理教研员陈文莉老师,根据疫情发展,撰写 3 个阶段性学科教学工作指导计划;每周推送"疫情宅家学生动手物理小实验"视频;组织全区物理老师网络教研;组建"大渡口物理学科公众号资源建设团队";指导市级课题组老师精心打造 9 个微课向全市师生推送。大渡口物理学科抗"疫"教研经验得到市教科院周智良所长高度赞许,推荐在全市教研工作会上交流,推送至全国性平台"重庆市物理青蓝网"线上交流。

九十五中学物理学科谭苏成老师的微信公众号入选重庆市"重点学科的建设之微信公众号网络平台";茄子溪中学体育学科肖晗青老师研制微课《防疫期间如何调整心理》入选市教科院体育学科平台"渝派体育",同时在学习强国平台向全国推送。

旅游学校依托专业优势,研制居家学习专业微课,"饮食健康""名师教你做名菜""衣橱整理""雕刻美学"等丰富多彩、贴近生活的课程,让居家学习生活化、趣味化、专业化。

4. 教育人肩负民族振兴、国家富强的基石之责

在我们弘扬雷锋精神的今天,把教育信念和育人理想转化为守护师生身心健康的具体行动,体现为改革教育教学的开拓之举,在平凡的工作岗位上,传递

师德师能的光芒。让这束光照亮学生前行的道路,让这份爱激励学生勇敢追梦,让教育人永远不变的守护者、引领者角色熠熠生辉!

各位同仁,今天,我们的砥砺前行、开拓进取,就是学生最好的榜样。你是什么样,孩子就会是什么样;孩子是什么样,未来的中国就会是什么样。我们必须坚定、坚毅、坚韧,在疫情防控的当下和教育改革的未来行稳志坚、百折不挠。不断传递信念、大爱、忘我和进取,让我们在有品质、有内涵、有情怀的大渡教育之路上,阔步向前!

# 第三节 抗"疫"中的教学坚守

2020 年 3 月 6 日(星期五) 今天上午,在进修学校召开了"停课不停学"摸排情况反馈交流会;做实、做准、做好"一松绑、三关注、五指导、一底线"四个方面的重点工作。

2020 年 3 月 7 日(星期六) 今天进修学校进一步完善和规范了相关调研数据,为我们"精准"推进奠定了坚实基础。

2020 年 3 月 8 日(星期日) 大渡口教育系统广大女教职员工"无畏前行、尽职尽责,用女性独有的光芒温暖着身边的每一个人",无愧"人民教师"这个神圣而又光荣的职业。

## 一、开展调研反馈,提升在线教学质量

### 2020 年 3 月 6 日 星期五

今天是我们疫情防控工作全面启动后的第 40 天,也是"停课不停学"的第 26 天。

今天上午,在进修学校召开了"停课不停学"摸排情况反馈交流会。会上,督查组 4 个片区的汇报和其他区县"停课不停学"做法的分享,让我们感受到大渡口教育人强烈的政治自觉和责任担当。调研结果为纵深推进和优化线上教学提供了重要依据,我们心里更有底了。

我认为,此次调研的组织和成效呈现出 5 大特点。

第一,课题式调研。进修学校精心筹划、精心组织的督查调研是全面的、务实的,既有调研的横切面又有纵深度。一组组精准的数据、一条条鞭辟入里的分析、一个个恳切暖心的建议,彰显着进修学校全体同志和"三名工作室"优秀教师代表的专业、精神、特质和品格。

第二,差异化现状。调研结果是区情、校情、师情、生情差异化的真实表现,也是学校状态、干部状态、教师状态的一次全面检验。不同学校、不同学段差异

化背后的深度思考,进一步促使我们对线上教学的精准分析、精准施策。

第三,成效性评价。从 2 月 10 日启动线上教学至今已有四周。各校领导班子、全体教师在岗、在现场、在状态,按照既定方案做到时间有序、空间有序、执行有序,线上教学指导总体上是有序的、健康的、平稳的,对前期推进情况值得充分肯定!

第四,策略性推进。督查人员就调研反馈出的问题、困难、隐忧,提出了很多很好的建设性意见。这些建议汇总起来,就是下阶段线上教学最好的行动指南,也是线上教学的最优战略、策略和方法论。

第五,人文性渗透。无论是学校典型案例、教师教学反馈,还是督查组情况分析、合理化建议,都是我们团队精神文化的集中体现。"把关心、爱心传达到每位同学、家长",这就是大渡教育的真本色,是我们应对困难、解决难题的总开关。

线上教学指导已逐步走过应急阶段、适应阶段,后续还将在一定时间内持续发展。下一步如何推进? 我们从总基调和重点工作两大方面与大家共勉。

把握好后期推进总基调。以学生身心健康为核心,把握好线上教育指导的出发原点和价值取向。准确把握疫情防控形势下中小学教育实际,坚持把握好"缓坡度、降难度"的总原则。今天缓一步,是为了明天快两步。各校要立足校情、学情,分校施策、因生施教,稳步推进国家课程学习。

落实好后期的工作重点。准确领会教育部、市教委"线上教学指导"精神,做实、做准、做好"一松绑、三关注、五指导、一底线"四个方面的重点工作。

一松绑。

基于调研反馈,我们必须切实从四个层面给学校松绑。

第一,相信学校,放权于学校。学校是实施线上教学的主体,关于"停课不停学"的工作,教委已经先后有步骤、有节奏进行推进,后续原则上将不再出台统一方案,在保持学校推进步伐、实施频率趋于规范有序的情况下,充分尊重学校"一校一策",充分关注"一班一案""一生一案"的落地和实效。

第二,从精神层面、工作量层面、业务指导层面给教师松绑。我们要辩证理解松绑,为教师注入精神动力、强大其应对困难的勇气与决心,做好精神层面的松绑。疫情防控人人都是参与者。白衣天使勇敢逆行,不畏牺牲;科研人员日夜奋战,不畏艰难;全国各行各业的人们都在承受不曾有过的压力,都在为这场人民战争努力奋斗。教育人自有我们特定的战场。防疫攻坚期、经济社会恢复期是学生最困难的阶段,是家长最需要帮助的时刻。身为人民教师,必须担起社会职责,在困难面前不断自我革新、自我完善,在应对信息化、智能化教育的挑战中凤凰涅槃,实现师德与师能的同步提升。同时,杜绝形式主义,"屏蔽"所有与线上教学无关的任务,给老师减少工作干扰,在工作量上为教师松绑;加强指导团队的智力支撑,在推送教学资源、学习平台和业务指导方面为教师松绑。

第三,减负提质、五育并举,为学生松绑。革新评价观念,树立全面化、差异化、个性化评价观念,把仅仅关注以考分为指标的教学质量转变为关注学生身心健康、全面个性发展的质量上来。强化育人主张,德智体美劳五育并举,针对不同学段,实施分级分类减负。

第四,构建完善"家长安心、学生有心、教师用心"的"空中育人走廊"。让参与学习的主体同频共振,为彼此松绑。

三关注。

特别关注三类群体的学生,针对不同的侧重点,做好个性化指导方案,落实落细,不让一个学生掉队。

第一类是学习困难的学生。要强化学习方式的思考和研究,建立居家学习、复课学习的前后衔接,补漏补差,让学生放心、家长安心。

第二类是父母复工复产独居留守的学生。目前,这个群体有 6 262 人,这个数据还会变化,学校要高度关注,加强学生学习自律性的培养和学习内驱力的激发。

第三类是支援一线的医务人员等特殊群体的孩子。这部分学生可能会缺乏安全感,还可能出现恐惧感,学校要侧重身心健康指导和情绪疏导,让班级、学校成为他们安全的港湾、坚强的依靠。

五指导。

第一,发挥学科研究指导团队的支撑作用。进修学校要加强统筹管理,让研究指导团队发挥智力支撑,分片包校、深入一线、时时指导督查,帮助学校完善"一校一策"、提高落地实效;让研究指导团队发挥智囊团作用,上情下达、上下联动,帮助学校及时破解难题、攻克难关。尤其是针对高三、初三的复习指导,要强化考题分析、教学指导,蹲点、蹲班靠前指导。

第二,发挥督查小组动态调研作用。16 个督查小组要开展灵活有效的调研,帮助学校解决实际问题。同时,各校要发挥主观能动性,主动反馈存在的问题和遇到的困难,以形成双向互动的畅通工作机制。

第三,要发挥机关业务科室统领作用。教育一科要加强横向、纵向的沟通联系,理解好文件精神、把握好政策方向、把握好工作原则和总基调;技装中心要针对没有终端设备的 317 个学生,主动联合学校、联动家长,研究实施精准帮扶,即快递教材之后,能否再发起一次"爱心快递",主动担当,积极作为;教育二科,要统筹好疫情防控和德育工作。指导学校在国家课程中有效衔接疫情防控;有效推进五育并举;有效推进心理健康教育指导。科室工作不是简单摊派、布置,而是要基于松绑与学校同频共振。

第四,要发挥德育骨干后援支撑作用。学生、家长、教师都进入疲劳期、瓶颈期,德育管理者、骨干要主动作为,研究策略,调试沟通的方式方法,加强情感沟通,支撑起家长安心、学生有心、教师用心的"空中育人走廊"的主体框架。

第五,要发挥学校自身管理统筹作用。强化学校的主体责任,建立管理者、教师全员参与的线上教学指导运行机制,发挥统筹管理效能。

一底线。

形成教委科室牵头,进修学校统筹指导,各中小学主体实施,16个督查小组规范督促,10个研究指导团队智力支撑的"1+2+16+10"工作体系,严格把住线上教学指导的底线原则。

严格执行市教委关于学生在线学习时长、教学任务、学生作业量的硬性规定;切实减轻师生负担,凡是涉及国家课程之外的其他工作部署和课程要求未经许可,一律不得做任何任务式、评价式、项目式等自上而下的安排,涉及区域性的活动项目安排可以在尊重学校主观能动性的前提下提供指导性意见,由学校选择性采纳。

各位同仁,线上教学指导工作是新生事物,学校、教师、学生、家长都有一个不断接受、不断适应、不断调试、逐渐完善的过程。让我们增强必胜之心、责任之心、仁爱之心、谨慎之心,把思想和行动统一到习总书记系列重要讲话精神上来,团结一心、共克时艰,为绘制有品质、有内涵、有情怀的大渡教育蓝图而不懈努力!

**二、统筹稳步推进,在线教学高效有序**

**2020 年 3 月 7 日    星期六**

今天是我们疫情防控工作全面启动后的第41天,也是"停课不停学"的第27天。

3月6日(上周五)下午三点在区政府341会议室,参加了全国决战决胜脱贫攻坚座谈会电视电话会。习近平总书记出席会议并发表重要讲话,他强调,到2020年现行标准下的农村贫困人口全部脱贫,是党中央向全国人民作出的郑重承诺,必须如期实现。

战"疫"时刻,在这场以电视电话会议形式召开的座谈会上,习近平充分肯定了脱贫攻坚取得的成绩,深入分析了脱贫攻坚面临的形势,并对加强党对脱贫攻坚的领导、高质量完成脱贫攻坚目标任务提出明确要求。一个承诺、一份责任、一场硬仗,越到最后越要紧绷这根弦,不能停顿、不能大意、不能放松。

就如同我们疫情下的线上教学一般,为了构建起"家长安心、学生有心、教师用心"的"空中育人走廊",3月2日全面启动国家课程以来,我们按照调研渠道、优化提升、稳步推进的策略,每一所学校都砥砺前行、接续奋斗,不断呈现精彩故事!

接下来,沈维安主任还将召开专题工作会议,围绕"一松绑、三关注、五指导、一底线"四个方面的重点工作再部署再强调再落实。我想结合昨天会议的一些启发与思考,再温馨提醒几点:

一是突出一个"精准"原则,高效稳妥有序推进线上教学。

就如同习近平总书记谈到脱贫攻坚任务时反复提及"精准"脱贫一样,凡事要瞄准靶心,方可聚焦发力,正所谓"一颗子弹消灭一个敌人"。

今天进修学校进一步完善和规范了相关调研数据,为我们"精准"推进奠定了坚实基础,我们须围绕前期调研发现的问题,"下沉"研究、"人文"思考、"精准"破解,抽丝剥茧般研究"一校一案",解剖麻雀般做实"一生一案"。只有这样的"精准"施策,方可成功。

二是围绕"六个统筹"要求,做实做严做细线上教学。

昨天大家已经关注了教育部的最新文件,文中提及六个统筹:

统筹利用电视和网络资源;统筹课程学习和战"疫"专题教育;统筹线上学习特点和学生实际需要;统筹用好本地资源和国家平台;统筹发挥骨干教师和全体教师作用;统筹积极推进和规范实施相结合。

这为接下来的工作提供了方向与遵循,定要细细品味,认真领会,务实推进,不折不扣落实好国家课程的稳步推进。

三是提升价值追求层面,凝心聚神汇力线上教学。

"其作始也简,其将毕也必巨。"我们坚实走过了一段艰辛摸索之路,有教训、有经验,也有收获。线上教学走到此刻,好与不好的判断标准从未清晰,不同主体参与之人也处在或将长期处在彷徨焦虑躁动期,越是艰险越向前。我们每一位教育人都应清晰育人规律思路,坚守正确育人价值取向,"变压力为动力、善于化危为机"。

我们坚信,接下来线上教学的继续不会是教育的终点,而是未来教育新形态探索的新起点。这场疫情下的应急选择,让我们真实触摸了未来已来的教育,故此,我们须尽"锐"出战,我们须尽心耕耘,我们须尽力奋斗,这样,我们才会赢得未来!

### 三、"三八"抗疫时,尽显"她"力量

**2020年3月8日　星期日**

今天是我们疫情防控工作全面启动后的第42天,也是"停课不停学"的第

28天。

在"三八"国际劳动妇女节到来之际,习近平总书记向奋战在疫情防控第一线和各条战线的广大妇女同胞表示诚挚的慰问,向全国各族各界妇女同胞致以节日的问候!

新冠肺炎疫情发生后,广大女医务工作者义无反顾、日夜奋战,坚守在疫情防控第一线,展现了救死扶伤、医者仁心的崇高精神。广大党员干部、公安民警、疾控工作人员、社区工作人员、新闻工作者、志愿者等中的妇女同胞们忠诚履职、顽强拼搏,做了大量艰苦工作,用实际行动为疫情防控斗争作出了重要贡献。

回顾疫情防控以来,大渡口教育系统广大女教职员工"无畏前行、尽职尽责,用女性独有的光芒温暖着身边的每一个人",无愧"人民教师"这个神圣而又光荣的职业。

今天各个学校也纷纷以自己的方式表达着对她们最美好的祝福!我想大致体现了几个想表达的主题:

主题一:管理团队努力让温暖与爱同行

钰鑫教育集团以"特别的日子,温暖的我们"为题,由学校行政团队给大家带来诗朗诵——《致橡树》,以独有的温情表达着对女性同胞的祝愿祝福!

校长寄语永远充满激励与情怀。

陈家坝小学李文东校长寄语女教师《别样的"三八"节,别样的我们》!从三个方面持续努力,为疫情防控做更大贡献。

三十七中余位河书记在《特殊的节日,特别的祝福》中,亲自用萨克斯演奏一首41年前的经典歌曲献给女同胞,以这种特别的方式表达对全校女同胞的真诚祝福。

马王小学刘怒校长致敬《最美女教师》"我看在眼里,感动在心",深情感谢女教师"用真情照亮马小的明天"!

主题二:不遗余力让感恩植入学生基因里

九十五中发起《寸心报春晖 祝福献妈妈——致全体同学"三八"妇女节"感恩母亲"的倡议书》行动,向学生提出倡议:说出一句爱语……分担一次家务……送上一份礼物……让学生在人生字典里懂得感恩。

百花小学《悠悠寸草心,浓浓感恩情》把感恩的种子在春天里撒播,引导孩子把特别的爱献给妈妈,陪伴妈妈度过一个幸福的节日。在这个特殊的日子,用自己的双手,用最真挚的心,让家人感受到了浓浓的爱,引导学生学会感恩、学会回报、懂得孝敬!

茄子溪中学奉上《幸福三八节 感恩三月情——"感恩最美的你"主题活动》,

为了让学生了解"三八"妇女节的来历和意义,懂得尊重女性、欣赏女性和感恩女性,学校开展"感恩最美的你"活动,截至 3 月 7 日 18 时,一共收到 100 余名优秀学生作品,每一份作品见证了孩子们的感恩之行。

主题三:争做教育战线美丽的"逆行者"

一篇学习强国的《战"疫"下的重庆大渡口:战"疫"下的女教师》的报道,描绘出了大渡口各学校女教师的缩影。受新冠肺炎疫情影响,学校虽然延迟开学,但在重庆市大渡口区教育战线上,教委、学校、教师们都各司其职,守护校园的安全,通过网络让学生们"停课不停学"。

钢城实验学校在《致全校奋战在抗疫教育战线姐妹们的一封慰问信》中这样描述学校的女教职员工:让世界没有一片荒凉的空隙,枝干与树叶的情谊始终延续,我们与春天同在。

按照上级的部署安排,积极响应、主动作为,不畏艰难、勇挑重担、共克时艰! 作为女教职员工,虽然不能到疫情第一线冲锋陷阵,但最大限度降低疫情对学生学习的影响,有效落实"停课不停学"要求,正是抗击疫情这一特殊时期每位女教职员工义不容辞的使命与担当。你们没有一丝犹豫,全身心地投入特殊的战"疫"工作中去,用自己的实际行动诠释人民教师的担当本色和奉献精神,彰显新时代的巾帼风采!

主题四:"美丽"是女同胞人生永恒的底色

区幼集团以工会名义给予全体女教职员工一封慰问信:

"外在美是你的形象,内在美是你的涵养,温柔是你的味道,贤惠是你的本质,善良是你的天性,大家青春常在。"

冰心老人曾经这样说:"世界上若没有女人,这世界至少要失去十分之五的真,十分之六的善,十分之七的美。"当然,"美丽"还直接体现在多才多艺。

育才教育集团组织女教师参加"义渡战疫·巾帼风采"大渡口区妇女书法作品网络展。谁说女子不如男,清照诗文谁比肩? 激奋笔中扬正气,鼓舞斗志共抗战。

各位同仁,"以师为名,我们的约定",这份约定既有我们对战胜疫情的渴望,更有疫情这本大教材带给我们的太多感人故事、太多深刻思考、太多人生感悟! 为大家不断呈现的精彩而自豪! 再祝全体女同胞节日快乐!

第六章 ........

# 光明，就在前方

　　线上教学是对我们超智慧的考验，线下复学又是对我们超难度的大考，疫情下的教育承受着前所未有的困难与挑战，一路走来，我们越加确信一点，脚下的路是要靠自己一步步走出来的！

　　这个别样的春天，我们没有因疫情肆虐而怯懦屈服，我们逢山开路、遇水搭桥，面对校园净土保卫、开学疫情防控、线上教学探索、复课教学衔接的诸多难点、热点，化危为机、改革创新，打造大渡教育"空中育人走廊"，真情守护着学生健康成长。

　　全国疫情防控持续向好，"线上教学"也已迈入了一个相对平稳的阶段。一个多月以来，理解与包容、支持与付出、智慧与担当、创新与果敢、坚持与坚韧成为我们工作所遵循的信条。在大家共同努力下，大渡教育规范有序健康有效向前出发。

## 第一节　严防疫情反弹

　　2020年3月9日（星期一）　今天区教委组织召开"疫情防控暨停课不停学"工作推进会，从"一松绑、三关注、五指导、一底线"四个方面进行了工作部署；重庆日报教育周刊分享了我区教育系统党员教师的先进案例；截至3月9日，摸排127个中小学、幼儿园、教育培训机构，61 600多名师生；督促指导辖区内27所中小学、72所幼儿园的定期消毒工作。

　　2020年3月10日（星期二）　成立"岗位坚守组""学校督查组""防疫支援

**图 6—1　金色世纪幼儿园欢迎五位英雄妈妈**

组"三支队伍，实行包片包校、定人定校网格化督查；建立 16 个督导小组和 10 个线上教学研究指导团队；拟定全区教育系统复课工作指南，10 个板块共 37 条细则，全方位指导学校做好复课前期准备工作

2020 年 3 月 11 日（星期三）　接受国务院应对新冠病毒肺炎疫情联防联控机制综合组第十四组指导和督察教育系统新冠疫情防控工作及复学准备工作。

**一、统筹疫情防控，发挥好党员先锋模范作用**

**2020 年 3 月 9 日　星期一**

今天是我们疫情防控工作全面启动后的第 43 天，也是"停课不停学"的第 29 天。

今天，国家卫健委通报了疫情情况：

我国疫情防控形势持续向好，湖北以外省份本地新增确诊病例数 2 月 27 日以来均在个位数，3 月 7～8 日连续 2 日无本土新增确诊病例；湖北除武汉以外所有地市连续 4 日无新增确诊病例；武汉连续 2 日新增确诊病例降至 50 例以下。

下一步，要紧紧抓住严格防控和医疗救治两个重点，防止疫情反弹。在疫情防控进入"持续向好"的形势下，我们教育系统则应继续以必胜之心、责任之心、仁爱之心和谨慎之心"持续"抓好各项工作：

1. 持续统筹疫情防控和"停课不停学"做深做细

今天,区教委组织召开了教育系统"疫情防控暨停课不停学"工作推进会,教委相关领导、相关科室人员、中小学校长和书记参加了本次会议。

会上,教委分管领导沈维安副主任代表教委就前段时间以来我区"疫情防控"和"停课不停学"工作进行了总结评价,对后期工作在确保学生身心健康发展的前提下,从"一松绑、三关注、五指导、一底线"四个方面进行了工作部署,继续做好"疫情防控"和"停课不停学"工作。

2. 持续确保新冠疫情数据排查的精准化动态化

截至 3 月 9 日 16:00,摸排 127 个中小学、幼儿园、教育培训机构,61 600 多名师生。现正处于隔离观察的涉鄂师生还有 1 个,目前该生健康状况无异常,其余解除隔离观察的 500 多名涉鄂师生健康状况正常。

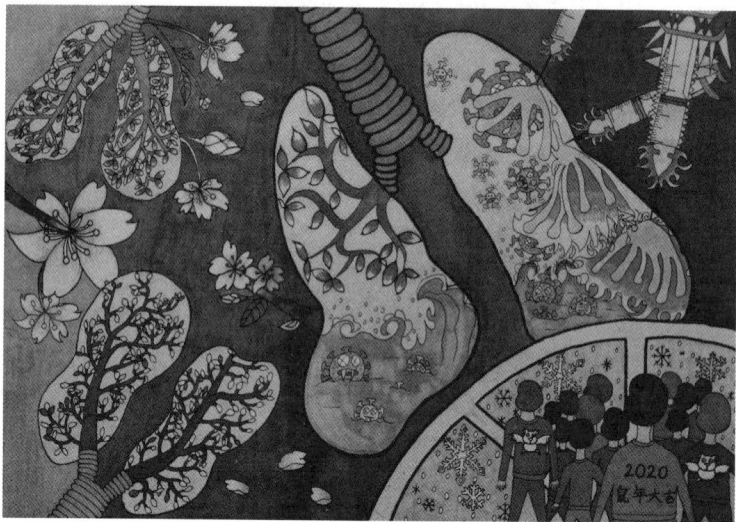

图6—2　花满心扉(钰鑫小学学生:严涵潇,指导老师:周永梅)

3 月 9 日,全系统身体有异常症状的师生 4 人,均居家观察,其中有 2 人做了核酸检测(均为阴性),另 2 人未做核酸检测。身体有异常症状的 4 人名单已报区疫情防控指挥部。数据摸排全面、规范、准确。

3. 持续开展校园办公场所"消杀"落地落实

督促指导辖区内 27 所中小学、72 所幼儿园在疫情期间继续做好对值班人员经常接触的物体表面及物品进行定期消毒工作。3 月 9 日,开展消杀学校 23 所,面积 11 825 平方米,累计消杀 878 146 平方米。

4. 持续推进居家安全教育计划制定周全周密

制订了心理疏导、防近视、防坠楼、用电用气等 8 个方面的安全宣传教育计划，本周将向学校推送不同主题的安全教育。

各校（园）适时通过网课、微信公众号、QQ 群等方式，向师生及家长推送安全教育信息 60 余条，下发文件 10 余份，确保疫情期间无安全事故。

5. 持续保障复学防疫物资筹措渠道多元化

按照周日下午重庆市教委疫情防控物资保障会议的基本要求，在区委区政府的关心支持下，我区教育系统积极作为，不等不靠，通过政府调拨、自主采购、社会捐赠等多种形式筹措防疫物资，力争确保学校开学防疫物资达到配备标准：

手式测温枪每班 1 把；自动红外线测温设备 1 000 人及其以上的学校至少 1 套；喷雾器每校至少 1 个，人数较多的学校可根据实际增配；消毒液按各校园校舍场地面积每天至少消杀一次，共两周需求储备；一次性医用口罩按师生员工每人每天 1 只，共两周 10 天需求储备（其中周末不能回家的住读生按 14 天计算）。

6. 持续见证党员教师先锋模范的引领作用

重庆日报教育周刊分享了我区教育系统党员教师的先进案例：

他们，原本是一群普通的人民教师，但面对突如其来的疫情，没有硝烟的战斗，他们并没有退缩，而是义无反顾地挺身而出，走上了"逆向而行"的教育前线。夜以继日摸排调查、及时跟进学生信息、筹备开发线上课程、踊跃参加志愿服务……比起那些奋战在抗疫一线的医务人员，他们的付出或许谈不上伟大，但正是这些坚守在平凡岗位上的美丽身影，为疫情中的城市与人民贡献着不可或缺的温暖力量。他们用行动诠释出共产党员的初心担当，让党旗在教育"疫"线高高飘扬，他们用行动温暖了一座城。

各位同仁，疫情防控需要保持定力，当我们逐渐适应于这种生活节奏，并习惯于这种生活方式时，也许就是我们真正拥有必胜信念之时。我们庆幸，大家每一天的故事分享已经触摸着这种节奏与方式，接下来，让我们放松心态去拥抱每一个明天，直到真正"春天"的到来！顺致晚安！

**二、强化排查防控，为顺利复学做好充分准备**

**2020 年 3 月 10 日　星期二**

今天是我们疫情防控工作全面启动后的第 44 天，也是"停课不停学"的第 30 天。

"武汉胜则湖北胜，湖北胜则全国胜。"打赢疫情防控的人民战争、总体战、阻击战，湖北和武汉是重中之重，更是决胜之地。今天上午，习近平总书记乘飞机抵达湖北省武汉市,考察湖北和武汉新冠肺炎疫情防控工作,看望慰问奋战在一线的广大医务工作者、解放军指战员、社区工作者、公安干警、基层干部、下沉干部、志愿者和患者群众、社区居民。

在疫情防控持续向好的当下,正如习近平总书记所讲,越是这个时候,我们必须高度警惕麻痹思想、厌战情绪、侥幸心理、松劲心态,必须更加努力做好疫情防控各项工作。

明天上午,大渡口区将接受国务院应对新冠肺炎疫情联防联控机制第十四指导组专项指导,其中,对于学校复学准备工作将做现场督察,这也是对我们教育系统疫情防控工作开展情况的一次高规格全方位的督察与考验。

目前,钰鑫小学、茄子溪中学作为备查学校正全力以赴做好相关准备工作。一次督察就是一次大考,为此,现将前一阶段整个教育系统的工作做简要梳理,便于大家更加熟悉情况,更加清楚现状,更加明确方向,做到每所学校、每位校长书记都家底清、策略明、招数准。

(一)强化排查防控

成立"岗位坚守组""学校督查组""防疫支援组"三支队伍,实行包片包校、定人定校网格化督查。强化"7看""7查""3问""3导",对全区127个中小学、幼儿园、教育培训机构,6万多名师生进行精准摸排。

图6—3　实验小学复学前的演练

建立师生健康台账，掌握师生生活轨迹。对先后排查出的 500 多名涉鄂人员，160 多名与确诊学生病患有接触的师生，50 余名身体健康状况有异样的师生坚持每天定时联系制度。

截至目前(3 月 9 日)，绝大部分师生已解除 14 天隔离观察期，还有 1 名涉鄂人员，4 名身体健康状况有异样的师生，仍在跟踪随访。同时，组建防疫支援队伍共 140 余人，做好紧急驰援区内疫情防控重点领域、重点工作准备。

(二)优化线上教学

建立机关业务科室牵头，重点依托教研员、教学名师、骨干教师共同组成了 16 个督导小组和 10 个线上教学研究指导团队，形成了在线教育教学常态有序推进"纵横交错、立体帮扶"的"4×4＋10"保障体系。

指导学校优化"一校一策、一生一案"，实效开展生命教育、家国情怀教育、感恩教育等各类主题教育活动，稳步推进国家课程学习，各类在线教育教学活动平稳推进。截至目前，全区各学校通过校园公众号、班级群等，先后推送相关信息 4.5 万余条。

(三)细化复课指南

拟定全区教育系统复课工作指南，共包含开学准备、师生员工健康档案、疫情处置、环境卫生、校园管理等 10 个板块共 37 条细则，全方位指导学校做好复课前期准备工作。制定和完善防控工作"两案九制"，构建学校、年级、班级、家长四级联防联控工作网络，强化联防联控，确保全区教育系统安全稳定。

(四)实化物资筹措

目前，区教委通过"三专一多"(专人负责、专库管理、专册登记、多渠道采购)，共筹集应急资金 100 余万。全区教育系统共储备消毒液 9 505 升，医用消毒酒精 3 339.6 升，红外线测温枪 725 把，防护口罩 53 429 个，防护手套 17 993 双，肥皂 5 383 块，洗手液 5 690 瓶，N95 口罩 2 558 个，防护服 119 套，热成像摄像机 39 台。

按照市教委关于消毒液、消毒酒精、测温枪、口罩等防控物资要求，还存在不少差距，区委区政府及区教委正积极筹措予以解决。

各位同仁，两所学校为应对国务院指导组督察，虽然只有短短一天的准备时间，却做出了艰辛的努力与大量的准备，他们的工作既是日常工作的再现，也是创新工作的展示，为我们全区复学工作的准备提供了一个很好的样板，值得大家学习与借鉴。越是临近复学那一刻，越感肩上责任重大，我们须慎终如始、如履薄冰抓好各项工作！

### 三、接受国务院指导督察，专家给予充分肯定

**2020 年 3 月 11 日    星期三**

今天是我们疫情防控工作全面启动后的 45 天，也是"停课不停学"的第 31 天。

国务院应对新冠病毒肺炎疫情联防联控机制综合组第十四组 5 位专家在区委王俊书记、区政府张国智区长的陪同下莅临钰鑫小学，指导和督察教育系统新冠疫情防控工作及复学准备工作。

专家们分成三个组，分别对教室、食堂、厕所、药品保管室、卫生室、资料室等方面进行了现场查看，听取了学校的疫情防控汇报，了解学校错峰上学放学、错峰就餐、晨午检、消毒、测温等防控措施，对学校在新冠疫情防疫防控期间所做的工作给予充分肯定，对学校在复学后的一系列工作做法给予高度评价。

最后，指导组专家对我们复学后的防控工作提出了宝贵的意见和建议。结合今天督察工作情况及线上教学推进情况，我再分别强调一下：

第一件事：关于国务院督察工作的反思与总结。

1. 从接到国务院督察工作任务看协同机制运行情况

接到任务安排只有一天的准备时间，然而，我们面对的是最高规格、也是最专业化的指导与督察，要圆满完成任务，时间紧任务重难度大。

我们做了两套方案，备选了两所学校（钰鑫小学和茄子溪中学），从教委办公会工作部署，到相关科室负责人直接把关，再到学校全力以赴落实，每一环节每一细节我们都反复推敲反复论证反复过手，我们以打造"复学样板工程"的标准确保万无一失。

实践证明，我们遇事办事的反应机制与运作机制是经得住检验的，我们教育系统协同一致的团队精神是值得肯定的，这也是我们攻坚克难战无不胜的核心动力！

2. 从钰鑫小学落地情况看学校的战斗力与执行力

今天，崔满校长从五个方面向专家组成员介绍了学校应对新冠疫情的具体举措：

一是多措并举"用心"做好疫情防控宣传教育；

二是精准到位"细心"做好每日疫情排查上报；

三是不厌其烦"耐心"做好学生线上心理辅导；

四是恪尽职守"尽心"做好停课不停学云课堂；

五是众志成城"齐心"做好学生复学准备工作。

整个过程的讲述，细到错峰上学、放学，避免师生体温筛查和消毒通道拥

挤;入校筛查,进班筛查,严防死守,确保防控工作万无一失;教师错时用餐,学生分班就餐,一人一具,就餐方式考虑周全;高温烧煮餐具,消毒方式经济彻底;教室增设临时消毒点,桌椅布局合理,关注孩子的身心健康;楼层增设水龙头,确保孩子保洁通道畅通;洗手池增添了洗手用品、纸巾,张贴了七步洗手法,为保障孩子的个人卫生,用心做好每一处细节;校门处增设临时观察区,校内增设临时隔离点、防护物资保管室等。在此处督察过程中,钰鑫小学管理团队的智慧与担当确保了我们顺利圆满完成国务院指导督察工作。

3. 从指导督察组专家意见建议中进一步优化我们的工作方案

此次指导督察组专家的意见建议为我们下一步的工作指明了方向,如何进一步完善"开学工作指南(试行)",更加有效地采取科学防控举措将是我们下一步工作的重点。

第二件事:关于第三阶段线上教学推进情况的总结与强调。

(1)我区线上教学的系统思考与统筹推进

我区线上教学按照三个阶段有序推进、不断优化。

第一阶段(2月10~27日):探索推进,"三化""三融合"与"三统筹"课程建设。

新的背景下,师生采用全新的教育教学环境和方式势必有一个探索完善的过程,因此在前期"预习+巩固+拓展"阶段,我们引领学校在课程构建上做到"三化",即基于校情、生情差异性,差异化构建学校课程;广泛拓展思路,在做好基础课程构建基础上,构建学校特色化课程,进而形成具体的品质化课程。

在课程实施上做到"三融合"。即在课程内容上体现国家课程与校本课程的广泛融合,在教学方式上体现学生为主体与教师为主导的广泛融合,在复课前后衔接上体现课程与线下课程的广泛融合。

课程管理上做到"三统筹"。区教委加强与市教委沟通联系,加强学校课程实施政策方向指导;重点依托进修学校智力支撑,指导学校做好"停课不停学"课程设计、实施和组织;学校发挥好教学管理团队、骨干教师力量的核心作用,统筹好延期开学期间的"停课不停学"工作。

第二阶段(3月2~6日):调研总结,课题式、诊断式、指导式调查摸底学生学情。

为充分总结前阶段"停课不停学"工作的经验、成效,发现工作推进中的问题、困难,我区教委依托进修学校组建了16个调研小组,深入每一所学校,全面调查了解前期线上教学工作中存在的问题、困难,听取下一步工作推进的意见建议。

第三阶段(3月9日起):"一校一策""一生一案"分类别、分层级统筹推进国家课程。

（2）在前期调查研究总结基础上，充分考虑学生居家学习的困难，我区由教委统筹专款，向全区学生免费快递教材。结合校情、生情，再次优化调整前期工作方案，分类、分级有序推进国家课程学习，切实做到"三关注"：

一是关注学习困难的学生，强化学习方式的思考和研究，建立居家学习、复课学习的前后衔接，补漏补差，让学生放心、家长安心。

二是关注父母复工复产独居留守的学生，加强学生学习自律性的培养和学习内驱力的激发。

三是关注支援一线的医务人员等特殊群体的孩子，侧重身心健康指导和情绪疏导，让班级、学校成为他们安全的港湾、坚强的依靠。

"三松绑"：

一是充分尊重学校"一校一策"，给学校松绑。

二是要求全区各学校杜绝形式主义，"屏蔽"所有与线上教学无关的任务，给老师减少工作干扰，从精神层面、工作量层面、业务指导层面给教师松绑。

三是减负提质、五育并举，为学生松绑。

"三分类"：

一是对高三、初三年级建立重点观察机制，重点依托进修学校，由全体教研员与初三和高三教师进行网络教研、集体蹲点教研、线上巡课听课等方式，扎实有序推进高考、中考备考工作。

二是对其他非毕业年级，严格执行"降难度、缓坡度"的原则，稳步推进国家课程教学。

三是针对中职学校，要求学校充分结合各类专业特点，开展生活式职业技能培养。

（3）"一校一策""一生一案"需要更精准化策略更人性化关爱更科学化评价。

这两天，我们开始陆续收到一些家长投诉，主要反映家长复工线上教学无人陪护要求孩子上传作业照片、学生在线教学时间过长、小学一二年级布置书面作业等现象。

在"停课不停学"特殊时期，各学校群策群力，一直在坚守教育人的责任与担当。部分学校从促进学生全面发展的角度出发，在设计线上教学课程安排时，力求安排更丰富多彩的多个多学科课程视频或任务，从育人的初心来讲，我们的出发点是好的。但当前疫情防控还没结束，随着家长陆续复工和线上教学纵深推进，学生即将进入疲惫期，家长的焦虑担忧会越来越多。这更需要学校充分研判家长的担心比如孩子视力，纠偏线上线下教学的区别，尽可能压缩、简化线上教学课程安排。

对于小学，原则上每天一节语文和数学并严格控制授课时长，对其他课程内容要充分调研家长需求，可以作为选择性的内容推送提示自主选择，但不提任务性要求。对于作业的检查反馈，特殊时期主要引导孩子自主完成，有疑问有困难的学生可以让孩子单独寻求老师帮助，不一定一刀切式要求所有学生拍照上传或统一线上讲解。另外，线上教学同样要严格规范作业布置，小学一二年级不准布置书面家庭作业。

对于中学，一定要动态跟踪学生状态，动态保持家校联系，掌握好难度、进度和适度，严格按照"降难度、缓坡度"的原则，严格执行市教委半日授课时长等要求。加强跟踪督查。前面，我们陆续推送了两所高中高三年级做法和民族中学线上巡课的经验。学校可以结合自身实际，建立好制度，要加强线上教学的跟踪检查，教委相关科室会在学校各类工作平台再强调再落实，各位校长书记要亲自督察亲自过问，确保各项要求落到实处，确保教委的工作部署得以科学有序实施。

各位同仁，线上教学是对我们超智慧的考验，线下复学又是对我们超难度的大考，疫情下的教育承受着前所未有的困难与挑战，一路走来，我们越加确信一点，脚下的路是要靠自己一步步走出来的！

# 第二节　疫情持续向好

2020 年 3 月 12 日（星期四）　今天是植树节。众多学校以自己独有方式种下"春天的种子"，期盼秋天的收获！

2020 年 3 月 13 日（星期五）　遵循 3 月 6 日"停课不停学"摸排情况反馈交流会上"一松绑、三关注、五指导、一底线"的实施细则，纵深推进线上教学指导的研究和督查工作。

2020 年 3 月 14 日（星期六）　全国疫情防控持续向好，"线上教学"也已迈入一个相对平稳的阶段。

## 一、植树节，播种下大渡教育的希望

### 2020 年 3 月 12 日　　星期四

今天是我们疫情防控工作全面启动后的 46 天，也是"停课不停学"的第 32 天。

今天也是植树节。众多学校以自己独有方式种下"春天的种子"，期盼秋天的收获！

九十五中学美篇《播下一粒种子,种出一个世界:致不能植树的植树节》,希望教育人透过危机,在孩子心中播下热爱祖国、珍爱生命、敬畏自然、遵守规则的种子,精心地浇灌、施肥,最终成为为每个生灵遮挡风雨的参天大树。

在这个受疫情桎梏、别样的植树节,教育人该怎样播种、怎样守候、怎样静待盎然景致? 今天,与大家一起分享这个春天大渡教育播种的希望。

一是播种信念,在应对困难挑战中,培育自强不息、百折不挠的意志品质!

信念是坚信祖国一定能最终获得疫情抗战的全面胜利,每一个小我都可以努力做最好的自己,都可以带动身边的人一同努力,去融入防疫人民战争。

两所高中,从学校领导、一线教师到学子、家长,开足马力、全力备考,用迎考的坚毅身影回应防疫战。

马王学子争做"最亮的我",用不断成长的身影和成长的收获回应防疫战;双山实验小学为孩子们种下抗"疫"纪念树——玉兰树,为孩子们创作散文诗《我们在双实等你》,把土地的黄变成轻盈的绿,用树的使命回应抗疫战。

这个春天,我们带着信念,学会坚定、坚强、坚韧、坚毅,悄然播撒在孩子们心田,滋润孩子们未来。

二是播种思想,在探索未知世界中,培育责任担当、奋发有为的时代精神!

我们的孩子们都将是民族伟大复兴之路上的新生力量和中流砥柱,他们是中国特色社会主义的建设者和接班人,故此,培育社会主义核心价值观,发展核心素养,树立正确的世界观、人生观、价值观,是我们教育的根本任务。我们欣喜地看到,所有学校在线上教育指导中对立德树人的高度关注和思想培育的浸润无痕。

百花小学依托植树节空中班会课,培养学生"环保心",携手种下春暖花开的希望,静待收获破土新生的美好。

跳磴小学举办"新冠"疫情防护知识竞赛。1 000 余名师生的参与,就是1 000 余个家庭敬畏自然、珍爱生命的观念树立。

九十四中《因责而作 因爱而为》德育工作会,梳理特殊时期德育工作的使命和责任,制定大爱引领、情怀育德教育策略。

这个春天,在学会个人与他人、社会及祖国的相处中,去感悟生命、生活与生存,去学会责任、担当与使命,这种思想的种子已然播撒在孩子们的精神世界。

三是播种情怀,在日常生活学习中,培育一双发现美的眼睛和一颗回馈美的心灵!

疫情防控的日子,需要更精心的呵护,需要更细腻的关怀。

互助小学针对没有线上终端设备、没有家长陪护的孩子实施线下家访,不顾安危,只为面对面与家长、孩子交流,传递最真实的温暖。

公民小学在疫情防控阶段持续开展"私密谈话",确保每位学生都能和班主任亲切交流,分享快乐、分担烦恼。

两所学校的学情相似,线上教学的设备条件和家长支持力度都很有限,学校灵活衔接国家课程和校本课程,让科学小实验、葫芦丝吹奏、孝亲劳动等实践性、体验性强的项目课程丰富生活、舒缓压力、调节家庭氛围,让孩子们充分感受生活学习的美好。

茄子溪中学开展"以艺战疫"主题活动,用画笔致敬英雄、描绘希望。迄今已推出 16 期主题创作作品 300 余幅。最美逆行者、坚守者、建设者的形象,联防联控、群防群控的场景,是艺术定格的历史,是学子心中所见之大爱,更是心怀感恩、接续奋进的志愿写照。

育才小学推出"以艺战疫"系列展品。孩子们用绘画、书法、演唱、舞蹈记录这段抗疫经历,用艺术的方式表达心中的坚强与坚定,艺战到底!

即使是抗疫的日子,我们也要播种对于生活的乐观、阳光、豁达、情趣,让每一天都拥有诗与远方,让每一刻都释放美与大爱。

各位同仁:

这个别样的春天,我们没有因疫情肆虐而怯懦屈服,我们逢山开路、遇水搭桥,面对校园净土保卫、开学疫情防控、线上教学探索、复课教学衔接的诸多难点、热点,化危为机、改革创新,打造大渡教育"空中育人走廊",真情守护着学生健康成长。

这个别样的春天,大渡教育以团队的精神品质、大爱情怀为我们的学子播种下脚踏实地、勇于担当的种子,开拓奋进、勇于创新的种子,热诚善良、勇于奉献的种子,勠力同心、勇于互助的种子——这些种子承载着信念、思想与情怀,将在年复一年的耕耘中茁壮成长,终将成就"长大后我就成了你"的最美期盼。

这个别样的春天,我们走过的每一天,做过的每一次尝试,洒下的每一滴汗水,都孕育着春天的希望。大渡口教育人心在一起,与爱同行,我们就是希望的播种者! 我们也正走出大渡教育的希望之路!

**二、聚焦难点,专家们提供智力支撑**

**2020 年 3 月 13 日　　星期五**

今天是我们疫情防控工作全面启动后的 47 天,也是"停课不停学"的第 33 天。

线上教学指导是教育在全国疫情防控人民战争中的重要战线,是特殊时期守护学生健康成长的重要阵地,备受社会关注、备受学生家长期待。中小学全覆盖、成建制推进线上教学是前所未有的挑战,其困难、矛盾不言而喻,学校、教师、学生、家长倍感压力、倍感艰辛。

进修学校作为教育战线的智力支撑、研究高地,承担起线上教学工作策略研究、执行指导、效果督查的重任,组建研究指导体系和督查工作体系,遵循 3 月 6 日"停课不停学"摸排情况反馈交流会上"一松绑、三关注、五指导、一底线"的实施细则,推进线上教学指导的研究和督查工作。

今天,让我们一起感受进修学校及其牵头组建的大渡教育骨干团队的朴实情怀和使命担当。

1. 秉承教科研机构的初心与使命,为线上教学指导提供更及时更高效的智力支撑

进修学校人心系一线师生,牢记服务宗旨,迅即应战、全力以赴践行教育科研人的神圣职责。"2·27"大渡教育推出"停课不停学"线上教学指导"10＋4×4"增强版实施策略。面对任务,他们没有犹疑、没有推诿,召之即来、来之能战。10 个研究指导团队、16 个督查小组还有学校所有科室的人员,在校领导的统一指挥下,第一时间投入空中育人走廊的建设。

2. 建立健全工作机制,畅通路径、高效运转,为线上教学指导提供组织保障

如何让 10 个研究指导团队和 16 个督查团队深入一线,及时发现问题、精准纠错;及时突破难点、靶向指导;及时调整策略、稳步推进? 进修学校的举措是:

建立策略制定、执行指导、效果监督的闭环管理机制;搭建研究指导团队负责人、成员、学校学科负责人、学科教师四级联动运行机制;制定线上专题研究机制,用科学的体系,把大家拧成一股绳,发挥团队的强大凝聚力和战斗力。

如小学语文研究指导团队,8 位优秀的教育人,包片包校指导。他们精心研制工作方案,建立工作台账每周报告、每周课堂巡课、每周专题研讨、定时调研一线教学等制度,确保沟通顺畅有序。两周来,她们为一线筛选、录制、推送高品质线上学习资源,提供线上教学指南,指导课程设置、教学时长与教学进度,切切实实为一线教师松绑,为教学导航护航。

3. 聚焦教师线上教学难点痛点,开展主题式、课题式研讨,精准施策,稳步推进

遵循"切实解决教师在线上教学存在的问题,努力为一线教师引好路、服好务"的原则,各研究指导团队智慧碰撞、群策群力。小学数学研究指导团队针对教师线上教学理念更新和教学方法革新,制定三项策略:

致全区小学数学教师一封信,引导教师不急、不懈、不弃;开展"线上教学方法指导"主题研训,分享线上教学妙招;为教师推介优质教学资源,帮助教师从

容应对线上教学挑战。

初中语文研究指导团队就"深度学习与课堂改革"开展研讨，从细心选择教学材料和精心设计教学活动两大方向，呈现阅读教学实战中的深度教学、深度学习。

4. 基于师生身心健康，倾注人文关怀，为一线教师纾解焦虑情绪，为学生营造快乐的学习氛围

小学语文研究指导团队致小学语文老师一封信，《残雪待尽时东风随春归》，表达对一线教师品格的敬重和辛劳的感同身受。

"忙碌、焦虑、压力的背后，是最朴素的责任感。这份责任，请让我们与您一起分担""给您的建议，您可以根据自己学校和班级的实情进行取舍""如果工作中遇到什么问题，请通过学校语文学科分管领导告诉我们，我们会竭力为大家服务"。

朴实的语言、真挚的情感、切实可行的建议，拉近彼此的距离，让研究指导团队真正成为一线教师可依靠、可信赖的坚强后盾。

初中数学研究指导团队，因校制宜、因生制宜，制定"一对一""点对点"线上教学策略。

廖帝学教研员为初三学子撰文《静静地看，静静地练，静静地想，让我们在学习的更高处相见——写给九年级的同学们》，纾解学生家长浮躁心态，帮助他们积极面对疫情、面对中考、面对今后的人生道路。

在与固有教学模式和教学思维碰撞、调适、革新的过程中，教研科研发挥着"硬核"力量。进修学校全体人员和研究指导团队的优秀教师们，在线上教学指导的教研科研中，把好输出端、严守执行端、检验质量端，展现出大渡教育教研科研的风貌，让我们感受到进修学校人严谨严肃的科学精神、探索求真的钻研精神、倾囊相授的奉献精神。

应对防疫战的线上教学指导终有尽时，但教育改革发展的探索未有穷期！让我们既着眼当前线上教学指导的难点突破，更放眼长远教育教学改革的谋划探索，加足马力、精准发力，让教研科研成为教育事业改革发展的罗盘针、驱动器、主心骨。顺致晚安！周末快乐！

### 三、再坚持一下，曙光就在眼前

**2020 年 3 月 14 日    星期六**

今天是我们疫情防控工作全面启动后的第 48 天，也是"停课不停学"的第 34 天。

全国疫情防控持续向好，"线上教学"也已迈入了一个相对平稳的阶段。一

个多月以来,理解与包容、支持与付出、智慧与担当、创新与果敢、坚持与坚韧成为我们工作所遵循的信条。在大家共同努力下,大渡教育规范有序健康有效向前出发。

"疫情"是一本教科书,大家每日的分享与我们每晚的小结记载了每一所学校的所思所言所行,我们奋斗的故事如星星般点缀其中,汇聚人间大爱,滋养大渡情怀,终成人生课程。

故事总会有开篇与结尾,今后一段时间里,就不再每日与大家互鉴互学互勉,我们遇事需言再言。今天,我简单梳理了一下大家分享的每一篇故事,借用每一所学校使用的一些原有题目,不做什么修改,也无什么逻辑,原汁原味串在一起,取名《照张"全家福"》,就算今天的总结吧! 也是致敬所有同仁们携手以往的勇气!

照张"全家福"

疫情防控齐参与
因责而作,因爱而为
"疫"心"疫"意,同心同德
坚定信心战疫情,同舟共济筑防线
我们宅一起
防疫,我们一起坚守
让一个"我"变成"我们"
同呼吸、共命运、战疫情
你若安好,我便无恙
盼海晏河清,愿人间皆安


停课不停学,让孩子们学什么
停课不停学,居家搞教研
搭建空中班级,突破隔离空间
战役时刻,我们为孩子"书"送爱的能量
且思且行,停课不停"步"
学校在"云上",联结在心里
在实践中学习,在探索中成长
指尖课堂,"宅"出别样精彩
学起来、动起来、读起来、写起来
抓实线上教学督查,服务区域教育教学
我们共同学习,我们共成长

2020历经风雨，最美彩虹
岂日无爱，与子同行
抗击疫情，从"心"开始
非常时期，非一般的人间烟火
我们被爱感动，我们用爱前行
隔离不隔爱，大爱是引领
新冠肺炎疫情是本教科书
我们携手同行
非常快递，非常温暖
为我们的心灵戴一个幸福的口罩

抗击疫情，重读中华
总有一种力量，让我们勇往直前
你要青春干什么
"逆行"的背影
各自守岗位，于无声处战斗
坚信初心担使命，坚定信心抗疫情
用心关爱，用力燃烧
别样的日子，温暖的我们
你也可以，温暖别人
战"疫"党旗在飘扬
用行动温暖了一座城

和美宅家，别样时光
春已到花已开，适时再整装
播下一粒种子，种出一个世界
走过"疫"程山水，一树繁花为你开
特别的礼献给特别的你
春天来了，相聚还会远吗
春暖花开日，繁华与共时
以师之名，我们约定
乐美悦声，不见不散
陌上花已开，翘首待君归
待到战"疫"胜利时，我们照张"全家福"

**图6—4　3月15日重庆确诊病例清零**

第七章........

# 那些人,那些事

疫情防控刻不容缓,师生生命安全和身体健康是我们工作的第一要义,我们将坚决贯彻落实市委市政府、市教委决策部署,以更严、更紧、更实、更细、更快的作风,坚定信心、同舟共济、科学防治、精准施策,为打赢这场疫情防控阻击战贡献力量!

以习近平同志为核心的党中央,在新冠病毒疫情阻击战中,审时度势、综合研判,及时提出"坚定信心、同舟共济、科学防治、精准施策"的总要求。大渡口区教委在市教委、大渡口区委区政府的直接领导下,努力作为,大渡口区教育系统的防疫工作卓有成效。

如何让宅家的孩子,既能身心愉快,又能因时、因地、因人地学习? 各学校在准确领会教育部、市教委"线上教学指导"等精神基础上,制定出一校一策,一班一案,一生一案,为线上教学交上了一份份满意的答卷。

## 第一节　疫情就是命令

以习近平同志为核心的党中央,在新冠病毒疫情阻击战中,审时度势、综合研判,及时提出"坚定信心、同舟共济、科学防治、精准施策"的总要求。大渡口区教委在市教委、大渡口区委区政府的直接领导下,努力作为,大渡口区教育系统的防疫工作卓有成效。中共大渡口区委教育工委书记、区教委主任伍平伟代表大渡口区教委于 2020 年 1 月 31 日在"全市新型冠状病毒感染疫情防控工作视频调度会"上作经验交流;大渡口区教委防控疫情的有效做法在"重庆市教育

图7—1　育才小学学生绘画创作为武汉加油

系统新型冠状病毒肺炎疫情防控工作简报"2020年2月20日报道。

### 一、在市疫情防控工作会上的发言

义渡大爱 共克时艰:在全市新型冠状病毒感染疫情防控工作视频调度会上的发言

各位领导,各位同仁:

生命重于泰山,疫情就是命令,防控就是责任。大渡口区教育系统以习总书记指示为工作指南,遵照市委、市政府要求,全面贯彻落实市教委、区委区政府工作部署,建立防控领导小组,制定《防控工作方案》《应急预案》《延期开学期间学生学习指导工作意见》,以教委为中枢、学校为支点、班级为触角,建立家校社最广泛的疫情防控战线,现汇报如下。

(一)"5+10"工作机制保运行

10项工作制度,确保5项重点工作落实落地。

一是坚持在岗值班和线上线下集中办公制度,强化组织领导;

二是坚持日报告、零报告和重点人群随访制度,强化摸排调查;

三是严格身份登记、体温测量和家属楼隔离制度,强化校园管控;

四是坚持每天定时连线制度,强化宣传引导;

五是坚持一线优先制度,强化物资保障。

(二)在岗值班集中办公强管理

区教委领导班子、科室负责人、相关工作人员,各校(园)校级领导、中层干部全部取消休假,不得离开主城;坚持守土有责、守土担责、守土尽责,严格执行一把手全程带岗值班和领导干部在岗值班制度,加强疫情防控工作的组织领导和统筹指挥。

(三)精准摸排重点监管阻传播

组织覆盖全区师生员工的精准摸排,已开展5轮从湖北返渝和与湖北人员有密切接触的人员的跟踪调查,及时锁定重点关注群体;坚持每天线上随访与疫区有密切接触和与确诊人员有接触的重点人员健康状况、居家状况,严把关口阻传播。

(四)严管出入日清垃圾保校园

坚持每天现场督导校园管理,严格校园出入人员身份登记和体温测量;用警戒线和保安值守的方式隔阻家属楼人员进入教学区;坚持垃圾日产日清,开展专业消杀,确保校园卫生洁净。

(五)知识普及生活指导强信心

遵循"预防为主、联防联控、群防群控"原则,规劝家长、学生居家过节、居家观察,做好自我防护;宣传引导,及时报告人员接触真实情况;加强师生和家长心理疏导;积极对接卫生、公安、街镇,齐心合力抗击疫情。

(六)主动联系多方筹措保物资

不等不靠,紧急筹措采购1 800个口罩、12件消毒液,初步解决一线值班人员的安全防护问题。

目前,我们面临着防护物资短缺,极少数学生家长防疫意识不强,数据摸排存在一定困难,还可能存在潜在感染者、传播者的风险。

接下来,我们还将强化两项工作。

第一,延期不延学。指导学校充分利用互联网,制订学生在家学习工作方案,确保"延期不延学,停课不停学"。

第二,隔离不隔爱。坚持人文关爱,指导学生开展"生活习惯与生命质量"主题教育系列活动,引导学生主动参与爱国卫生运动,自觉践行抗击疫情自律公约。

疫情防控刻不容缓,保障师生生命安全和身体健康是我们工作的第一要义,我们将坚决贯彻落实市委市政府、市教委决策部署,以更严、更紧、更实、更细、更快的作风,坚定信心、同舟共济、科学防治、精准施策,为打赢这场疫情防控阻击战贡献力量!

发言完毕,谢谢大家!

## 二、致全区教育系统全体党员的倡议书

中共大渡口区委教育工委致教育系统全体党员的倡议书

全体党员同志:

当前,新型冠状病毒感染的肺炎疫情防控形势严峻复杂,牵动着每一个中国人的心,党中央高度重视。在防控新型冠状病毒感染的肺炎疫情的关键时刻,身为党员,我们要把做好疫情防控工作与巩固拓展"不忘初心、牢记使命"主题教育成果结合起来,在疫情防控中践行初心使命,充分发挥先锋模范作用,坚定不移地把党中央决策部署落到实处,全力以赴、众志成城,坚决打赢这场疫情防控阻击战。在此,我们向全体党员同志发出如下倡议:

政治站位要提高。要认真学习、坚决贯彻落实习近平总书记的重要讲话精神,增强"四个意识"、坚定"四个自信"、做到"两个维护",把思想和行动迅速统一到党中央决策部署和市委、区委工作要求上来,把疫情防控工作作为学校当前的重大政治任务。要带头落实区教委疫情防控"5+10"工作机制,把广大师生生命安全和身体健康放在第一位,听从学校党组织安排,关键时刻挺身而出,迎难而上,勇挑重担。

防控知识要谨记。要加强科学防控知识的学习,养成良好的个人生活习惯和公共卫生习惯,主动做好安全防护措施,自觉配合学校和社区疫情筛查检测;做好劝导和发动工作,减少外出活动,教育引导亲友无特殊情况不串门、不集会、不聚餐,及时向所在学校党组织报告疫情隐患。

宣传引导要及时。要保持定力,正面宣传引导师生和群众,积极疏导负面情绪,带头讲事实、明真相,对虚假信息和谣言第一时间进行举报,做到不恐慌、不造谣、不信谣、不传谣,增强师生和群众自我防病意识和社会信心。

坚守岗位不放松。要立足本职岗位,根据区教委和学校的统一安排,充分利用"教育+互联网"的形式,做好学生精准教学辅导、作业反馈和心理关爱,确保"延期不延学"。要遵守各类疫情防控制度,率先垂范,身体力行。带头开展值班值守,确保线上线下政令畅通。对学校疫情防控的重点区域、重点部位、重点环节,要坚持做到在岗位、在状态。

遵纪守法不逾矩。要带头维护公共利益和社会秩序,坚决抵制制售伪劣产品,主动举报囤积居奇、哄抬物价、行骗牟利等扰乱市场秩序的行为,特别是对

**图7－2　大渡教育抗疫党员微故事在媒体报道**

疫情防控所需紧缺物资的投机倒把现象要拒不参与、主动举报。

志愿服务做先锋。要通过参加党员志愿服务、认领党员示范岗等形式,积极参与学校党组织和社区开展的全覆盖走访排查、宣传教育、困难帮扶、环境整治、安全稳定等工作。

中共大渡口区委教育工委<br>2020 年 2 月 2 日

### 三、采取"增强版"措施,推进疫情防控阻击战

大渡口区教委采取"增强版"防控措施,以区教委为中枢、学校为支点、班级为单元,团结带领全区教育系统,凝心聚力,联防联控,精准施策,强力推进疫情防控阻击战。

1. 强化"三支队伍",打造疫情防控"主力军"

大渡口区教委成立"岗位坚守组""学校督查组""防疫支援组"三支队伍,由教委主任牵头,分管领导和纪检监察组长分别具体负责,确保师生生命安全。

"岗位坚守组",加强宣传引领,凝聚思想共识,规范学校防控运行机制,激励教委机关、各级各类学校(幼儿园)在岗工作人员,全力落实好教育系统各项防疫工作,确保教育系统安全稳定。"学校督查组",强化业务培训,发挥指导、

督查职能,督促学校抓好开学前的准备工作和开学后的疫情监控阻击工作。"防疫支援组",组建100人左右的突击攻坚队伍,在区委组织部统筹调配下,紧急驰援区内疫情防控重点领域、重点工作,配合做好联防联控。

2. 强化"四个到位",确保延期开学"不停学"

组织保障到位,依据一线调研情况,及时研判、制订、优化线上教学方案,做到"一校一案",强化思想教育、生命教育、体育锻炼、心理健康指导,引导孩子保持阳光心态,助力学生健康成长。

宣传动员到位,全区各学校通过校园公众号、班级群等,加强沟通交流,疏导家长、学生焦虑情绪,引导学生调整状态,积极投入自主学习。

资源保障到位,整合网络优质教育资源,调试检测"空中课堂"等线上平台,用好教育部开发的国家网络云课堂,组织教师协同备课,开发校本课程,探索建立集特级教师、骨干教师于一体的区域教学开放、共享课堂。

督促指导到位,区教师进修学校建立专班,持续开展网络教学研讨和网上教研活动,加强各学科学习指导内容、方法、评价的指导和督促。

3. 强化"五项制度",密织疫情防控"安全网"

严格办公制度,坚持全员在岗值班和线上线下集中办公相结合制度,学校领导靠前指挥、主动担当,全体机关工作人员以及一线教师全面进入工作状态,确保"停课不停研""停课不停育"各项工作运转畅通。

严格报告制度,坚持日报告、零报告和重点人群随访,做到底数清、情况明。建立师生健康台账,掌握师生生活轨迹。

严格校园管控制度,严格身份登记、体温测量和家属楼隔离制度;统一升格校园"入门"关,实行封闭式管理;进入校园严格进行身份识别和登记,无关人员和车辆一律不得入校。

严格联系制度,对先后排查出的500多名涉鄂人员,160多名与确诊学生病患有接触的师生,50余名身体健康状况有异样的师生坚持密切跟踪调查,坚持每天定时联系制度,强化心理疏导。

强化物资保障制度,通过专人负责、专库管理、专册登记、多渠道采购,千方百计做好疫情防控物资保障,共筹集100余万元应急资金,紧急采购红外线耳式测温仪50只、额式测温仪200只、喷雾消毒酒精400升,确保了假期值班期间各学校落实防疫管理要求的物资需求。

广泛寻求社会资助,拓宽防控物资筹措渠道。目前,重庆格瑞体育俱乐部捐赠30台米家自动洗手机,5 000只一次性医用口罩;重庆长文科技有限公司捐赠10台无醇泡沫免洗手机器人;重庆软石教育集团捐赠5 000只一次性医用口罩;重庆天源化工厂捐赠2 000公斤消毒液,为全区教育系统开学后防控物资保障打下坚实基础。

## 第二节　防疫抗疫,党员先行

疫情来势汹汹,一批又一批逆行者出征湖北、出征武汉!武汉封城,全国各地驰援,医用物资、生活物资,从天南海北源源不断运往武汉!快递小哥不分昼夜运送给医务人员!建设大军年三十搁下饭碗,奔赴火神山、雷神山医院建设现场……中国力量!中华精神!——我们是血肉同胞,我们是华夏儿女!大渡口教育人不能奔赴抗疫一线,但是在我们周边、在社区,也需要志愿者!区教委一声令下,全体教育人同声共应"若有战、召必回、战必胜"!

### 一、抗疫志愿队,茄子溪中学党员冲在先

三尺讲台上,他们教书育人,是可亲可敬的人民教师。疫情来袭,共产党员、领导干部走到了最前面,请战书,红指印,誓与疫情抗战到底,不胜利不收工!一声声"我报名""我参加",大渡口教育人齐上阵,今朝英雄勇气多,只为筑就铜墙铁壁阻妖魔,保这一方水土平安!

这一幕情景发生在茄子溪中学。那是2月9日下午,茄中党总支发出招募令,为区教育系统组建疫情防控应急志愿者招募队员,整个系统招募队员100人。学校党总支倡议我校党员率先响应,勇敢站出来,彰显党员本色。同时,号召全体共青团员及有意表达为本次疫情做出贡献的教职员工踊跃报名,积极参与。招募令一出,在校的党员干部立马写下请战书,纷纷签名盖手印,没有犹豫没有怯懦。

招募令传到党员学习群、教师工作群,群中"嘀嘀"声响个不停。"政府办我报名了,没有排上队,学校这边我要报名",外借到政府机关的年青党员宋驰首先向党组织表达了意愿;"我们夫妻两个商量留一人照管孩子学习生活,另一人报名参加志愿者,出一份力",双职工家庭谭丽娟夫妻报一人;"我们年轻,没有小孩子,我们夫妻俩都报名",党员夫妻吕品、蔡兴红报名……"我是团员,我参加""我也参加",青年团员唐印梅、陈鹏紧跟其后。教职员工朱旭、李福、黄书健、杜佩杰报名……20人、30人,队伍不断壮大。

这一刻,茄中党员、团员、教职员工都站了出来,符合条件的报名了,不符合条件的坚决管好自己,不给组织、不给政府添乱,听党的话,宅家给一线人员加油鼓劲。茄中人胸怀天下、心系祖国,团结、奉献的精神品质再次彰显。疫情面前,众志成城渡难关!相信我们茄中人铁肩担大义,在需要的时候,贡献自己的力量!

截至 2 月 10 日上午 10 时,全校总报名 41 人,其中党员 26 人。推荐区教委应急志愿者 5 人,推荐学校应急志愿者 8 人。

（茄子溪中学    朱道琴）

### 二、双山实验小学教师积极报名参加志愿队

2020,爱你爱你,多吉利美好的数字。

可是人们祈盼的祥和之年并没有如期而至,反而是让人闻风丧胆的病毒——新型冠状病毒,丑恶地掀开了新年序幕。从 1 月 23 日起,一场全国统一指挥的、艰苦的防疫战打响了。这是一场悲壮、激烈的战争,也是一场没有预期的持久战。

疫情爆发以来,奋战在一线的,有白衣战士、公安干警、社区工作者、口罩哥、咖啡妹……还有无数随时待命的志愿者。他们是站在第二线的候补战士,听到前方召唤能立即投入战斗,齐心协力守卫"我的家"。

（一）胥浩谦:把自己站立成一棵树

胥浩谦是一位有 2 年教龄的小学语文老师。有点小帅气、小文艺,生活中最大的烦恼是"恋爱、买房",工作中最不乐意的是循规蹈矩。一直以来他都在寻觅进步的法门,尝试着让自己从一棵草,成长为一棵树。在举国上下按下暂停键的时候,他的过去也被暂停了。

危难险重时,最考验一个人的品格,是迎难而上还是临阵退缩？2 月 8 日,学校工作群里发出一份"应急防疫支援队招募令"。胥浩谦用他的行动证明了自己的忠诚和担当。在没有与家人商量的情况下,他手写了《应急防疫支援队申请书》:

尊敬的领导:

疫情当前,武汉危矣,重庆告急。身为一名光荣的人民教师,又是一位年轻的男性同志,我想我有义务为国家做点什么。故本人申请加入大渡口区教育系统应急防疫志愿队。

本人身体健康,近两个月无感冒发烧症状,无与武汉人员接触史。如能有幸加入应急防疫支援队,我将服从安排,完成相关工作。

学校领导接到申请书后,立即致电于他,他憨憨地回答道:"是的,我很想成为防疫战线一员,成为一名志愿者。我想这可能就是我成长的机会。"

是呀,如果我们都站立成一棵树的时候,我们就有了更粗壮的枝叶和臂膀相互依靠。我们不再是一片草原,在风暴下瑟瑟发抖;我们是一野森林、巨木,敢于对任何灾难说不。

（二）金杰：暖心的酸涩

与往日相比，今天金杰家的饭桌上安静了许多。桌上放着的两张 A4 纸上写着"应急防控支援队报名表"和"申请书"。

"妈，过两天我可能要去当防控疫情的志愿者。"

"啊？去做什么呀？你们学校安排的吗？多久去呀？为什么要你去啊？好危险哟！"

金妈妈收回准备去夹菜的手，咽下嘴里的饭菜，满脸疑惑地问了女儿一大串问题，旁边的弟弟也好奇地望着姐姐。

"因为我是党员。"

"去的时候一定要把口罩戴好，把消毒液带在身上，没事的时候多喷一喷，不要和其他人靠太近了……"

金妈妈开启了唠叨模式，整个晚上都在强调需要注意的地方。

接下来的每天，金妈妈都会重复地问志愿者那边安排任务下来没有，然后附加一句：你才 24 岁，一定要注意安全哟。一边念叨，一边打电话给各个朋友，筹集了一点口罩、消毒水、一次性手套、抗病毒感染的胶囊。每每这时，金杰撒娇地挽着妈妈的胳膊，软软地说："妈妈，好妈妈，谁不怕呢？我也怕，怕把病毒带回家，害怕家人因为我而生病。但我也希望能尽自己一分微薄的力量去帮助他人，温暖他人。瞧，这是我写的申请书，我念给您听：'尊敬的学校党支部：目前新型冠状病毒疫情严重，日趋严峻之势，在防控疫情的关键时期，我身为大渡口区双山实验小学年轻党员中的一员，就应在社会、国家需要我的时候挺身而出。为此，我特向校支部委员会提出申请加入"应急防疫支援队"，贡献自己一分微薄的力量。'"

"身体不舒服了一定要说啊，不是说早发现、早治疗嘛。"没办法，女儿的软磨硬泡让妈妈松了口。

"放心吧，组织上的要求跟您一样！"

虽然金杰早已对商量的结果十拿九稳，但是看到妈妈担忧和不安的神情，还是让她暖烘烘的心中有一丝酸涩。

（三）聂嘉：漫天星光

聂嘉是居家隔离队伍中小小的一员，也是一位低年级的班主任。每天 11 点前收集、统计、反馈学生们的行程、身体状况，定时发布学习任务并指导学生进行线上学习，检视学生线上学习情况，成了她宅家一天的工作。

2020 年 2 月 8 日上午，天气阴沉。像往日一样，聂嘉划动着手机屏幕，统计着各类数据。突然一条消息弹了出来，原来是工作群里发布了"关于联防联控新型冠状病毒的应急动员令"通知。浏览了各项条件发现：我很符合条件的嘛！

但心中也萌发了很多顾虑。

　　下午,太阳仍然没有冲破厚厚的云层与大地相见,但却也能感觉到些许暖意。这次又是滑动着手机,浏览着各类消息。又一次打开了"应急动员令"的通知,不一样的是,还打开了"大渡口区教育系统应急防疫支援队报名表"。聂嘉依次填好姓名、性别、政治面貌和单位等信息并保存。随后,趁着暖意,花了一些时间写了一份个人申请:

尊敬的大渡口区双山实验小学党支部:

　　现新冠病毒蔓延至全国,牵动着亿万中国人民的心。病毒来势汹汹,令人猝不及防,疫情事关你我,无人能置身事外。

　　我向党支部请战,疫情就是命令,如有需要,冲锋在前。我郑重向学校提出请求,申请加入大渡口区教育系统应急防疫支援队,贡献自己的一分力量……

　　不知为何,写下申请的那一刻,她的心,突然踏实了许多、平静了许多。

　　次日,在没有与家人商量的情况下,聂嘉提交了"大渡口区教育系统应急防疫支援队"报名表和个人申请。出于两点考虑,一是不知道自己会被安排在哪里工作,做哪类工作;二是审核不一定能够通过,索性就不告诉家人了,就让这件事情平淡地流过。接下来的就是等通知,等审核通过的通知。

　　两天,三天……依旧没有审核通过的消息。终于在一天下午,她收到了相关负责人的"邀请",审核通过了! 同时,也在第一时间"通知"了家人。"去吧,自己注意安全就是了。"妈妈头也没抬,很镇定,没有过多的表现。兴许是对这个从小独立且懂事的大女儿特别放心的缘故。

　　因为防疫应急支援队的工作是整体筹划,工作分工必须细致。大概一星期后,聂嘉才知道了具体的安排:

　　分到第6小组的"文秘信息组"。文秘信息组一共四人,工作有三个方面:(1)对各学校报上来的宣传材料进行分类加工;(2)对防控工作中涌现出来的先进人物进行报道;(3)每周出一期简报。组长说工作量比较大,大家商量着做。

　　聂嘉与其他3个人,相互未曾见过面,但是大家都好像有默契,淡定、及时的回复,让每个人都感到很舒心,很有力量……当然也不会忘记她的班主任工作,还有一群可爱的孩子们……

　　夜晚,忙碌一天的聂嘉坐在窗前仰望天空,虽然天空阴霾,没有美丽的星空,但她觉得自己就是那一点微微星光。她相信,只要有信念,勠力同心,就会有漫天星光。

　　一群"90后"或许不能称之为战"疫"的中坚力量,但他们在国家危急时响应召唤挺身而出。通过一封封请战书,表达出对祖国的热爱和自己的担当,映照出的是这群孩子身上的大局意识和奉献精神,应该说他们也是这场没有硝烟的战争中的平民英雄。抗击疫情的路还在继续，英雄奔向的方向终究会迎来黎明，到那一天，春意将涌满每个人心头。

一场大疫，却是一群孩子快速成长的催化剂，不得不说，2020 年，我们无法忘记……

（双山实验小学　邹茂容　聂嘉　金杰　胥浩谦）

### 三、"抗疫娘子军"里的"绿叶"

2 月 24 日，天气虽然放晴了，但空气里依然弥漫着寒意。"这段时间疫情平稳，风险却依然存在，防控工作一点也松不得。"当天中午，早早地吃过午饭，不到 1 点钟，吴昌平就来到大渡口区新山村街道翠园社区打卡上岗。吴昌平说：虽然他只是一名志愿者，但参加社区一线战疫半个多月了，对疫情防控的风险和重点十分清楚。现在正是疫情的关键时期，容不得半点疏忽大意，否则可能前功尽弃。

（一）吴老师来了——顶起"半边天"

今年 45 岁的吴昌平，是重庆市商务学校后勤兼安稳办主任。大年初二，吴昌平第一时间安排落实学校疫情防控工作，重点加强了对校园家属区的防控。学校没有开学，一向做事雷厉风行的吴昌平，每天把学校工作三下五除二完成后，就盯着新闻，看着疫情形势日益严峻，心里干着急。在家里待了一周，得知区里招募疫情防控志愿者的消息后，他再也坐不住了。

2 月 10 日，吴昌平成为新山村街道翠园社区的一名疫情防控志愿者。翠园社区下辖石板场、曾家村、翠园路、翠园村 115 号、蓝光小区等，共有 4 100 多户、8 200 多名居民。需要电话排查、入户走访，还要设卡值守，但他们社区工作人员只有 8 个人，大家忙得团团转。

到岗后，才发现社区工作人员清一色全是女同志。社区党委副书记唐勤调侃地说："我们全是娘子军，女人当男人用，搬运废弃家具、搬运物资、设卡，这下好了，你来了，可以顶起半边天了。"吴昌平笑眯眯地回答："放心，我会坚持来的！"

吴昌平初去，被安排为机动志愿者，有什么事做什么事。第一项工作是搬运街道下发的防疫物资，又沉又重，他二话没说全部搬完，硬是没让一个"女战友"搭把手。第一天，就来回为四个卡点配送防疫物资。

第二项工作，检查无人值守的通道是否封闭完整，很多时候前脚封闭好刚离开，后脚又被居民弄开，他们又得马上返回把通道封闭。其中一个通道，唐勤副书记看到老是被弄开也不是办法，她发现不远处有 2 辆废弃摩托车，于是，叫来吴昌平，两人费了好大的劲，一步一步挪动摩托车，终于把通道封闭完整。那一刻,吴昌平感受到了男子汉的力量。

(二)入户——走访排查

两天后,上级要求,为了居民安全,立即再次启动入户大排查。4 000多户人家,必须尽快完成,任务的艰巨可想而知。

吴昌平被安排和唐勤副书记一组,对社区下辖曾家村各户走访排查。曾家村的房子是重钢集团20世纪80年代修建的职工宿舍,没有电梯,每层楼一个公共厕所,走到楼道里都能闻到恶臭。

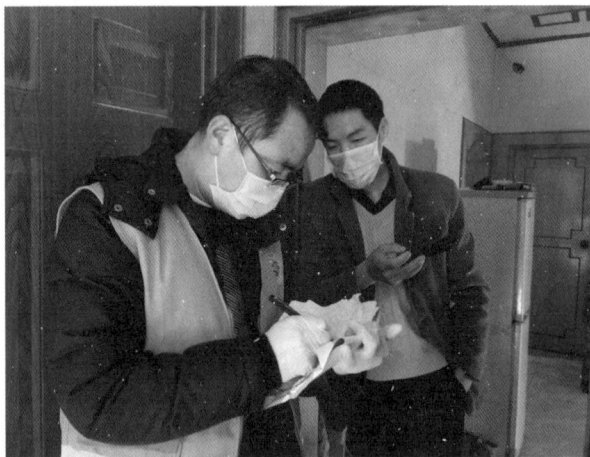

图7-3　九十四中学吴昌平老师到社区入户排查

走访排查的路上,唐副书记问:"吴老师,你来到一线,怕吗?家人支持吗?一定很担心吧!你要有思想准备哦,这些老旧小区有些人素质不是很高,居住人员要么是租房的,要么是老弱病残的,还有的心理有偏差。入户的时候,有些人根本不戴口罩,会近距离跟你说话哦!"稳重耿介的吴昌平笑着说:"没事的,如果怕,我就不来了,家人非常支持,我们注意点就是,多给他们宣传点防疫知识,动员他们做好防护,也是一件大好事。"

唐副书记和吴昌平热情地和社区住户们打招呼、拉家常,抓住时机宣传防疫知识,反复提醒减少外出,戴口罩,多喝水。入户的时候,有的居民开门出来真的不戴口罩,这时,唐副书记会暗示吴昌平离他们尽量远一点,可他只憨厚地笑了笑,温和地提醒居民,说:"麻烦能否把口罩戴上!"他还教居民怎么正确戴口罩。吴昌平耐心细致的态度让唐副书记投来赞许的目光!

几栋楼下来,早已是汗流浃背,面对埋怨指责的居民,吴昌平和唐副书记不厌其烦地解释;对于长期没出门的居民,两人还安抚情绪,缓解紧张;偶有遇到关心他们的居民，说两句"谢谢"，这便让嗓子冒烟、疲惫不堪的两人又战斗力十足了。吴昌平认为，做好精准排查，无愧党和政府的信任，是这份工作最有价值的地方。

社区工作人员李静是江苏人，说一口标准的普通话，30多岁，个头不高，但走路是社区最快的，总是带小跑，因此她被安排的入户任务最多。社区李凤娟书记认为吴昌平沉默不语却做事麻利，就把他俩安排为一组。

2020年2月16日，气温骤降，风雨交加。上级指示，必须一天之内把没联系上的几百户人家全部逐一排查完成。吴昌平和李静负责石板场片区，该片区居民楼老旧，没有电梯。尽管当天非常冷，但跑下来后，两人的衣服被汗水湿透了。

下午5点多，李静提出让吴昌平早点回家休息，吴昌平先是诧异地看着她，继而摆摆手说："你一个女同志都在坚持，我一个男同志、老党员凭什么退缩！没事，坚持就是胜利！两个人一起排查速度快一些。"两人硬是在半天内在全无电梯的情况下把十几栋楼100多户人家全部排查完成。

排查完后，吴昌平已经非常累了，且不说"抗疫"战斗打响以来他从未休息过一天，他的年龄也比李静大十几岁呢。下班路上，李静开玩笑地说："还没几个能跟上我的节奏，你算一个。"吴昌平笑了笑，什么也没说，哪有人不累，大家都在坚持罢了！

当他的微信朋友圈显示他每天都是2万多步，他的同学朋友都打电话问他，国家要求"宅家"，你怎么这么多步数，他开玩笑说："在为人民服务！"短短的几个字，再次道出了他的初心。

（三）设卡——冷，但是温暖

2月17日，吴昌平被安排到卡点设卡，主要工作就是设卡劝告每户人家尽量每2天出去一次采购生活物资，对进出人员测体温，对外出回家人员登记。

卡点都是在风口处，有时冷得直跺脚，志愿者们只能原地小跑御寒。春寒虽料峭，也总带有些许春的温暖气息。社区有一个居民，人们都叫她胖子妈，她在卡点旁有一间小屋。胖子妈非常热心，经常叫吴昌平到她小屋躲一下，但吴昌平从未进去过，因为他知道，这是他筑造的第二道防线，一定要死死守住这道防线，只有像战士站好自己的岗哨那样，才能护社区百姓平安。

热心肠的胖子妈见吴昌平一直坚守在卡点，便也坚持每日送点热的小吃什么的，这是她表达对志愿者工作的认可和支持的方式，也让吴昌平感到温暖和欣慰。

在设卡的日子里，有一个阿婆，70多岁，吃低保，和一个女儿相依为命，女儿精神不正常，也许阿婆平时没人与她说话，她会经常出现在吴昌平守护的卡点，与吴昌平说说话。

她们母女俩一个月只有 600 多元的低保金,但她每天说得最多的一句话就是"共产党好啊,国家好啊,让我们老百姓吃得饱、穿得暖,希望共产党万岁,这疫情什么时候完哦?"

她的女儿有天疯疯癫癫跑出来,又哭又笑又闹,却总是不停地重复一句话"祝大家都平安、幸福、健康!"阿婆女儿疯癫的样子,却说出满满的祝福,如此强烈的反差,让吴昌平内心产生极大的震荡! 或许,这就是家国同心、同胞连根吧!

无论是胖子妈,还是老阿婆,甚至是疯女儿,她们都是最平凡的中国人,都是用最质朴淳厚的情感,滋养我们的民族、我们的国家。不,她们不是平凡的人,她们也是战士,是和我们的志愿者一起奋战在抗疫后方的勇士! 没人规定只有盛年才可报国,没人规定只有前线才是战场! 和这样一群有情有义的"社区战士"在一起,吴昌平的心中变得更加敞亮,更加自豪!

(四)加油——继续努力

2 月 14 日,中共大渡口区委常委、宣传部部长郭诏彬专门来看望防疫一线的志愿者队伍。社区李书记特别介绍吴昌平说:"吴老师是学校的一名党员教师,不但学校有防疫工作要做,还主动来参加社区防疫工作,精神可嘉。"郭部长欣慰地说:"关键时期不能和你握手,但我向教师表示敬意,有很多教师在网上辅导学生,都在用不同方式抗疫,教师队伍了不起! 继续努力,加油!"吴昌平倍感自豪,他知道他的言行不仅代表他个人,更代表了教师群体,为群体争光,真的让人有加不完的油。

2 月 29 日,周末,吴昌平仍然战斗在社区志愿者的岗位上。"我是男人嘛,又是共产党员,多做点,多累点,扛得住,应该的",吴昌平说。他表示,自己并没有做出什么成绩,只是利用教师的假期时间,让自己不闲着,做一点力所能及的工作。

"吴老师很不错,他有学校的管理经验,帮社区出了不少好主意,为社区疫情防控管理出了很多力。"社区李凤娟书记说。吴昌平参加社区志愿者服务以来,一共排查走访居民 600 多户次,协助社区完成工作和解决困难 20 多件,得到社区同志和居民的高度认可。

(九十四中　侯巧玲　冯勇　熊鑫)

### 四、身处武汉疫区,践行党员初心和使命

"谢老师,好久没看到你了,你在武汉还好吗?""谢老师,新型冠状病毒让我们都不敢出门了,我们感到好害怕呀!""谢谢孩子们的关心,我在武汉,我很

好。""只要做好防护,谢老师在武汉都不怕,你们更不要怕!"

2 月 10 日是重庆市各中小学"停课不停学"活动开展的第一天,上午 10 点,身处武汉农村老家的谢云刚坐在一张简易的书桌旁,用身边仅有的一部智能手机和重庆市大渡口小学四年级三班的孩子们空中连线,给班上的孩子介绍武汉的抗疫情况,增强孩子们战胜病毒的信心。

谢云刚是重庆市大渡口小学的一名党员教师,参加工作五年来,他在教师岗位上兢兢业业、勤勤恳恳,在做好四年级数学课教学的同时,还主动热情地做好学校的出纳工作,从未出现过任何差错。在今年新型冠状病毒感染的肺炎疫情防控的严峻时期,他身处武汉疫区,在精心照料村里的孤寡老人、安抚家人的同时,克服重重困难,积极连线重庆,连线学校,连线学生,为抗击疫情尽了一个共产党员的义务。

(一)"武汉生病了!"

今年 1 月中旬,武汉爆发了新型冠状病毒感染的肺炎疫情,谢云刚位于武汉农村老家的哥哥和叔叔作为基层公务员,一直奋战在抗疫一线,没有时间照顾家里的老人和孩子。他主动打电话说,你们放心抗疫,我放寒假后就回武汉来照顾老人和孩子。1 月 21 日,武汉的疫情越来越严重,同事得知他要回武汉后,都劝他别回去了,但他坚持按照原定计划带着妻子和三岁的儿子从重庆回到武汉。1 月 23 日,武汉全市封城,哥哥和叔叔忙于抗疫,一直没有回家。为了给抗击疫情贡献力量,他毅然坚守在武汉,照顾家里的老人和孩子,让抗疫一线的哥哥和叔叔安心工作,没有后顾之忧。在电话里,他多次对哥哥和叔叔说:"你们放心抗疫,家里我来照顾。我也是党员,国家有难,我该出份力!"

图 7—4　身在武汉的大渡口小学谢云刚老师用手机给孩子们上网课

由于长时间待在家里,大家心里都憋得慌,想出门活动活动。为了劝身边的家人做好防护,谢云刚让三岁的儿子戴着口罩给爷爷奶奶说:"爷爷奶奶不要出门,外面有病毒。出门要戴口罩,回家要洗手。"老人家最听孙子的话了,听到孩子的劝说后,都安心地待在家里,哪里也不去了。

谢云刚农村老家的邻居中,有一位70多岁的老人。老人膝下无子,是村里的五保户。因为基本生活可以自理,暂时没有住进福利院,独自一人在家生活。1月23日武汉封城那天,谢云刚看见老人提着一个袋子步履蹒跚地要往外走,他立即走上前去,告诉老人现在外面危险,不要出门。当得知老人是要出门买降压药后,他随即要求老人在家里待着,自己戴上口罩跑到街上药店给老人买药,顺便还为老人买了一些菜回来。从那天起,他就经常去老人家里做些家务事。天晴的时候帮老人晒晒被子,老人家里的菜吃完了就上门去送些蔬菜。由于担心老人一个人在家无聊,怕他在村里到处闲逛,谢云刚就常常来到老人家里,陪他聊天,给他讲当前疫情的严峻性,劝说老人在家看电视,听戏曲广播,千万不要出门。

图7-5　谢云刚老师儿子的涂鸦——武汉生病了

为了做好家人的心理疏导,他一边安抚家人,一边给孩子讲"武汉生病了",让孩子不要恐慌,要增强战胜病毒的信心。在他的悉心指导下,孩子用稚嫩的小手画了一幅画。画上,一只身穿红背心的小老鼠在鞭炮声中给人们拜年,送祝福。画的右上角还写了一句话:"春节到了! 今年的春节和往年不一样,爸爸妈妈说,武汉生病了!"

（二）"武汉加油！湖北加油！！中国加油！！！"

1月下旬，武汉乃至全国的疫情越来越严重，包括重庆在内的全国多个省市纷纷启动了重大突发公共卫生事件一级响应。根据上级的要求，学校制定了全校师生疫情排查日报告制度。在教师微信群里，每位老师都要用接龙的方式汇报自己这一天的健康情况和是否有外出探亲、旅游的经历，以及是否接触过湖北尤其是武汉回来的亲友。当知道谢云刚的情况后，老师们都很关心身处武汉的他，不知他现在的情况怎么样？谢云刚则利用日报告的机会连线重庆，连线学校，给老师们介绍武汉的情况，为大家打气、辟谣，积极开展防疫宣传。

1月27日，在第一天的疫情排查中，他在教师微信群里发了这样一条信息："21号回武汉，自己和家人无新型冠状病毒的任何症状，目前还在武汉。武汉加油！湖北加油！！中国加油！！！"

2月8日，正是今年的元宵佳节。由于疫情当前，暗淡了节日的喧闹，赏花灯、闹元宵的热闹场面无处可寻。在这个特殊的元宵节里，他利用报告疫情的机会祝福并提醒大家："我在武汉，无不适。今天是正月十五，亲们记住：一定不要出门，否则病毒会笑话我们躲得了初一躲不过十五。祝大家元宵节快乐！"

2月9日，元宵节的第二天，他在群里为大家打气："昨天是元宵节，本是我们这个大家庭最热闹的一天。封城至今，哥哥和叔叔在抗疫一线，一直没有回家。武汉的疫情是很严重，但并没那么恐怖，至少在我身边是这样的。网络上信息太多，谣言也多，偏见也多，以致我都不想看手机了，但不得不看。我至今都不敢在儿子的班级群说儿子在武汉（我只敢私发给老师）。感谢各位领导同事的关心，我在武汉，我很好，我会保护好自己和家人，只为还在一线的亲人，希望大家都做好防护，期待早日战胜疫情！"

2月11日，武汉乃至全国的疫情依然严峻，他在微信群里提醒老师们："我在武汉，我很好，暂时隔离不了！前两天上级要求各乡镇街道建立隔离点，我们街道一家宾馆被征用了，一线的叔叔、哥哥特地提醒我们不要出门了，现在农村形势严峻，我第一次觉得有点害怕了，病毒离我们太近了！过几天天气好转，大家千万不要出门！不要出门！不要出门！""大家一定要劝说家里的老人不要出门，出门采购生活物资一定要戴口罩！戴口罩！戴口罩！"

（三）"谢老师在武汉都不怕，你们更不要怕！"

因为疫情严峻，学校原定2月10日的开学时间延期了。为了不影响自己班级孩子的学习，谢云刚在武汉老家全力准备"停课不停学"工作。在班级群中，他积极宣传学校"停课不停学"的工作安排，消除家长们的顾虑。

为了提高网络授课的质量，他用心备好每一节线上课程，查找资料、设计环节、录制视频，争取达到最好的效果。由于走得匆忙，他们夫妻俩回武汉时都没有带笔记本电脑,老家也没有电脑,怎么备课、制作课件成了一大难题。但他不放弃,克服重重困难,利用手中仅有的智能手机上网查询备课资料。他还常常和同年级的数学老师刘琴在网络上研讨,共同完成在线课程的录制。当学校打电话问他有什么困难时,他总是说:"我在这边没什么困难,一切都好,感谢学校的关心。"

"疫情原因多日不出门,米都吃完了,好不容易去扛了些回来,让你们帮我估下一袋大概多少粒? 数学不仅仅是做题,它来自生活,更用于生活。明天又来什么节目呢? 可以留言建议,采纳有奖! 口罩一枚。"2 月 11 日,"停课不停学"活动开展的第二天,他在微信朋友圈里给孩子们留下这样一道作业。他常常用这样的方式,听取孩子们的想法,进而创造性地设计孩子们感兴趣的课堂教学内容。

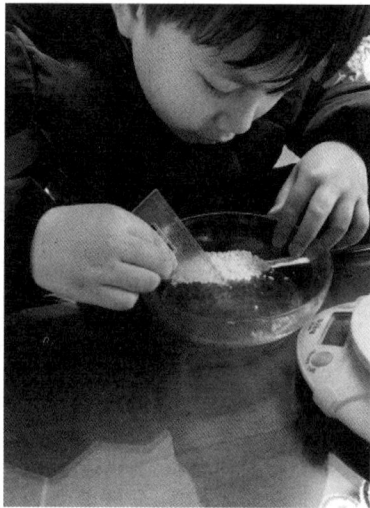

图 7—6　谢云刚老师指导学生估算,10 克大米有多少粒

作业布置下去了,孩子们饶有兴致地行动起来。没过多久,他们就想到办法了。先用电子秤称 10 克大米,然后放进碗里仔细数一数,再用数学方法算一算,答案很快就出来了。一位同学在作业本上这样写道:经过测量和数数,我发现 1 两等于 980 粒,10 两等于 1 斤,980 乘以 10 等于 9 800 粒,相当于 1 斤大米有 9 800 粒,而 10 公斤等于 20 斤,20 乘以 9 800 等于 196 000 粒,所以我认为 1 袋 10 公斤的大米大约有 196 000 粒。在一个同学的作业上,他用红笔批注:"没有电子秤怎么办? 那就分一分。"

一场疫情暂时困扰了人们,但也激发了人们无限的创造力。在这种生动有趣的数学实践活动中，孩子们既动手又动脑，不但学到了知识，还增长了能力。他说，在疫情严峻的非常时期，孩子们期待的是老师的关心和爱护，"停课不停学"不是要上新课，而是要用心呵护孩子们，促进他们健康成长。

虽然身处武汉，但他的心里一直牵挂着班上孩子们的健康和安危。电话、短信、网络，他通过多种渠道与孩子们连线，提醒孩子们在家养成良好的作息习惯，做好防护，告诉孩子们不要怕，要有战胜疫情的信心。在班级群里，他对孩子们说："只要做好防护，谢老师在武汉都不怕，你们更不要怕！"

2月12日，他在微信朋友圈里给孩子们留言："在你的一生中，学会一项小技能绝对比学会做一道数学题有用得多！知识的教育固然重要，但在目前这个特殊时期，我觉得生命教育、劳动教育、感恩教育、爱国教育更重要，何必还去纠结哪道题不会？劝说大家不要出门就是抗击疫情！"

"疫情无情人有情，心中有爱气自华！"身处武汉疫区的谢云刚就是这样一位心中有爱的老师！在疫情严峻的非常时期，他用自己坚定的信仰，用自己对学生的爱心和对教育事业的责任心，筑起了家校之间温馨的桥梁，践行了一位共产党员的初心和使命。

（大渡口小学　赵欣）

### 五、党旗在飘扬，三十七中的战役故事

#### （一）为师生筑起心理抗"疫"之墙

新型冠状病毒把我们每个人困在了家里，疫情的状况让人紧张；疫情的传播让人恐慌；疫情的难控让人安全感顿失……原本活泼好动的学生闷在家里怎么样呢？网课持续一段时间后家长和学生有什么看法？老师因担心考试成绩下滑焦虑感强不强？林林总总的心理问题在疫情期间集中爆发了。拥有健康的心态对我们战胜疫情至关重要。学校十分关心师生的心理健康问题，及时制定了《重庆市第三十七中学关于延迟开学期间的心理健康教育工作方案》，旨在提高广大师生在这一特殊时期的自我心理调节水平和自我心理应对能力。这一刻，作为学校专职心理教师，共产党员金泽勤主动担起了为师生筑起心理抗"疫"之墙的重任。

金老师在疫情爆发后首先开通了针对全校师生的疫情防控心理热线，开设了网络心理辅导专用QQ和邮箱，每天在线咨询、辅导。到目前为止，共有上百人进行了电话或线上咨询。同时，金老师还把自己收集到的真实可靠的免费心理热线资源推送给师生、家长，以便大家能有更多的渠道获得心理支持。

在对个体进行心理辅导的过程中，金老师先后进行了"青少年如何看待父母的疫情防控呢？"和"在疫情期间，你觉得你与家人的关系变得如何？"两次网

上问卷调查,分别吸引了包括家长、学生在内的3 000多人参加,获得了宝贵的一手材料,为更好的、有针对性的心理辅导打下了坚实的基础。在这个过程中,金老师还充分发挥各班心理委员的作用,及时发现心理状况比较严重的学生并主动给予心理支持。

一位高三学生在咨询中这样问道:"最近老是睡不好,一想到马上要高考了,总担心考不好,特别有内疚感,我该怎么办?"这样的学生状况在疫情期间还不是少数,金老师从"态度科学化""反应正常化""调适运用化""信念坚定化""行动当下化""求助及时化"六个方面对学生进行了心理疏导,解决了学生的心理困扰。

"正是因为疫情,让我懂得生命的无常,学会致力于当下;正是因为疫情,让我懂得关爱自己,学会停下脚步,把注意力放到自身,做自己平时想做却又没有时间做的事。""因为疫情,让我懂得敬畏,不随心所欲,肆意妄为;因为疫情,使我懂得什么是遵守与尊重,遵守大自然规律,尊重自然法则,维护生态平衡;因为疫情,让我懂得反思,什么才是我真正想要过的生活。""这个春节,不是疫情选择我,而是我选择与新型冠状病毒疫情保持一定距离的短暂同行"。这是一些学生在金老师微信公众号"青少年健心之路"的留言。"现在我能以更平和的心态与孩子进行交流沟通了,"这是一位家长的留言。通过这些留言,我们看见烦躁、恐慌、焦虑的情绪正在远去,学生们开始有了生命及其他方面的思考与感悟。疫情期间,金老师坚持利用学校的微信公众平台和她的微信公众号向师生、家长推送有关心理疏导的文章,进行空中团体辅导,起到了良好的效果。

疫情还在持续,及时而有效的心理辅导是金老师在沉闷压抑的疫情期间为我们送来的缕缕清风,我们坚信"当寒风遇见暖阳,所有的美好终将如约而至"。

(二)我为村民站好岗

天下着小雨,天空显得更阴暗了。杨永寿站起身来对身旁的人说:"今天有点冷,我到附近走走。"他搓着手,在乡间小道上慢慢地走着。此时的乡村弥漫着一片宁静安详的气氛,村口设置的防控检查点那把大雨伞在碧绿的菜地映衬下格外显眼。

杨永寿是重庆市三十七中第六支部的一名党员教师,他的老家在忠县东子村。放寒假了,他回老家看望年迈的父母,准备过一个愉快舒适的春节。就在这时,新型冠状肺炎病毒侵袭而来,村里响应政府号召,在村口设置了防控点,加强对进出人员的管控和排查。村里的年轻人大多在外打工,留下的多是老人和小孩,人手极端缺乏。杨永寿得知情况后,主动找到村民小组长说:"我是一名共产党员,家乡养育了我,我要为村里出把力。"就这样,他在这里当上了疫情防控志愿者。

村里的防控条件很艰苦，防控点就是由塑料布搭成的一个简易的篷，外面摆一张桌子，撑了一把雨伞，吃的是家里送来的，寒冷的冬天里不一会儿就凉了。杨永寿就在这样的条件下和其他同志坚守在村里的路口，每天阻止村民或闲游人员进出本村，对外来人员不厌其烦地进行劝返；登记从外地返乡人员的信息，测量体温，询问有无感冒、咳嗽、发热等症状；提醒大家不要集聚和走亲访友；特别告知从湖北方向回来的一定要居家隔离，保持电话畅通。

村里有位留守的老人独自一人在家，村里设置检查站后，平时需要的一些日常用品或药品购买非常不方便，本来打算回乡过年的儿女又因为疫情防控导致的交通中断而不能回来。杨永寿老师知道这个情况后，主动担起了定期帮老人免费买菜买药送上门的事。同时把老人家里的情况告诉在外地的儿女，让他们放心。

杨永寿还利用自己是教师、在村里威望比较高的身份积极在村里进行疫情防控的宣传工作。他教村民们如何正确佩戴口罩、洗手，入户发放疫情防控宣传资料，把防疫小知识编成顺口溜在村里广播播出。

寒风再凛冽，春天总会来。其实像杨永寿同志这样在平凡的防疫岗位上默默奉献的党员还有很多，他们对工作认真负责的态度诠释着自己的职责和担当，点滴小事，却彰显着一名共产党员的初心和使命。

本该是准备新学期开学工作的忙碌时刻，但是新型冠状病毒肺炎疫情改变了一切。春暖花开日，多了一丝阴霾。如果说生命中总有一段时光充满不安，那么除了勇敢面对，我们别无选择。这段难忘的时光里，伴随的是无言的爱。

（三十七中　彭海涛）

# 第三节　家校相连，守望相助

2月9日，41架飞机，载着6 000名医护精英，从祖国的四面八方飞向武汉，陆续落在武汉天河机场。中国最精锐的医院——北协和、南湘雅、东齐鲁、西华西，四大医院汇聚武汉！我们，教育人，后方守土有责。每一个问候，每一个商讨，每一封信，每一个课程，每一点物资的筹措……都是我们的集结，我们的投名状！家校相连，守望相助！

## 一、育才小学抗击新冠疫情纪实

教育是智者的事业，智者善教；善改是勇者的行为，勇者乐改。

2020年春节一场突来的新冠疫情，打破了全国人民欢乐祥和、热闹过春节的场景，新冠病毒来势汹汹，为了战胜病毒，全国人民投入这场没有硝烟的阻击战中。快乐的寒假学生被迫宅在家里,本该开学的日子迟迟不能返校上课……面对疫情,我们如何保障学生安全?孩子们最需要什么?育才人本着守土有责、守土担责、守土尽责的使命和担当,我们开始在思索中领着师生风雨前行,在前行中获得满满收获,在满满收获中感悟前行的力量。

(一)一份适用的《假期生活指导》

"橘生淮南则为橘,生于淮北则为枳。"学校在得到教委将延期开学的通知后,第一时间想到如何根据学校办学理念,科学合理地规划孩子们延迟开学的假期生活,保障他们的身心健康,同时避免在电视手机睡懒觉中打发日子。在我校班子成员你来我往的网上交流中,我们秉承并强化了三个意识:

(1)教育具有时代性,假期生活指导一定要符合当下实情。新冠肺炎是一种新疫情,小学生如何预防和防范,待在家里的我们该怎么做,如果出现了恐慌和焦虑怎么办……我们应该充分利用学校教育的优势,从人的内心需求去寻求假期生活指导的因子。

(2)危难需要智者,假期生活指导一定要体现责任担当。我们不是钟南山那样的院士,也不是一线的白衣天使、社区工作人员,也不能充当志愿者,那我们能为国,为家,为父母和身边的人做点什么?疫情的背后给了我们什么思索?未来的日子我们该怎样前行?

(3)学习不能止步,努力才能使自己更优秀。延期不延学,每天安排好学习任务,完成假期作业,按时作息,指导孩子们过充实有意义的生活。

带着以上三点认识,我校开始重新丈量"星空"与"大地"间的距离,体味理想与现实间的温差,认真做好假期生活指导,然后传递到每位学生家长手里。

有一份适用的假期生活指导,如何让这份指导落地,考量着管理者和教育人的智慧。我们通过微信群、公众号给家长宣传家本课程对培养孩子核心素养的重要性,让亲子活动能被重视起来。同时,我们要求班主任一方面引导每位学生制定个人作息时间表,包括时间段,完成任务,家长评价,开学后上交班级获取奖励;另一方面每日完成内容在班级圈里展示,家长和同学都来赞一赞,集体和同伴的认同增强了孩子的自信,给了他们每天坚持下去的动力。有家长说:"拿到这份假期生活指导,我们更明确了要做什么,看到娃儿主动劳动,主动跟我们一起谈论时政,听取我们的看法和观点,亲子关系更加融洽,我们非常开心。"

表 7-1　　　　　　　　　　育才小学假期生活指导

| 预防篇 | 生活篇 | 学习篇 |
| --- | --- | --- |
| 每天及时了解疫情防控形势和新闻 | 正确使用清洁用具、扫地、洗碗、整理个人物品、整理个人房间、制作简单饭菜、学会垃圾分类 | 合理安排学习任务,制订有效学习计划,按时完成假期作业 |
| 学习正确佩戴口罩方法和洗手流程 | 适当使用电子产品,不受网络诱惑,注意科学用眼,观看适合少年儿童观看的优秀节目和影片 | 每天按时起床按时休息,建议每天早上起床时间 7:30,晚上 21:30 以前休息,保证每天睡眠时间不少于 10 小时。控制观看电子产品的时间,原则上不超过 40~60 分钟,继续观看中间要有 10~20 分钟的休息时间 |
| 正确认识新型冠状病毒,做好心理防护 | 合理膳食,增加各类营养,适当锻炼身体 | 养成阅读习惯,首先完成班级布置的阅读任务。在此基础上,根据兴趣爱好,补充课外阅读,让阅读成为生活中的一部分 |
| 学校开通了心理健康教师艳艳姐姐热线电话,为学生疏导心理压力 | 注意个人卫生,餐前便后洗手,勤换衣物,勤剪指甲等 | 积极参加"隔离不隔爱 亲情中国年"主题教育实践活动。用照片、小视频、绘画、书法、随笔等形式记录下防控疫情的践行,并传到学校邮箱 |

(二)一份温暖的师生抗疫美篇

《尚书·周书》有"功崇惟志,业广惟勤"的警句。面对新情况、新问题,不仅需要拿出切中肯綮的育人新思路,更需要一种筚路蓝缕的真实践。我校全体师生在抗击新冠疫情的实践中思索,在思索着寻找突破口、寻找新路径,短短 20多天的时间里涌现出很多感人的事迹,学校把这些感人的事迹做成美篇,通过学校公众号、班级 QQ 群、教师朋友圈进行推送和转载,师生间传递出团结就是力量,走在一起就温暖,我们都在努力,春暖花开的日子不会太远……满满的正能量,育人于心,育人无痕。

美篇一:孩子,不要怕,老师会陪着你!

我校的杨成媛老师,在得知班上当医生的家长因工作关系接触了武汉来渝人员,担心家长隔离期间孩子无人陪伴,于是在班上开展了"杨老师陪你过寒假"的活动。每天定时更新,定时分享亲子活动、游戏、经典篇目赏析、成语积累、文学常识积累、现代文阅读、习作片段讲评等。与孩子们一起观看纪录片,分享生活点滴,及时了解孩子们的担心忧虑。

美篇二:感谢您的守护,愿小小的我,也能给您温暖的力量!

育才小学双山校区的朱浠语同学,拿出自己的压岁钱让妈妈在网上买了护目镜、口罩等医用物资。2月2日,拿出10个N90带阀口罩、7个3M带阀口罩和14个一次性医用级口罩(合计31个)捐给了大渡口区疫情防控工作小组。2月5日,把5个护目镜、7个3M和N90带阀口罩及50个一次性医用口罩捐给了融城社区工作人员及社区片警邓翔叔叔。朱浠语同学说:"我知道我能做的并不多,不过我相信,只要我们中国人每人出一分力、尽一份心,我的祖国必定会战胜重重困难,天下将否极泰来。"

美篇三:爱在一起是力量

育才园的所有同学都在为抗击疫情尽一份心,出一分力,双山校区四年级3班郭雨桐、建设村校区二年级3班姚泓辰等同学绘制手抄报,用小手书写"武汉加油!中国加油!";建设村校区二年级7班张梓芯同学、建设村校区一年级6班李杭骏同学用绘画向亲友宣传"戴口罩、少出门、勤洗手、常通风";还有的孩子挥毫泼墨,书写了自己对疫区人民的关心和鼓励。这个元宵节,育才园的孩子们小小的行动汇聚成大大的力量,如每天经典篇目诵读、跳绳五分钟、练习室内操、室内跑步等,孩子们积极参与,学习知识,增强体魄……等长大后我就成了你。

这样的美篇推送,我们还在继续……

(三)一份沉甸甸的防疫物资清单

每个清晨醒来,看见每一缕阳光都是一个微笑;看见每一个雨滴都是一份快乐;这是生命的颤动,是一种相通,是一种和谐,是一种力量的赋予,是一种能量的传递。在同舟共济,共同抗击新冠疫情的日子里,我们看见每一个统计数据的下降都给我们带来欣喜,听到武汉、湖北传来的每一个好消息都令我们无比振奋,我们知道师生在校园的相见已经不会太远。"疫战在前,粮草先行",师生回校以后,防控物资的准备和师生的科学管理就成为当务之急。负责后勤的代主任说:"现在防控物资非常紧张,比如口罩、测温枪、防护服等物资,常常是今天联系好,过两天就通知来不了了。"这很难,但我们必须要做!学校后勤团队正通过多渠道加紧联系物资,目前已配备测温枪50把、医用外科口罩5 000个、乳胶手套50双、紫外线灯20个、防护服6套、护目镜6个、一次性鞋套100双、一次性帽子100个、75%乙醇消毒液100斤、84消毒液200斤,第二批物资已经在采购中。

"为者长成,行者常至。"面对这场没有硝烟的新冠疫情战争,育才的每个人都怀揣一份责任,一份坚守,胜利还没有到来,但我们不能停止前行的脚步。我们坚信,只要大家齐心协力、风雨同舟、牵手前行,病魔必除,我们必胜。让我们共同期待重返校园,邂逅那道靓丽的教育风景吧!

(育才小学　杨梅　刘铤钏)

## 二、钢花小学"停课不停学"的那人那事

二月,校园草木馨香;清晨,师生微笑互道早安;课间,孩子们欢快的身影随处可见……然而,2020 年的春天,校园里却出奇寂静……因为老师和孩子们都加入了抗击新型冠状病毒的"战斗"中。不出门,少出门,一切行动听指挥,就是最好的防疫方法! 就是对国家最大的贡献!

"孩子的学习怎么办?"钢花小学全体教师积极响应教育部提出的"停课不停学""延期不延学"的号召,根据市区教委的工作指导精神,以爱为魂,用心坚守,为家长朋友们排忧解难。

(一)用"心"建课堂

1. 管理篇之躬身先行谋全局,反复斟酌拟方案

"凡事预则立,不预则废。"行政人员开始着力拟定《钢花小学防止疫情工作方案》《钢花小学延期开学期间学习指导方案》。

**片段一(电话记录)**

吴世海:唐校长,今天下午我参加了重庆市抗击疫情电视电话会,会议精神是……您在外地,我和钟校长商议,明天下午我们牵头召开学校年级组长以上人员工作部署会,您觉得如何?

唐海燕:非常好! 感谢你们鼎力支持! 我现在已在赶回来的路上,大约需要 10 个小时车程,为不耽误工作,请你和钟校长代表学校从疫情防控举措、停课不停学办法两个方面详细布置。我把要强调的问题形成文档,在 QQ 上发给你,请代我在会上转达……

**片段二(电话记录)**

程静:钟校长,您看方案中时间安排合理吗? 喂,喂,怎么听不到您说话?"

一阵杂音过后

钟君:能听到了吗? 刚才地方信号不好,我另找了一个地方,你说的时间安排呀……

在主抓防疫工作的同时,学校行政人员将"停课不停学"工作作为重中之重来抓,不管身处何时何地都会及时全身心投入这项工作中。

**片段三(QQ 记录)**

唐海燕:时间安排我感觉写成 7 点偏早了。可不可以写成 9 点钟以前,这样给学生、家长可自由支配的时间多一些? ……表格中的"家长"改成"整理内务"或"内务"……

钟君:把"在老师组织下学习"改成"在老师指导(建议)下学习"……在 2 月10 日后加个"起"字……

这样的反复协商讨论、斟酌修改,都是为了让"方案"利于老师落实,易于家长、孩子接受。一稿、二稿、三稿……从课程建构、时间安排,到语言精准都做到一丝不苟。

2. 管理篇之全盘考量思周全,工作开展落实处

为抗击疫情,学校各部门每天都在办公群里有序开展工作,如何让每一位老师知晓每一项工作呢?唐海燕校长在行政工作群提醒大家将工作按轻重缓急进行时段划分,不要扎堆发信息,避免信息覆盖,力求工作扎实有序。

"方案"与老师见面那天,一早,在校值班的唐校长就给教导主任程静打来电话提醒:"早上德育室发的信息多,中午有的老师可能午休,建议下午3点左右发方案。"中午她又在工作群给程静留信息:"我先行推送致家长、孩子的倡议书,为下午推送方案奠定基础。"

钟君副校长当天也电话提醒:"充分发挥三大教研组的作用,组长牵头读透方案,再转到各自 QQ 群,将工作做实、做细、做到位。"

图7—7    钢花小学的老师们用各种方式录制微课

3. 教师篇之紧随其后各就位,出谋划策做准备

经过精雕细琢,"方案"终于与老师见面了。大家积极准备:寻找教学资源、录微课……我校体育团队精心录制的微课"每天锻炼一小时,增强体质抗疫

情",上报给市教科院后将向全市推广。

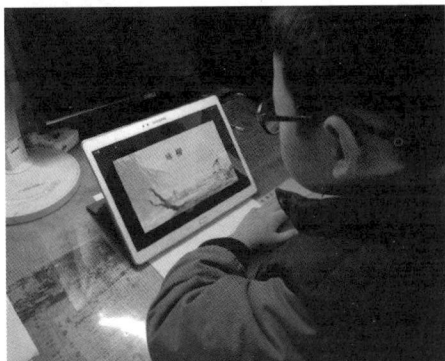

图7—8　钢花小学学生网上学习古诗《咏柳》

　　每天,学校教研工作群都非常热闹,讨论的话题都围绕"停课不停学"。大家有资源共享,有困难同帮。"寻声平台里的班级群怎么建?""怎么评价学生作品呢?"问题一抛出,马上就有老师回复:"可以点模板。""还可以点赞,送小花"……你一言我一语,出谋划策,解决问题。除语数学科之外,科任组的老师们也加入班级群,家长们纷纷表示欢迎。班级大家庭人丁兴旺了,孩子们获得的关爱也更多了!

　　(二)用"爱"做指导

　　2月10日,我校"停课不停学"工作开始启动了。全体教师总动员,指导内容丰富,形式多样,孩子们乐在其中。

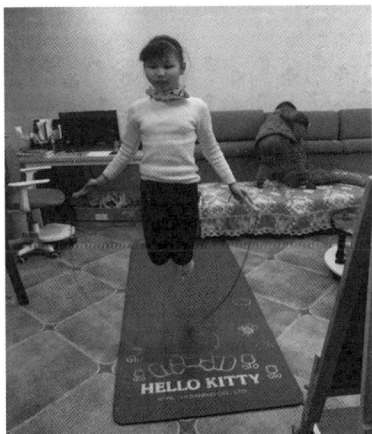

图7—9　钢花小学学生宅家锻炼

图7-10　钢花小学学生创作的绘画作品

　　时间安排科学,既有统一指导的时段,又有自主学习的时段;既有学习娱乐时间,又有亲子互动时间。

　　结合当前防疫工作,发挥学科优势,让学生、家长了解科学知识,做到思想上重视、行动上落实、心理上不畏惧。

　　第一天的指导工作结束了,老师、家长虽然有些手忙脚乱,但看着孩子们认真学习的模样、脸上开心的笑容,觉得累也值了。之后,学校广泛征集师生、家长意见和建议,落实教育部出台的"通知"精神,将"方案"部分内容进行调整,并发送"告家长书",下发学校拟定的"任务安排表"以此督查老师们的学习指导工作。

　　(三)用"情"连你我

　　1. 用情架起"班级"爱之桥

　　"停课不停学"工作,得到家长、孩子的普遍好评。有家长给老师留言:"感谢老师们,我们真的很担心孩子的学习,完全没想到学校会以这样的方式关心孩子。"还有家长写道:"没想到老师们会通过微信、QQ这些网络平台来教孩子们,感谢老师们的用心!"

　　三(4)班的家长们主动帮班主任处理班级杂事,让张莉萍老师非常感动。家长们在群里说:"没事,张老师这段时间太忙了,我们帮帮忙也是应该的,帮一点是一点。"一(4)班有位家长是医生,因为上班不能及时关注信息感到十分抱歉,班主任刘涛老师安慰道:"孩子的学习不用担心,要保护好自己哟! 致敬,时代英雄,您是孩子的榜样!"温暖的话语让家长非常感动。

　　2. 用情架起"干群"爱之桥

　　抗疫期间,学校、班级群里类似的暖心话特别多。其中,有一条很特别:"唐

图7—11　钢花小学学生"花式"宅家生活

校长,新年快乐!这几天你们值班,又遇到疫情,可能不方便去超市买菜。我们班那块地里菜多,收回去吃。纯绿色有机蔬菜哦!"原来,为确保全体教职员工的安全,学校防控领导小组三位校级领导通过电话会议,一致做出"取消老师寒假中到校值班"的决定。从 1 月 31 日起,由三位校级干部轮流到校值班,因为他们说:多一人出门就多一分危险! 这简短的接地气的一句话,饱含了对老师们浓浓的关爱与牵挂! 这就是钢花人"集才凝智　温暖和谐"政风的体现,也是党员领导干部率先垂范高风亮节的真实写照。非常时期,餐饮行业关门,值班期间不能出校门,中午的午餐 3 位领导自带方便面将就一顿。

自身出门冒风险,可三位校长还不忘每天叮嘱老师们注意安全,唐校长在工作群中写道:

"请各位教职员工在家期间尽量不外出,照看好家人,按要求通过多种方式创造性地做好班级、学科的相应教育教学工作,做到人不在校但在岗,履行好岗位职责。让我们齐心协力,共渡难关!"

鼓舞人心的话语,既消除了老师们心里的恐惧,又提醒大家不忘教育者的职责。家住外地的文宇婷,是我校还未正式上岗的新优招教师,学校领导在每天关心在职职工安全时,也不忘记对她的关心。

心之所向,身之所往,爱之所及。虽然病毒无情,但老师、家长、学生之间洋溢着浓浓的关爱之情! 病毒带来的困难,我们齐心去克服;病毒带来的伤害,我们用爱去击败!

(钢花小学　程 静)

### 三、九十五中防疫战报

疫情爆发,病毒肆虐。面对新型冠状病毒肺炎疫情,重庆九十五中认真落实习近平总书记重要指示精神和党中央、国务院的决策部署,按照市区党委、政府和教育主管部门的工作要求,以严格的要求、务实的作风、细致的措施、快速的对策,积极担当作为,切实做好疫情防控各项工作。下面,请随我一起来回顾十天的战斗历程。

1 月 27 日

(1)召开学校新型冠状病毒感染肺炎疫情防控工作会,校党委书记彭英杰及时传达学习市教委新型冠状病毒感染肺炎疫情防控工作视频会议和区教委新型冠状病毒感染肺炎疫情防控工作会议精神,通报疫情,研究布置学校疫情防控工作。

(2)学校成立新型冠状病毒感染肺炎疫情防控领导小组和工作小组,校党委书记彭英杰任防控领导小组组长,副校长唐亮任防控领导小组办公室主任,办公会全体同志、各年级主任、校医任成员,全面领导和具体指导学校防控工作。

(3)多方筹措口罩、酒精、消毒液、红外线体温测量仪等疫情防控物资,设置废弃口罩专用回收容器。

(4)全体班主任开始收集、上报学生返渝情况及健康状况,年级组长、行政后勤组负责人开始关注和上报本年级教师、本组人员健康情况、生活轨迹。

1月28日

(1)转发重庆市大渡口区教育委员会关于印发《大渡口区教育系统新型冠状病毒感染的肺炎疫情防控方案(试行)》的通知(渡教发〔2020〕6号)、《重庆市大渡口区教育委员会关于做好延期开学期间学生学习指导工作的通知》(渡教发〔2020〕7号)。

(2)全体校级干部停止休假,轮流值班、全天候巡查学校,第一时间处理突发情况。

1月29日

(1)制发《重庆第九十五初级(佳兆业)中学校新型冠状病毒感染肺炎疫情防控方案(试行)》。

(2)为门岗配备红外线电子测温仪。

1月30日

(1)组织病媒生物专业公司对校园进行全面消杀。

(2)拟定《重庆第九十五初级(佳兆业)中学校延期开学期间的学生学习指导工作方案》《重庆第九十五初级(佳兆业)中学校"停课不停学""空中课堂"方案》《重庆第九十五初级(佳兆业)中学校停课不停学期间作息时间的建议》。

(3)制发《重庆市第九十五初级(佳兆业)中学校关于加强校园封闭管理的通告》,加强校园封闭管理。

(4)2 500只口罩、7台红外线体温仪等防疫物资到位。

1月31日

(1)学校党委向全体共产党员发出《凝心聚力共克时艰率先垂范抗击疫情》倡议书。

(2)发布《重庆第九十五初级(佳兆业)中学校防控新型冠状病毒肺炎疫情应急预案》《重庆第九十五初级(佳兆业)中学校"生活习惯与生命健康——新型冠状病毒感染肺炎疫情防控"主题教育活动方案》。

(3)发布《重庆第九十五初级(佳兆业)中学校致家长书》《重庆第九十五初级(佳兆业)中学校致全体同学的倡议书》。

(4)学校田心溏心理咨询指导中心开通网络咨询通道,为师生和家长提供面对疫情的心理咨询。

2月1日

（1）关心、统计并上报市外返渝教师，特别是由鄂返渝教师的身体健康状况。

（2）筹备"空中课堂"等相关工作。

（3）落实《大渡口区委宣传部关于积极做好疫情防控社会宣传工作的通知》精神，利用 LED 屏宣传防控知识。

2月2日

（1）调试"空中课堂"教师端。

（2）发布《重庆第九十五初级（佳兆业）中学校致全体党员的一封信》《重庆第九十五初级（佳兆业）中学校致全体学生的一封信》《重庆第九十五初级（佳兆业）中学校致全体家长的一封信》

（3）转发《寒假后返校学生、返岗教师的防护指南》。

2月3日

（1）转发区委教育工委《致全区教育系统全体党员的倡议书》。

（2）发布《恪守育人初心　共担大渡口教育人的责任——致大渡口区全体教职工抗击疫情的倡议书》《致全体同学的倡议书》《致家长朋友的倡议书》。

2月4日

（1）召开学校新型冠状病毒感染肺炎疫情防控工作推进会，传达学习习近平总书记在中共中央政治局常务委员会会议上的重要讲话精神，陈敏尔在市疫情防控工作电视电话会议上的讲话精神，以及市区相关文件会议精神，分析当前疫情形势，布置安排学校近期工作。

（2）转发重庆市教育科学研究院关于印发《重庆市疫情防控延迟开学期间中小学及幼儿园教学指导意见》。

（3）开展"空中直播课堂"教师培训工作。

2月5日

（1）启动重庆市新型冠状病毒日报告零报告管理系统。

（2）学校根据实际情况，结合疫情防控工作，在网上开展爱国主义和理想信念教育。

（3）妥善处理酒精等防控物资安全存放问题。

疫情就是命令，防控就是责任，时间就是生命。在没有硝烟的战场，重庆九十五中将在各级党委、政府领导下，在各级教育主管部门指导下，进一步对标对表，把各项工作落实落细落地，确保"管好一个点（校园）、串好一条线（教职员工）、稳好一个面（学生）"。我们坚信，我们一定能打赢抗击新型冠状病毒感染的肺炎疫情这场硬仗！

（九十五中　刘建业）

#### 四、德育主任的抗疫点滴

德育室,学校日常教育工作运转的枢纽,德育主任就是枢纽中的那根"轴"。

在新冠病毒疫情面前,更是体现了这个"轴心"的作用。每一项排查,每个数据的落实,每个孩子家庭的行踪轨迹……直接关系疫情是控制还是传染。他们明白这份沉甸甸的责任,面对表格,面对数据,面对其他的"班妈妈",耐心、细致,一点儿一点儿核对、排查、解释……选登了两位德育主任的抗疫日常,既是生活,又是工作。他们各安其位,于无声处战斗!

(一)吴艺:我愿做一株小草,点缀春山

2020 年 1 月底,新型冠状病毒肺炎疫情突袭而来。生命重于泰山,疫情就是命令,防控就是责任! 大年初二,我校就紧急成立了防控工作领导小组,召开了第一次疫情防控工作会,拟定了《疫情防控工作方案》,作为小学部德育主任,同时也是一名共产党员的我,立即和我的同事们加入这场没有硝烟的战"疫"。虽我们无法亲临一线,却也竭尽所能地为抗击疫情献出自己的一分力量。

1."鸡毛蒜皮"的日常

每天早上 7 点钟一起床,我就开始了一天的"必修课":查看教委疫情防控群、德育群、学校疫情防控群、班主任群、班级群等上百条信息,并进行必要记录,及时回复。接着,提醒班主任指导学生进行健康接龙,及时掌握学生健康状况。然后反复核对、精准上报各种表:《每日疫情表》《疫情追踪表》《重点人员跟踪管控台账表》《学生健康档案表》……

我校学生人数较多,学生情况较复杂。有的学生在市内,有的学生在市外,有的在返渝途中,还有的甚至在湖北。布置填写《学生健康档案表》的那一夜,既要向班主任们解释填报注意事项,又要仔细核对,虽千头万绪,却不容丝毫差错。因为我深知,如果发生漏报误报,就会产生防疫的漏洞。不能像站在抗疫第一线的医护人员那样拯救病人,但是身处后方的我们一样可以通过细致工作,拉网排查,通过做这些"鸡毛蒜皮"的事为战胜疫情做出贡献。

由于连续工作,没能好好地休息,原本体质差的我头痛复发,匆忙吃了几颗药,又开始继续工作。

"吴老师,有一个孩子还在市外,这项怎么填?"

"确诊这个孩子出院了,怎么填?"

"所住小区有无疑似病例,家长不知道,该怎么办?"

"返渝工具是自驾,车牌要填吗?"

……

面对班主任一连串问题,我不顾疼痛,耐心、细致地回答。处理完所有的事情,我关上电脑,听见屋里老公和儿子早已鼾声如雷,一看时间,已是深夜。

2. 与全校"班妈妈"们连线

随着战"疫"工作的进一步展开,"班妈妈"们的工作越来越细化和烦琐。在一次例行审核时,我发现一名班主任上传的表格有一项内容有问题,立即发信息告知该班主任。两分钟过去了,未见她回复,但这件事必须尽快确认,我只能马上打电话联系她,可电话那头却是忙音,过了十分钟拨打,还是如此。眼看上报时间马上到了,我心急如焚,一遍又一遍地拨打。终于,电话接通了,原来那位班主任也是一直忙着与家长沟通。问题终于解决了。

疫情防控排查工作刚开始的时候,有时一连要登记学生数条信息,对于身在外地、没有办公电脑、身边也没有学生所有信息的"班妈妈"来说,无疑是举步维艰。了解到她们的困难后,我会设身处地为她们着想,为她们出谋划策。为了缓解这样的烦闷和压力,我也会用心编辑一些短信时常发到群里:

春天,属于每一位热爱学生的教育工作者,你们辛苦了!

我和你、心连心,携手抗疫情!

隧道尽头是光亮,我们一起加油!

······

与此同时,我也会收到来至"班妈妈"温暖的回复:"亲,辛苦了!"

"谢谢!""早点儿休息!"······当收到一句句简短而温情的话语时,我们未尝不是在相互打气、支持!

我们连线,我们连心!

3. 那个让人牵挂的孩子

在疫情防控期间,最牵动全校师生心的是本校学子陈同学。陈同学与从武汉回来的亲戚一同居住,不幸被感染了新型冠状病毒。得知他确诊的消息后,我们立即开展摸排工作,因为散学典礼那天,他与班上 46 名学生和三位老师有过密切接触,这让我立刻意识到事态的严重性。为了不让疫情蔓延,在领导的安排部署下,一方面每天与陈同学的班主任谢老师联系,仔细询问每位学生的健康状况,另一方面每天打电话问候与陈同学有过接触的三位老师,关心她们的身体健康。每当听到"我身体很健康,没有外出,居家隔离"时,我才挂断了电话。这样的连线,直到过了 14 天观察隔离期,仍然坚持着。

班主任谢老师也与我通力合作。同样是一名共产党员的谢老师,不顾家人的劝阻,驾驶从朋友那里借来的车,在陈同学确诊的当天就由四川广安匆匆赶回了大渡口。

在陈同学接受治疗的 19 个日日夜夜,谢老师利用微信和电话陪伴关心陈同学:"孩子,今天感觉舒服点了吗?""发烧、咳嗽缓解一点了吗?""感觉身体好些了，在病房里运动运动"……

谢老师关切的问候给陈某带来了战胜病魔的勇气。眼看他就要出院了，第二次核酸检测却仍然呈阳性，谢老师邀请班上的同学、家长在 QQ 群里一起给他加油、鼓劲。陈某收到来自老师、同学、家长的关心，非常感动，更加积极配合医生的治疗。

2 月 13 日，陈某终于治愈出院。得知这个消息的时候，我给谢老师发了微信，只有两个字：值了！

没有一个冬天不可逾越，没有一个春天不会来临！

如今，草木萌发，春山可望。我愿做一株小草，点缀这春山！愿山河无恙，万物向阳！

（钢城实验学校　吴艺）

（二）牟元萍：不一样的初春，不一样的你

新型冠状病毒来势汹汹，病毒无情，心中有爱！即将春暖花开，但我们正过着不一样的初春，看到了不一样的你——牟元萍。

作为一名 33 岁的普通女教师，牟元萍已是两个孩子的母亲。在学校，她总是以最饱满的状态投身工作，大家都说："小牟总是拥有大能量！"她主要负责学校的德育工作，烦冗琐碎，可她每次都能从容处理各项任务。牟元萍还一直承担一个班的语文教学，德育工作的千头万绪丝毫不影响她对语文教学工作的热情，总是想方设法地了解她的学生需要什么，尽最大的努力去帮助他们。牟元萍与学生家长也是打成一片，家长有什么想法总是想和牟老师一起交流沟通。

1. 二孩妈，有大爱

二胎家庭总会让操碎心的妈妈得不到半点空闲！假期生活，本该是牟元萍早起床，把两个小公主打扮得美美的，到小区里、商场里溜达玩耍。可新型冠状病毒肺炎疫情的爆发，打破了这样的美好：每天不定时接到各级的通知，并马上负责落实；早上起床顾不得收拾，便蓬头垢面地坐在电脑前开始一天的各项工作。

2 岁小女儿的啼哭，5 岁大女儿的吵闹，数据的统计来不得半点儿马虎，有时心情烦躁得会冲两个不懂事的孩子大吼："不准哭，好吵！"可马上就后悔了，她的孩子并没有错，她们还小，不知道妈妈整天坐在电脑前干嘛，是可恶的病毒让她们在假期失去了与妈妈玩乐的时间。

她定下心来，心平气和地和这一对小姐妹说："妈妈现在每天在家里工作，是因为新型冠状病毒让咱们出不去，我需要知道学校的哥哥姐姐在家里有没有遭到病毒的攻击，他们是否安全。妈妈要和其他老师一起保护那些哥哥姐姐们。所以，妈妈工作时，不要打扰妈妈，姐姐要负责照顾妹妹！"

图 7—12　陈家坝小学牟元萍老师一边哄自家两个宝贝，一边工作

两个小不点似乎明白了许多，当妈妈工作时总是待在一旁玩耍，偶尔才让她去解决她们之间的纠纷，这样牟元萍已是觉得庆幸。

2.与时间赛跑

早上 8 点钟进入学校班主任工作群，"今日有市外返区的学生吗，请如实上报。"每天早上 10 点半之前，她必须把今日市外返区的学生上报区教委相应工作小组。

早上 9 点钟开始线上语文教学，她总是用有趣的鼓励的语言吸引着学生们的注意力，她布置的语文课任务大多是具有可操作性、家长与孩子能共同完成的亲子任务。

9 点 40 分结束线上语文教学后，没有片刻休息，立马根据班主任的回复，统计今日返区的学生人数，保证在 10 点半前上报，这样才不会耽误上级数据统计，这时谁都不愿拖后腿。

11 点钟，"学生在家是否平安，今日是否有涉鄂人员？"又一项重要的数据，等到班主任们把数据上报完成后，对数据逐一与班主任核实查对，保证数据的准确性，大疫当前，不能有半点儿不实数据。

中午，草草地吃过午餐，再给小女儿喂完饭，马上又坐在电脑桌前。今日又有一名学生出现可疑症状。有一名学生咳嗽、发烧或乏力，这增加了她的工作量，她必须在下午上报"重点人员跟踪管理台账"，上报之前还须落实一系列数据——身份证号、电话、住址，最主要的是可疑症状学生的身体情况及诊疗处置情况，细化到多次体温结果、服药情况及剂量等。

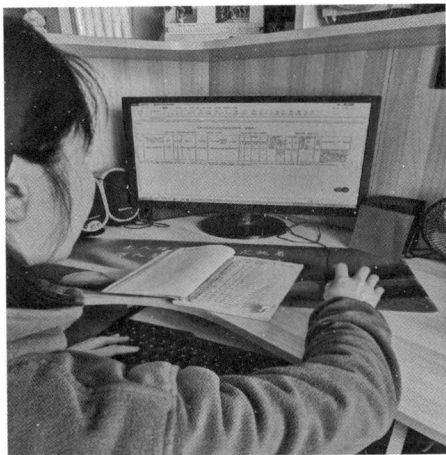

图7—13　牟元萍老师认真接收、统计师生数据

　　有时她心很累，很想停下来休息，陪自己的女儿多玩会儿，可想想还有那么多的孩子需要她来守护，班主任工作还需要她来细化引领。想着责任重大，便打消放弃的念头，又埋头工作起来。

　　下午3点钟左右，她又开始写起了今天的疫情信息报道，学校办学规模不大，疫情期间教师工作条件有限，工作人员紧张，于是她又承担起了每日信息报送的任务："今日排查人数，今日涉鄂人员、重点人员隔离情况，今日教学情况，今日学生、家长反馈情况……"都是每天工作的梳理、反思，真实报道，从没落下一天。

　　现在，她正收集着疫情期间各班同学们为抗击疫情创作的各类作品，不经事的孩子们尚且在繁忙的学习生活中为抗击疫情贡献自己的一分力量，为人师者，又怎甘落后！再一次坚定了她继续奋战的信念。

　　晚上7点钟，她开始了每天的作业批改工作，每一个学生的作业她都认真批阅，并一对一进行订正、指导，让自己的线上语文教学落到实处，不让孩子的线上学习走马观花，她的线上语文教学便成功了一大半。

　　没有一个冬天不可逾越，没有一个春天不会来临。大疫当前，她少有抱怨，默默付出，她说只有把排查工作做细、做实，才能让学生们安全度过这个"特别"的初春！

（陈家坝小学　牟元萍）

**五、见字如面，书信传师心**

　　庚子鼠年，一年一度的春节就在眼前，可人们没来得及享受过年的团圆与美好,冠状病毒就突袭而来。"居家""隔离""开学延期"成为热词,紧张、惶恐、焦虑弥漫。尤其是孩子们,高高的大楼、狭小的房间,抑制了他们活泼好动的天性,不能正常开学,不能与伙伴玩耍,不能嬉戏打闹……

这时候,是谁牵挂着宝贝们? 是他们的"班妈妈"啊! 是他们可亲、可敬的"班妈妈"! 隔离,让朝夕相处的师生不能见面,这份惦记、这份挂念,这份抚慰如何传递? 写信吧,见字如面,书信传师心!

在充满童真的文字中,读到了切切的舐犊之情! 在一条一律的谆谆告诫中,读到了那份牵挂与期盼! 在冷静的条分缕析中,引导孩子思考生命、思考自然……一字一句都是老师的赤子心!

(一)一位一年级"班妈妈"写给班上小朋友的一封信

亲爱的 36 个宝贝:

你们过得还好吗!

从 1 月 17 日那天上午开始,我们就分开了。咱们约好 2 月 9 日见面的,还说好的,谁都不能迟到。今天是 2 月 6 日了,眼看就要到了,可是我们却不能够如期赴约。长玲老师第一次不准时,第一次说到做不到,心里很难过,你们也想我吗?

其实,我和你们一样,都盼望开学,盼望回到我们那可爱的校园,盼望见到你们,盼望抱抱你们……

你们可能从电视上、家人的嘴里都了解到这其中的原因了吧!

是的,是因为有一个恶魔,它毁了我们的开学之约,它砸碎了我们好多的愿望,它阻隔了我们与亲戚朋友的团聚。这个恶魔就是"新型冠状病毒",它非常可恶,现在我们好多的医生、护士,还有医疗科学专家,都在日夜与它作战。为了不让你们受到这个恶魔的伤害,你们的爸爸妈妈必须要让你们待在家里,明白吗? 这个恶魔会在我们不知道的情况下,潜伏在我们身边,它常常会出现在公共场所,比如高铁站、汽车站、超市、酒楼等,太可怕了。所以,我们这段时间都不能去这些地方,只能待在家里,让那些医生叔叔阿姨们全身心地与它战斗。等有一天,他们打败了这个恶魔,我们就可以出去溜达了,明白了吗?

2 月 9 日我们是不能在学校见面了,但是,我们可以在网上见哟! 我们见面的方式有很多哟! 你知道吗? 当你每天 9 点打卡报平安,长玲老师会看到,心里特为你高兴;当你看完微课,学到了知识,准确地提交了作业,长玲老师和黄老师会给你小红花或者"优",那表示我们见过面啦……

所以,希望小朋友们这段时间能够认真地参加网上的课程学习,打卡、看微课、完成学习任务。能够不让爸爸妈妈操心,不让老师担心,能做到吗?

等到恶魔被打败的那天,我们见面的日子就不远了。我希望你们到时候,变得更能干,更懂事了!

祝健康快乐!

爱你们的长玲老师<br>2020.2.6

随着期末约定的 2 月 9 日报到时间的临近,我陆续收到一些孩子的求助信息。让我印象深刻的有两个。一个是叫梦琪的小女孩,趁妈妈和我聊天的机会,她抢过妈妈的手机和我聊起来,给我讲她的压岁钱,讲她的玩具,讲她在老家的生活,给我讲她家里的人等,稚嫩的声音里流露出想见我、想同学们的愿望,我顿时语塞,在她小小的心里根本不明白,也不想去理解。另外一个是叫浚淇的男孩,他奶奶跟我聊微信,发视频给我,说孩子关不住了,想出去玩,没办法,只有打开窗和小伙伴遥遥喊话,我看了之后,一阵心酸,特别是他喊道:"我知道,外面有很多人生病,有病毒,我们不能出去玩,要好好待在家!"于是,在 2 月 6 日的晚上,我辗转反侧,索性起来写这封信,我希望我的 36 个宝贝能够看到这封信,能够明白"停课不停学"的意义,希望他们能够和家人一起做好疫情防控,度过这段艰难的日子,学会成长。由于他们年龄小,于是我就想起自己的儿子小时候怕冷,我就给他说是因为冬爷爷想和你多待一会儿,当时我儿子说:"这冬爷爷怎么这么讨厌,小朋友都不喜欢他,他怎么还不走呀,春阿姨什么时候来?"又想起在很多报道中,医生以打怪兽的借口安慰自己年幼的孩子。想到这些,我就把这个新冠病毒定位为"恶魔",按照他们的思维,完成了这封信。

家长们带自己的宝贝读了这封信,都很感动。现摘录几条分享给大家。

赵红杰母亲:热泪盈眶,多愁善感之人!

敖雅茜母亲:写得太感人了,我家宝贝听了,都哭了,说,想去学校见老师。

周佳母亲:长玲老师写得太感人了,我们都看哭了,写得太好了。

学生王莲:老师,我也想见您。

学生熊春雁:老师辛苦了,我在家乖乖听话。

(互助小学　赵长玲)

(二)写给我三年级 3 班的宝贝们

2 月 5 日接到通知,因为新型冠状病毒的影响,重庆市所有中小学开学时间又延迟了,我心里百感交集:孩子们现在是不是很焦虑? 是不是在家无所事事? 是不是想念学校、想念老师……难以抑制翻滚的思绪,我连夜为孩子们写下了这封信,希望大家都好好的。

亲爱的孩子们:

春风和煦,鸟儿欢唱,相信大家对新学期早已充满了美好的期待。然而新型冠状病毒突如其来的造访,打乱了我们有序的节拍。今天接到通知,开学时间又被延期，我们还要坚守在家，与病毒拼毅力。

这是一场没有硝烟的战争，但它的残酷丝毫不亚于血淋淋的战场。一批批的勇士正在前线冲锋陷阵，我们还有什么理由不配合？所以，我希望亲爱的孩子们能保证自己健康安全的同时也能领悟到：

一场灾难，一次成长

人类自诩是万物之灵、自然界最高级的动物，而面对只能用电子显微镜才能观察到的新型冠状病毒时却谈之色变。它让中国甚至全世界恐惧。我们庆幸身边有舍己为人的白衣天使，有艰苦奋斗的解放军战士，还有不辞辛劳立足岗位的每一位平凡的工作者，他们为打赢这场战争在默默付出。而我们又该做些什么呢？不要因为外面春光明媚就出门晒太阳，不要因为耐不住寂寞就出门逛，不要因为亲人朋友邀约就串门聚餐，更不要怀着侥幸之心出门透气……若无必要，一定足不出户，即使出门必须戴好口罩，不给病毒可乘之机。家中的老人和体弱的人更需要你们时时提醒：全民参与、严防死守。你们用七步洗手法来认真洗手了吗？你们记得每天至少 3 次开窗通风了吗？你们督促爸爸妈妈要常常给家里消毒了吗？希望你们个个都是称职的防疫小卫士。只要我们众志成城，这场灾难很快就会过去。你们虽然没有经历过 17 年前"非典"的洗礼，但这次抗击新型冠状病毒一定能让你们刻骨铭心。

健康是 1，其余是 0

以前让你们写下最想实现的三个心愿，你们的答案五花八门，位列前三甲的是：当学霸、很有钱、要开心。大家似乎很少想到有健康。尽管老师经常告诉大家健康是 1，其余是 0，可是当你们拥有时都不知道它的珍贵，只有当你将要失去时才明白它的不可或缺。这次就让大家有了真切的体会——生命如此脆弱，健康如此重要。最近大家都在关注新型冠状病毒的新闻，一定会发现病毒对免疫力低的人更容易下手，年轻力壮的病患通过医治加上自身的免疫力更容易恢复。所以，老师一直提醒你们要锻炼身体，即使不能和大家在校园里蹦蹦跳跳，在家也请记得跳起我们活力四射的啦啦操、拉丁操、校园舞；看完书籍、电子产品记得定时做眼保健操和护眼操；增强体质还要完成每天的体育作业打卡哟！待到病毒消灭时，我们一起在校园里笑。

弯道超车，机不可失

由于疫情的影响，全国各省市都做出了有效的应对政策。其中延长假期，就是最有效的一项。在这个史无前例的超长假期里，难道我们宅在家里只能是吃了睡，睡完吃，玩完电脑，玩手机吗？其实利用这段时光，审视自己的优势和短板，将优势发挥到极致，将短板尽可能补齐，才是不负韶华。你或许已经读过网上流传的牛顿在发生大瘟疫时坚持学习研究的故事了吧！公元 1665 年，伦敦发生的那场大瘟疫,并没有让牛顿意志消沉,他反而利用这段时间思考出了他今后大多数成果。老师不是要你们都成为牛顿,但我们都可以让自己变得更好。利用别人无聊、恐慌的时间去充实自己:观看一些优秀影片,跟家人一起聊聊你的观后感,学习主人公优秀的意志品质;掌握一点劳动技能,做点力所能及的事,体会父母长辈操持家务的辛劳;读读有益的书籍,开阔自己的眼界,武装自己的头脑;欣赏几幅画作、聆听几段音乐,陶冶自己的情操,净化自己的心灵;训练自己的体育弱项,提高自己的身体素质,争取不让体育拖后腿……这段难得的特殊岁月,老师相信你定能把握时机,实现弯道超车。

孩子们,无论我在或不在你们身边,请保护好自己。雨过天晴,繁花似锦,我们还要挽臂同游家乡的山山水水。

牵挂你们的刘老师<br>2020.2.6 晚

图 7—14　双山实验小学刘鹏老师在给孩子们写信

我将信发到班级群里,一石激起千层浪,家长和孩子们纷纷回复,除了对老师的感谢,更多的是坚定不移的承诺:在防疫时期会先做好自己乖乖在家,不给国家添乱。他们也会好好按照老师的安排坚持锻炼、学习和开展有益身心的活动。

查芷妍妈妈:给查芷妍读了刘老师您的信,孩子说一定自觉遵守,不出门、勤洗手、戴口罩、勤锻炼、多读书,不浪费这个特殊假期的每一寸光阴。感谢刘老师的关心!我们家长也会以身作则,给孩子做好榜样。疫情期间,大家都多注意身体健康,虽然大家都在家里,但我们的心都是联结在一起的,众志成城,共同努力战胜病毒! 待春暖花开,山河无恙,我们一起相约到美丽的校园!

朱宇乐妈妈:看了您给孩子们的那封信后,我感触良多,看着那字里行间透露出您对孩子们的牵挂和关爱,一股深深的敬意充斥着我整个心房,作为孩子家长我理解您的苦心,作为同龄人您对工作的执着令我敬仰! 我和您一样有两个孩子,孩子的年龄也相仿,作为两个孩子的母亲,我清楚地知道想把孩子教育好要花费多少的心血,而您,除了自己的孩子还要心心念念地牵挂着班上 45 个孩子,在此,我想对您说一声:"老师,您辛苦了!"

袁湳浙爸爸:感谢您给予我们的关心与指导! 在这个特殊时期,我们一定会做好相应防护措施,严格遵守疫情防范指导。在家我们坚持七步洗手法来洗手,多开窗户保持新鲜空气流通,如果的确要外出,我们必须戴好口罩,不去人口密集的地点。在这个特殊的假期里,我们一定会督促孩子逐步改正缺点,把优点继续发扬光大。在家里我们也要合理安排时间学习,除了完成寒假作业还要加强自主学习,同时身体锻炼也不落下,俗话说得好,一寸光阴一寸金,寸金难买寸光阴! 所以我们会珍惜接下来的时间,做好防护措施,开学的时候平平安安回到美丽的校园!

学生朱宇乐:看了您给我们写的信,我感受很深。非常感谢您对我们的关心和呵护,作为双山实验小学三年级三班的一员,在这个全国人民众志成城抗击疫情的特殊时期,我一定听您的话,乖乖待在家里,好好学习线上课程教育,坚持完成打卡作业,做好个人防疫措施,按照七步洗手法认真洗手,为战斗在疫情一线的白衣天使和军人们加油打气,为祖国做贡献!

学生李柯辛:亲爱的刘老师,看到您写给我们的信,我很激动。我也向您保证这段时间里,我们一定少出门或不出门,开窗通风和给我家里消毒还要戴口罩,接触电子产品一次不能超过 15 分钟。中国加油! 武汉加油!

看着大家的回复,我倍感欣慰,也让所有牵挂孩子们的老师倍感踏实。疫情不只是一面照妖镜,照出了人性的美与丑,它更是凝聚人心体现大爱的催化剂。我最亲爱的孩子们,愿我们共同加油,相信经历风雨后的中国会因为有你们而变得更加强大。

(双山实验小学　刘鹏)

### 六、雨滴班战"疫"记

"妈妈,为什么今年的春节,我们都要待在家里呢?"面对女儿稚嫩的询问,我摸了摸女儿的小脑袋,看着她清澈的眼眸,说:"因为我们现在正在和一种厉害的病毒对抗,每个人都是这场没有硝烟的战争中的战士。我是,你也是!"是的,面对疫情,我们每一个人都是战士。同时,我亦深知自己不仅是一个人的母亲,更是一群人的班妈妈。还有太多的孩子需要在这个特殊的时刻打开自己的眼界、敞开自己的心灵去感知和战斗。本着这样的一份自觉和使命,我带着自己的雨滴班走进疫情、直面疫情、抗击疫情、不畏疫情,扎扎实实地打响了一场"抗疫"大战。

(一)精心制作资料包,走近疫情打开心

雨滴班的孩子们刚升入三年级,年龄偏小。对于新型冠状病毒,大多数孩子只知晓病毒的名字,而对其本身的含义、来源、防护等基本知识却知之甚少。即使有人有所了解,也数量不多或一知半解。如何唤醒大多数人关注疫情的意识、有层次更全面地走近疫情呢?通过前期的网络摸底交流,结合班级实际情况,我精心制作了一份"新冠病毒大百科"资料包。

考虑到孩子们的年龄偏小,在选材上,就更多偏向于动画片或儿童化语言明显的讲故事、三句半等形式的视频和文字材料,例如《新冠病毒的自白》《我是谁》《面对"疫情",我们该怎么做?》等。视频或文字材料皆站在孩子们的视角,"深入浅出"地描述了新冠病毒的基本知识,使得孩子们能够更快速、更准确、更高效地走近疫情。

在带着孩子们系统学习完这份资料包之后,我还提供了一些查找更多新冠病毒资料的网址,放手让孩子们自己在网络上进行拓展和补充。同时,可以请教身边的长辈们,尽可能全面地在脑海中构建"新冠病毒"的知识框架。同时,我们还在网上互相交流,努力将这些知识构建得更准确、更丰富。

在全面了解新冠病毒之后,我们更要关注的是其中的人——战士。能与如此恐怖的病毒相对抗的战士们,值得我们关注和崇敬。于是,第二份资料包出炉了——"最美逆行者"。自疫情开始以来,那些最美逆行者们,他们应该走到孩子们的眼前与心间。于是,我们看到了第一时间奔赴战场坚定无比的钟南山爷爷;看到了在除夕夜驰援武汉,哪怕脸上被防护面罩勒出深深痕迹却依旧乐观的女军医刘丽;看到了患有渐冻症却不懈奋战在第一线的英勇院长张定宇……太多太多的人物,通过视频画面、语言文字来到了大家的身边,震撼我们的心田。生命是伟大的,生命更是无私的。这样的大爱无需多言,孩子们通过他们一个坚毅的眼神、一抹无悔的背影都能读到许多许多。他们就是我们身边最可爱的人!

当然,除了他们,我们自己的身边就没有"他们"了吗?不是的,你瞧,在小区默默站岗的保安叔叔、背着重重消毒水奔走消毒的清洁阿姨,他们难道不同样就是无数的"他们"吗?当眼界被打开的时候,孩子们关注到了更大的世界,心间无疑会涌现出更多的感悟。于是,一段"最美逆行"小型网络演讲活动水到渠成。在网络演讲会上,孩子们谈"新冠病毒",言"最美战士",不再陌生,不再

局促,加油显得更加深刻有力。其中最打动我的是小宇,他的爸爸是社区工作
人员,从大年三十开始就一直没有休息过,虽然很艰辛,可是却毫无怨言,默默
坚守岗位。在小宇的心中,爸爸就是最可爱的人。记得小宇哽咽着说:"等病毒
被消灭了,我一定要给爸爸一个大大的拥抱! 虽然他不帅,但他最美!!"作为班
妈妈,听到这样的语言,我也感动了,疫情无情,人间有爱,而这样的无情和有
爱,通过我们的学习,真实融入了孩子们的心灵,同时也拓宽了他们的眼界。当
我们看到他人的时候,世界就变大了。

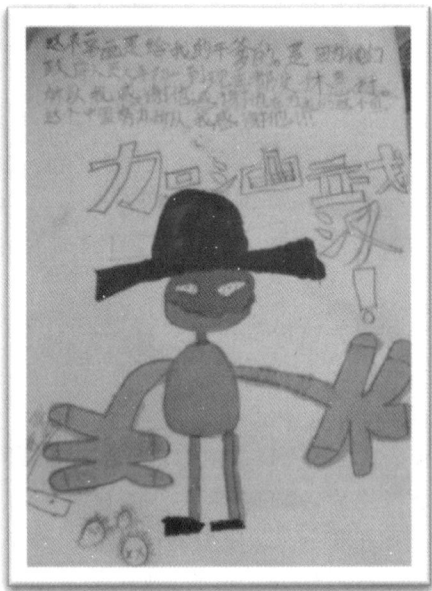

图7-15　小宇用文字和图画为奋战在抗疫前线的爸爸加油!

(二)用心创作慰问卡,直面疫情温暖心

在了解"新冠病毒",读懂"最美逆行"后,我们继续往前行。在这场抗疫战
中,每个人都是战士。"苔花如米小,也学牡丹开",在榜样们的引领下,虽然我
们只是三年级的小学生,力量微薄,但也是一个个坚强的小战士。这场战役,我
们必须参战! 眼动、心动、行动,孩子拿起了画笔,铺开了纸张,一笔一画、一撇
一捺,工工整整,认认真真将鼓励的话语、温暖的问候落在纸上。"保安叔叔,您
好,感谢您风雨中的坚守!""清洁阿姨,您好,看您背着那么重的消毒瓶,真的好
辛苦,请您一定多注意休息,加油!""爸爸,胡妈妈带着我们认识了新冠病毒、火
神山和雷神山医院,还有钟南山爷爷,我现在知道了,你和钟南山爷爷一样,都
是伟大的抗疫战士! 爸爸,你要多注意身体,我等你回家!"……字字句句,无不

蕴含着孩子们一颗颗火热的真情真心。奈何纸短情长，书不尽心中千万，却已道尽万千！

图7—16　雨滴班孩子们用心为抗疫战士们制作慰问卡

一份份真实而美好的慰问卡制作完毕后，孩子们纷纷拍照，有的发给了在外坚守的爸爸，有的转到了小区微信群，有的传到了爸爸妈妈的朋友圈里……相信，每一次传递，便是一颗心温暖着另一颗心，特别是在这个特殊的时候，温暖人心的力量，磅礴且动人！

用心创作的慰问卡，是孩子们直面疫情的第一次有力"出击"。作为一名母亲，我知道，从孩子们身边传递的温暖，是大人们坚守在前方最欣慰的支撑！

（三）尽心合作加油舞，抗击疫情鼓舞心

疫情严峻，抗疫，对于大家而言显得那么漫长。漫漫抗疫路，我们还可以再做点什么？在一次讨论中，孩子们主动提出要学习"加油舞蹈"。动起来，让我们的歌声和舞蹈驱散阴霾，赶走苦痛吧！于是，《加油，武汉》的歌曲在班级群中，在每个"小雨滴"的家中响了起来。那有爱的比心、有力的捶手，或许还显得很稚嫩，甚至有的因为不熟悉显得还有点生疏。但是，透过屏幕，我分明看到了他们脸上的坚毅和心中的鼓劲儿。36 个孩子,没有人说放弃,所有的孩子态度一致,要把这首鼓舞人心的舞蹈学会,然后去鼓励更多的人! 他们在此刻,就是战士!

图 7-17    雨滴班孩子们齐跳《加油,武汉》,鼓舞抗疫战士们

不久,孩子们纷纷把自己的舞蹈视频传到我这里,每打开一份,就可以看到孩子脸上绽开的笑容、娴熟的舞蹈,无论男女!"加油武汉,一定要坚强,在你们的身后有祖国在陪伴;加油中国,你从来铿锵,历经风霜终会见阳光!"每一句都唱到了他们的心里,更涌到了我身边。于是,我把所有的舞蹈全部汇总起来,接上我们的鼓舞口号"武汉加油,中国加油",精心剪辑成我们班级的抗疫舞蹈,取名《防疫不易,坚守不移——雨滴班的雨滴表达》。完成这些工作后,再返回到班级群中,请大家分别传递开来。我们希望这样一份小小的舞蹈视频,能够鼓舞到长时间坚守在前线的工作人员,希望他们在看到的时候能感受到我们雨滴班的祝愿,增添几许能量。

其实,这个过程中不仅是在鼓舞前线的战士们,也是会鼓舞自己。孩子们也是这场战役中的小小战士呀,分分秒秒、时时刻刻的坚守,防疫不易。但我们

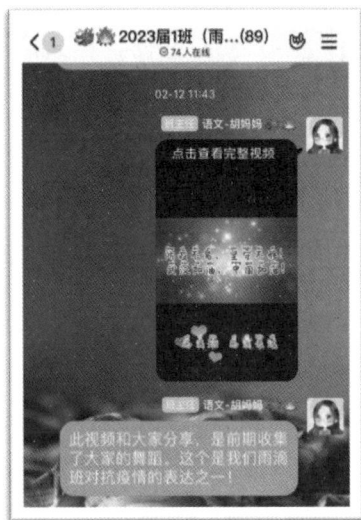

**图7-18 班级群中发布战疫合辑——《防疫不易,坚守不移——雨滴班的雨滴表达》**

都在这支舞蹈中,彼此鼓舞、互相扶持! 是的,任抗疫路漫漫,我亦坚守不移!

(四)潜心规划作息表,不畏疫情涵养心

除关注疫情、关怀他人外,孩子们需要回归自我。走过前面的路途,我带着孩子们慢慢尝试着梳理自我、家庭、社会三者的关系。我语重心长:孩子们,《孟子》曰"穷则独善其身,达则兼济天下",这是对"家国情怀"的一种诠释。虽然我们是小学生,没有参加工作,不能"兼济天下",但至少可以"独善其身"。

学着尽量不给别人添麻烦,懂得祸患积于忽微,细节影响整体。抗疫在家的日子,我们要学着潜心规划自己的作息时间,将学习、阅读、锻炼、艺术、家务等项目进行科学合理的安排,珍惜和父母在一起的美好时光,共同创造家庭的温馨回忆。并且在这个过程中,慢慢学着涵养自己的内心,比如当听到大人们"勤洗手、戴口罩、多吃菜"的唠叨时,面带微笑确认一声"好的";比如及时向老师报平安;比如让长辈们多喝水,劝说他们尽量不出门……一句关心的话语,就会产生无穷的力量。让我们在防疫抗疫过程中,学着成为温暖他人的那个人。

欣喜的是,孩子们在爸爸妈妈的帮助下,不仅科学制订出了自己的作息时间表,更是遵循着在实施、在调整、在蜕变。也许过程会漫长点,但只要开始了就意味着成功了一半。做好自己,爱护家庭,就等于关怀社会,助力国家。家国相依,国安家方安。我想在以自己的实际行动践行防疫抗疫的过程中,"雨滴们"虽小,终会渐渐明白……

长夜终将尽,春日终将来。对抗疫情,我们深知:你的样子,我的样子,他的

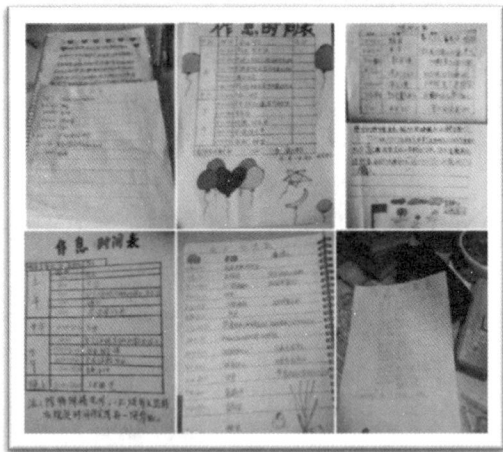

图7—19　雨滴孩子们合理规划个人作息表,修身正心

图7—20　雨滴班,心连心,手牵手,同气连枝盼春风!

样子,每一位战士的样子,就是中国的样子! 所以,雨滴班的每一个人,精心、用心、潜心、尽心,我们的每一颗心都与武汉、同祖国在一起,同气连枝盼春风! 加油,武汉! 加油,中国!

(长征学校　胡羽)

## 第四节　同舟共济,有爱就会赢

为了你,我拼了命! 哪怕面对枪林弹雨,隔着生死的一道门! 我保证不离不弃! 最难舍是这份情,在你面前我要淡定! 撑起多少个黑夜,绝不让生命叫停!我们坚信有爱就会赢!有难一起扛,共分担才更坚强!风雨中凝聚民族的力量,我们坚信有爱就会赢!灾难面前,我们同心协力,共战疫情!

### 一、为最美逆行者护航

庚子鼠年的第一声春雷不是惊醒了希望,而是惊醒了世人,一场席卷大地的疫情肆虐,所有人进入了"战备"状态。为了抗击新型冠状病毒肺炎疫情,很多医护人员舍小家,不远万里奔赴湖北驰援。

2月9日上午,在大渡口区双山实验小学二年级7班的微信群里,一段8岁孩童谦谦强作坚强为妈妈、为武汉加油的视频让大家泪目揪心。谦谦妈妈接到医院第三批医疗队驰援湖北的通知,整装待发。

这件事情引起学校的重视,经统计,全校援鄂学生家长有5人,在重庆各类医院发热门诊工作的家长9人。学校掌握情况后,响应教育部"做好对防疫一线医护人员子女的关怀工作"的号召,拟出对14位医护人员子女关心关爱的具体措施,安排老师每天与这些留守孩子进行一对一的答疑,同时通过电话、微信、视频方式关注孩子生活。另外,学校还给奋战在战役一线的爸爸妈妈们发出《致驰援湖北家长的一封信》。

尊敬的家长:

您好!

此时此刻,也许你已穿梭于湖北各大医院,奋战在抗击新型冠状病毒肺炎一线;也许你正在启程的路途,与家人依依不舍;也许你刚刚报名要驰援湖北,正在做出发前的准备……无论是哪种,我们都向您致以最崇高的敬意!向你们的最美逆行致敬!大爱有行,行者无声。其实你们最担心的就是家人。尤其正值"停课不停学"这一时期,你们最担忧的是孩子的学业问题。对此,学校将确保你们的孩子学业不掉队,成长不孤单。让你们心无旁骛在前方战"疫情"。

(1)每天通过微信、电话、视频等方式,关注孩子每天的思想情况、心理状态,让孩子保持积极向上的心态。

(2)时时与孩子沟通,询问当天学习上的问题,及时解疑释惑。

(3)鼓励孩子做力所能及的家务,争做自立自强的小学生。

(4)正确引导孩子每天关注疫情发展,做到更好地保护自己,等你凯旋。

这是一场没有硝烟的战役,你们在前线冲锋陷阵,为祖国、为人民抗战;我们会在后方照顾好你们的小家,让你们的孩子健康成长、学业进步,让你没有后顾之忧。全民战"疫",有你有我!

双山实验小学<br>2020年2月13日

图 7—21　双山实验小学谦谦妈妈吻别儿子奔赴抗疫前线

　　质朴入心的语言,传递的是双山实小人"踏实有印、朴实无华"的工作态度,告诉奔赴前方的医护人员:我们是一家人,在困难时期,我们众志成城,心手相连,你们在前方战斗,后方由我们来守护,我们为您护航!

　　2020 年 2 月 13 日凌晨,谦谦妈妈眼含泪花亲吻着还在熟睡中的孩子,依依惜别后奔赴湖北。

　　从那时起,二年级 7 班的老师和同学们就悄悄地走进谦谦的日常生活。

　　班里同学送来鼓励和安慰:

　　"英雄妈妈加油!"

　　"谦谦,不怕,有我们呢……"

　　"谦谦,老师说过我们要做勇敢的小鱼……"

　　在这个"小小鱼儿,有礼有爱"的大家庭里,每一道如涟漪般的关怀,汇集成海洋般的温暖,环绕着谦谦,像妈妈一样。

　　班上的各科老师默默关注着谦谦日常生活:早上起床发问候,线上学习私聊解疑惑,手工作品多指导,劳动锻炼多表扬,晚间睡前聊心情……

　　体育老师:"谦谦,起床了吗?喝一杯温水对身体好,准备学习了。"

　　数学老师:"谦谦,你拼七巧板很快,能告诉同学们有什么窍门吗?"

　　美术老师:"小谦,你画的《我的妈妈》把妈妈的神态画得非常逼真,还写出

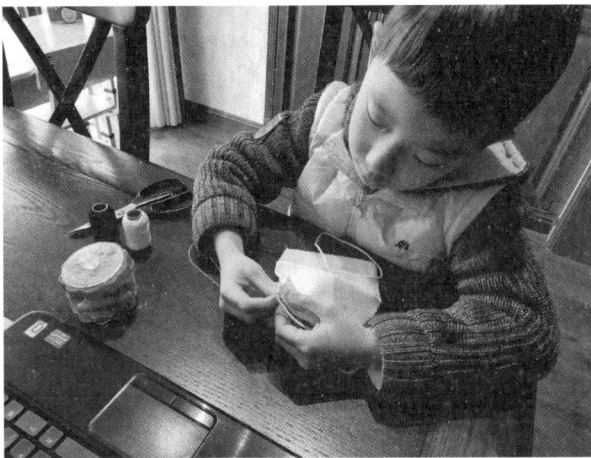

图 7—22　谦谦在老师指导下为妈妈做口罩

了妈妈日常工作的辛劳,让我们感受到你对妈妈的爱,你真棒!

"班妈妈"苏老师虽然怀孕八个多月,身体不适,但一直牵挂着小谦谦,常与谦谦爸爸联系,关心孩子生活情况,一起讨论孩子在家期间的学习生活计划,希望通过优化、简化、合理化的安排帮助谦谦顺利度过这段特殊时期。坚持每天晚间睡前与谦谦一段视频聊天,给孩子送去一份温情礼物。

2 月 14 日晚,视频聊天时,谦谦兴奋地告诉苏老师,他给妈妈送了一份特别的情人节礼物——自己做的爱心口罩。

"谦谦,今天你过得怎么样,做了些什么,高兴吗……"

"老师,今天是西方的情人节,我给妈妈送礼物了……"

"哦,送了什么,能告诉老师吗?"

"我送给妈妈的是昨天科学老师教我们做的口罩。我想妈妈保护好自己,早点回来……"

"那你要乖乖的,也保护好自己,多锻炼不生病,等着妈妈回来,想妈妈了就给老师打电话……"

"嗯!谢谢苏老师!"

有人说,一个人的成功很大原因在于他幸运地遇到一个或一群优秀的启蒙人。谦谦和老师的故事还在延续,像这样的真情真事在大渡口教育人看来是再自然不过的了。正所谓"渡,如济也",大渡教育,渡人渡己。医护工作者,渡人于身;教育工作者,渡人于心。在病毒横扫大地之时,大渡口教育人选择坚守,坚守教育阵地,在疫情的慌乱中给孩子一张安静的课桌,带着孩子慢慢地走、静静地看、好好地学,上好这堂"人生大课"。

(双山实验小学　邹茂容　苏巧)

### 二、漫长的冬天,依然温暖

全国上下战疫情的日子里,每个人都不能置身事外!虽然不能披挂上阵到前线,但是作为老师,让几十个家庭安心从容应对每一天,坚定信心,阻击疫情;让学生健康有序规划每一天,学会成长自我、学会关爱他人、学会认知社会,提升道德情操与家国情怀,是我们的职责与担当!

事件一:致敬逆行者

"今天,我的妈妈要去支援武汉了。虽然我不想让妈妈去,但是,武汉的疫情需要更多的人去支援。我的妈妈很了不起,所以我也很支持妈妈!"7岁的苏铃曦,在母亲支援疫情前线之时,写下这段话。他们家里,爸爸医学隔离,奶奶带着两个孩子,既要照顾生活,还要关注学习。一年级6班所有成员用实际行动向英雄致敬!看看这个细节:

"我普通话不好,彭老师,听听,苏铃曦读对了没有?"苏奶奶在群里发了一段孩子朗读《一字诗》视频。一听,"一"字的读法涉及的变调,孩子全读错了。"'一'字变调规则是这样的……"我发了文字信息后,录制音频,发到群里予以指导。不久,苏奶奶又发来一段视频:"彭老师,这次孩子读对了没有啊?"几乎同时,好几个家长都回了信息,"这次对了""所有的'一'字声调都是对的"。

"谢谢了!孩子爸妈不在,我就怕孩子学习跟不上。"隔着屏幕,依然能感受到苏奶奶的焦虑。"怕什么!老师在呢!""我们都在呢!"……冰冷的屏幕,语言却那么温暖!

对着逆行的背影,道一声,珍重!告诉你,孩子在家,有我们呢!

事件二:别样元宵节

不一样的元宵节,写了给亲爱的孩子们的话,并录制视频献给他们!

亲爱的孩子们:

"袨服华妆着处逢,六街灯火闹儿童。长衫我亦何为者,也在游人笑语中。"从这首光影摇曳、欢声漾动的诗句中,感受到古时的元宵之夜,盛况不亚于现代。这首诗也让我们想到了往年元宵节的灯火辉煌、热闹非凡。今天,是一个特别的元宵节,安静的元宵节。我们在各自家中,战疫情,度元宵。为抗战在一线的英雄加油,为武汉加油,为中国加油。

事件三:往昔开学日

往昔的开学日,写了给家长和孩子们的话,并录制视频献给他们!

我亲爱的孩子们:

今天是 2020 年 2 月 10 日，农历庚子年正月十七。原本，今天是开学第一天，我们应该在育才园的操场上，高唱国歌，瞻仰着国旗冉冉升起、高高飘扬在育才园的上空。但是，新型冠状病毒的肆虐，让我们不能在校园见面，不过我们相聚在网络。虽然停课，但是我们没有停学。因为，我们的口号是：让阅读、让运动成为我们的生活方式！我们从未停歇过学习的脚步！别样的学习，也是我们懂得感恩，学会自我管理、生命自护、自觉学习的难得机会。未来的几周，幸福村庄里的所有学科老师将和孩子们在一起！

听声如见人，隔着屏幕，老师看到你们健康、积极、努力的样子真好看！

待到春暖花开时，育才园里再相见。

非常之日，非常之爱！写给亲爱的孩子们！告诉你，老师爱你！

亲爱的家长朋友们：

新冠肆虐，疫情严峻！这是一个特殊时期，我们每个人都不能置身事外！让我们一起躬身入局，让我们一起直面特殊挑战！用坚持的力量对抗人性的弱点，让我们的孩子在关键事件的淬炼中磨砺。

育才园里"前线老师"备课育人；各个家庭，"前端家长"护航育人。让我们坚定信心，一起担起责任，同舟共济阻击疫情。我相信大家不但能安心从容应对每一天，还能优化孩子的作息时间，帮助孩子规划健康有序的生活与学习，让孩子在家学会成长自我、学会关爱他人、学会认知社会，加强自主阅读、健康身心、参与家务劳动，努力提升道德情操与家国情怀！

让我们一起，在这个特殊的时期，去锻造孩子的意志品质，培养同情与悲悯，激发责任与担当。

待到春花烂漫时，育才园里再相见。

非常之日，非常之爱。写给家长们，道一声，辛苦！道一声，珍重！

我们避免不了灾难，但是我们却能做好自己。我们以不同的方式守望相助；以不同的方式，感受我们民族的无畏无惧，不屈不挠；以不同的方式给彼此力量，让这个漫长的冬天依然温暖。

（育才小学　彭代琼）

### 三、九十四中疫情中爱的教育

2020 年春节，本应是举国欢庆、万众期盼的好日子。然而，新型冠状病毒肺炎打乱了 14 亿人的热闹佳节！这个传播性极强的传染疾病，让武汉以闭城的方式守护全国，也让全国各地一线医务骨干在除夕之夜泪别亲人，以最勇武的姿态踏上征程！

在重庆，也有这样一群最美逆行者，在大渡口，也有这样一群最美逆行者。

　　从大渡口区重钢医院被列为定点医院开始,一线医务人员便坚守阵地,从未退却。汹涌而至的疫情让重钢总医院医护用品很快告急,特别是口罩等医用物资奇缺,医院开始面向全社会寻求支援和帮助。一线医务人员为了节约医护用品,进入隔离地带的轮换时间便从最初的四小时变为八小时,其间不吃不喝不上厕所……

　　九十四中初二7班大家庭迅速在群里商议起来,家长代表发起倡议,一呼百应!大家迅速利用各自的资源寻找N95口罩卖家,终于在傍晚时分抢到100个现货,班级认捐异常火热,远远超过100个的经费预算!第二天一早,7班家委会代表和班主任老师一起前往重钢总医院,将来之不易的100个口罩现场捐赠给最美的白衣天使们!虽然这100个口罩不能从根本上解决物资紧缺的困难,却是九十四中的同学们对医院和医护人员的支持与信任,送出的是孩子们心中的大爱!

　　面对新型冠状病毒肺炎疫情,不论是一线的医护人员,还是在家的普通民众,都表现出一个公民担当与责任!重庆市大渡口九十四中全体学生在学校德育处的精心安排下,不仅安心在家学习,更是用自己的智慧在这个特殊的时期,以中学生的身份为这场特殊的战役贡献自己的力量!有的同学根据自己的家庭情况,和爸爸妈妈一起动手制作《家庭防疫手册》;有的同学为小区制作电梯间纸巾提示盒,用小爱显大爱;还有的同学通过制作小视频的方式来普及疫情防护的小知识;而更多的同学在班主任老师的引领下,开始了自己的感恩行动。长期以来都是父母衣食无忧地照顾着我们,而在这次特殊的长假里,同学们选择亲自为父母洗手烹羹食。

　　班主任老师时时提醒,我们是充满活力与爱心的商务(九十四中)学子!我们应该知道疫情严重,一线医生护士防护物资紧缺,我们不随意出门,可以节省医用物资!我们不能切身体会一线医务工作者的辛苦,我们却可以用手里的材料,一针一线,自制简易口罩。它,可以传递必胜的信念!

　　疫情无情,人间有爱!在这个特殊的寒假,九十四中全体德育人,从心出发,为爱发声!我们希望每一位同学都平安健康,我们也希望每一位同学都能在特殊的时期收获更多成长,我们更希望每一位同学都能从此刻起怀揣家国天下,立下高远梦想!我们坚信,日后的他们,定能用心中之爱温暖祖国每一寸山河!用今时所学,守护每一个中国人的故乡!

(九十四中　郑菊　熊鑫)

### 四、记跳磴小学负重前行的妈妈们

　　照管孩子们生活学习的多是妈妈们。我向来知道我们班的宝妈们像超人一般，厉害极了！参加亲子运动会的多是她们，为孩子讲解作业的是她们，常与我沟通交流的也是她们，在这场突如其来的疫情风暴里奔波在抗疫前线的也有她们的身影……

蒋仁杰的妈妈在跳磴镇政府工作。她是我们班的家委会成员，她家孩子又是个学习自制力比较差的小调皮捣蛋鬼，于是与我沟通交流自是多了起来。

春节前后，疫情的阴影已经压了下来，四处风声鹤唳。除夕那天下午与这位妈妈相互问候，得知她才忙完工作在回老家过年的路上，因为疫情严重，她连夜又被召回。这个年注定是过不安生了！她春节前几天从早到晚在公墓值班，与祭拜的群众打游击；过后又在负责的辖区里挨家挨户地做疫情宣传排查工作，几十栋的公租房，一楼一楼地挨着排查……工作开展繁杂又艰难，自身防护也不过仅仅是一个口罩。

开始线上学习前，这位妈妈就常常与我交流孩子的学习状况，线上学习后她会在早上八点半前给孩子打卡，晚上八点半左右细心上传孩子的作业批改，睡前与孩子看书，上传阅读打卡，每天如此，从未间断。

线上学习第一天，大家都手忙脚乱，孩子懵懂，家长恨不得有八只手，好几个家长都急了眼，"老师，那个作业到底怎么交呀？"那天晚上我们又电话交流，这位妈妈满心满眼都是无奈，她的工作如此繁忙，孩子学习自制力又不足，疫情汹汹……当时我不禁神色黯然。但是，后来她认识到"比起疫情前线的英雄们，我们这点困难就算不上什么了"。是呀，我的处境已经好极了，她们这样每天奔忙在抗疫一线的人们才是艰难，更遑论处在疫情中心的武汉。家长们总说："谢谢老师，老师辛苦了！"我听着却觉得惭愧极了。

李春林的妈妈是一位漂亮温柔的护士，也是特别温婉的一位妈妈。有一天统计健康打卡时久未见到她的打卡，便打了电话过去，电话一直没有被接听，随后这位妈妈微信给我反馈说她一直在医院上班，因为疫情原因工作特别繁忙，根本不可以看手机，不能及时反馈家长群中的信息。在全班的涉鄂调查中，这位妈妈给我发来这样一段话："因为工作，需要为外地回来的人包括湖北回来的人员测体温、询问身体状况等，但都采取了防护措施。"看着这段话，我深受触动。她的孩子每天都认真学习，作业完成得非常棒。多么乖巧的孩子呀，我想在这场战"疫"里负重前行的妈妈也该是欣慰的。

杨郝的妈妈大眼睛、身材小巧玲珑，她为孩子的学习有些焦头烂额，但从未放弃过努力，她总是那么积极阳光开朗。2月9日那天，这位妈妈给我发来了一组照片，是她作为志愿者到村里宣传防疫工作的照片。这位妈妈小小的身体里蕴藏着无穷的能量呀！

在这料峭的春寒里，我们班的妈妈们如红梅般，愈是艰难困苦愈是傲然绽放。在这场席卷全球、肆虐华夏大地的疫情面前,那么多毅然决然奔赴战场的人们为我们负重前行,我想和煦的春风已经吹来,疫情结束的明天亦已不远了……

（跳磴小学    殷建琴）

第八章●●●●●●●

# 停课不停学,我们在行动

大渡口区教师进修学校积极贯彻落实习近平总书记关于疫情防控重要指示精神和党中央相关部署,贯彻区委区政府、区教委相关要求,提高政治站位,以实际行动扛起"停课不停学""停课不停研"的使命担当,做实做好疫情防控延迟开学期间教育教学服务指导工作,为全区教育系统教育教学工作提供高质量

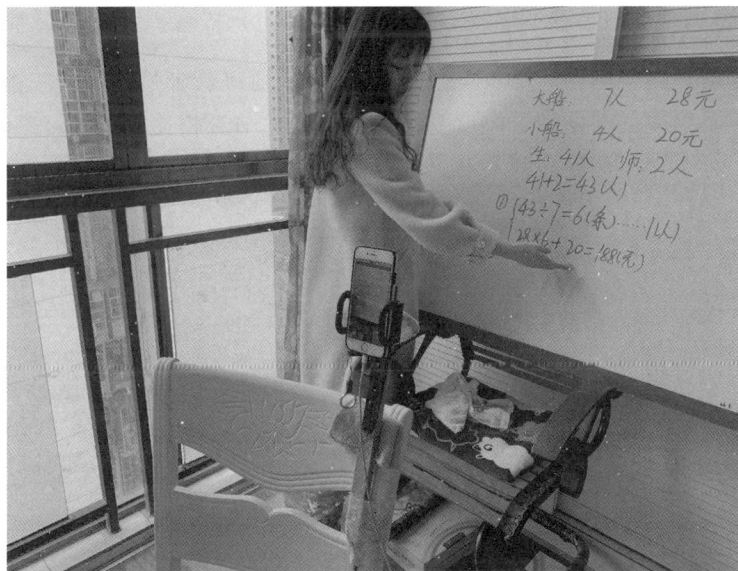

图8—1　钢花小学龚老师在家录制网课

服务指导，践行初心使命，勇于担当作为，展现出新时代新型教科研机构的风采。

突如其来的"新冠肺炎疫情"打乱了我们正常的生活、工作与学习节奏。延期不延学，成长不延期，孩童成长路上应有老师家长的陪伴。学校从课程设置、教学模式、任务驱动、学习效果等作出探索尝试，引导学生和家长能够安心静心居家防控，学生有规律地生活学习，学会自主成长，健康快乐地度过这段前所未遇的时光。

各学校在准确领会教育部、市教委"线上教学指导"等精神的基础上，制定出一校一策、一班一案、一生一案，为线上教学交上了一份份满意的答卷。

# 第一节　别开生面的线上教学

疫情推迟了开学时间，延长了寒假，然而，"停课不停学"，大渡教育，从教委到学校到老师都在积极思考，迎接线上教学这个新生事物。如何让宅家的孩子，既能身心愉快，又能因时、因地、因人地学习。各学校在准确领会教育部、市教委"线上教学指导"等精神的基础上，制定出一校一策、一班一案、一生一案，为线上教学交上了一份份满意的答卷。因为篇幅的原因，这里选取部分有代表性的课程设计、课程方案，起到"窥一斑而知全豹"的作用。

## 一、进修学校："停课不停学"的具体举措

新型冠状病毒感染的肺炎疫情发生后，大渡口区教师进修学校积极贯彻落实习近平总书记关于疫情防控重要指示精神和党中央相关部署，贯彻区委区政府、区教委相关要求，提高政治站位，研制方案，搭建平台，加强指导，重视服务，以实际行动扛起"停课不停学""停课不停研"的使命担当，做实做好疫情防控延迟开学期间教育教学服务指导工作，为全区教育系统教育教学工作提供高质量服务指导，践行初心使命，勇于担当作为，展现出新时代新型教科研机构的风采。

作为全区教育系统教育教学工作指导服务机构，大渡口区教师进修学校在疫情肆虐的特殊阶段，更加自觉主动地履行好"服务学校，成就师生"的工作职能，把指导服务基层学校教育教学工作作为抗击疫情的第一线，以实际行动支持全区师生"停课不停学""停课不停研"。

（一）领导高度重视，统筹整体工作

1月27日，学校党政干部回到学校，共同商讨部署学校新型冠状病毒肺炎疫情防控工作，制订了《大渡口区教师进修学校新型冠状病毒肺炎疫情防控方

案》。1月28日，学校党支部召开防控疫情工作推进会，在学校微信工作群、QQ工作群中发出了《致全体党员同志的一封信》，进一步凝聚党员教师战斗力，激发党员教师初心使命意识。

（二）出台指导方案，力推在线学习

大渡口区教师进修学校成立了以校级领导、各教研室主任参与的"停课不停学"工作领导小组，严格按照市、区教委和市教科院的要求，科学分析网络场景下的"停课不停学""停课不停研"实施模式，制订了涵盖全学段、全学科的《学习指导方案》。该方案通过QQ群等下发到各基层学校，对教学校长、教研室主任、一线教师进行线上方案解读，让基层学校教师吃准方案，精准实施。教研员通过学科工作群，认真倾听一线教师的建议，使方案不断得以完善，具有更强的可操作性和针对性。

在上级部门对"停课不停学"期间网络教学形式作出调整后，学校党支部要求教研员及时调整实施方案，小教部的党员教师加班加点，两天时间就对全区复课后的教育教学工作进行了精心安排，中教部则着重在学科内的内容优化整合，重新制订出台更加科学可行的方案，为大渡口区教育系统"停课不停学""停课不停研"奠定了良好的基础。与此同时，进修学校小学语文、中职语文、中职物流等学科教研员还参与了市教科院相关方案的制订，为全市教育系统"停课不停学""停课不停研"贡献了"大渡口智慧"。

图8—2　伍平伟在重庆三十七中第四届"自得杯"学术节上讲话

（三）融入市级团队，共建空中课堂

小学语文、体育、道德与法治、心理健康教育、书法、中学历史、中学语文、中学物理、中学英语、中职语文和旅游专业等学科教研员主动加入市教科院抗疫网课研发团队，高质量完成了"传染病预防方针与原则及下肢力量体能练习"微视频、"抗击新冠主题三期·人与自然主题两期"微视频、高中物理实验视频等教学资源，进入重庆市云课堂平台，为居家的孩子们提供专业的导学与伴学支持系统。

（四）整合区域力量，自主研发网课

整合我区学前、小学、初中、普通高中、中等职业学校学科优质教育资源，建立涵盖优质网上微课、优质课、教学辅导资料等教学资源的区域网络云课程资源。数学、英语、音乐、美术、科学、信息技术等学科教研员在第一阶段网课开发的基础上，开发出不少于1个月存量的网课，在2月10日开学前提供给全区中小学及中职学生免费使用，确保全区中小学及中职学生"停课不停学"，最大限度减少疫情对中小学及中职教学工作的影响。部分教研员还专门给毕业年级学生写信，录制微课，指导寒假作业。

（五）借力优质资源，提升培训质量

学校主动联系"全国中小学教师继续教育网"，为我区中小学教师推送"优师云"免费课堂，供广大教师在家选学、自学；联系"全国教师研修网"，组织开展网络教研活动、协同备课、自主研修，并为全区中小学（含幼儿园）教师，按学科、学段分班别，开展"大渡口区中小学教师空中研训"培训，在线研训不少于40学时，设置"师德师风，学科教学"等核心内容，并将学时学分结果计入教师继续教育学分系统。

（六）凸显人文关怀，助力师生发展

充分利用大渡口区心理健康教育、大渡口区德育两个QQ群做好宣传工作，公布心理健康热线，发布《新型冠状病毒心理防护手册》，疏导全区师生和家长心理压力。围绕抗击新冠肺炎疫情加强高中学生生涯教育主题教育和思政课程设计，突出生命意识、国家意识、法治意识，激发学生爱国情、报国志。

（七）加强技术保障，服务整体工作

由教育技术研究中心和信息技术学科教研员提供技术支持，为学校网络视频会议、网上办公、教研员网络教研、区域学校"空中课堂"等提供强有力的技术支持，保障各类资源正常运行，支持学校线上办公、网上教学、网上学习需要。

2月10日开始，区内各学校将正式开始"空中课堂"教育教学工作，作为教育业务指导服务部门，我校将进一步提高政治站位，主动下沉到教育教学一线，做好"线上＋线下"的服务指导工作，为"大渡教育"作出贡献。

（进修学校 谷小平 周洪）

### 二、九十四中：宅家体育锻炼的他律与自律

（一）指导思想

2020 年 1 月 28 日上午 9 点，九十四中学体育组照常开展今天的寒假体育锻炼情况总结网络教研会，在会议中有老师提出因疫情有可能会延迟开学，大家就寒假的体育锻炼情况汇总后，开始热烈地讨论——如果延迟开学，我们怎么持续性督促学生体育锻炼。

果不其然，教育部门随后就下发了因疫情延迟开学的通知，重庆市第九十四初级中学校积极响应国家和重庆市、区相关部门的"停课不停教"的相关精神，充分利用孩子们疫情期间居家的时间，切实做到"停课不停练"，落实孩子们在家的体育学习锻炼任务，并充分调动家长的参与增进亲子之间的感情，利用公共网络、现代通信技术等途径与家长和学生保持联系，建设网络课堂，开展网络教学。组织教师认真研究、合理调整教学方式，灵活安排学习内容，指导学生开展自主学习，保证教学效果有效、优质。

（二）制订方案

体育教研组长张磊老师组织全体体育教师利用互联网召开线上"停课不停练"教研会，经过数天反复不停地商讨，制定出了符合校情和学情的《"停课不停练"指导方案》，制定的方案考虑了以下几个原则：

（1）要符合孩子的实际能力，具有可行性。

（2）要符合不同学段对学生生长发育的要求。

（3）要符合训练的时间和地点的要求。

九十四初级中学校每个学期都有教学计划，有校本教材，有独特的教学结构，有特殊的考核方式。本学期体育教学计划：初一年级是跳绳、排球颠球、短跑；初二年级是足球、体操、耐久跑；初三年级是跳绳、跳远、实心球。为了让学生能更加主动地学习锻炼，设置了亲子游戏锻炼内容，以点带面通过学生自己的学习和锻炼，带动全家参与到学习和锻炼中来，同时让学生和家长相互督促进行学习和锻炼。根据以上教学内容和在家锻炼的时间、地点等因素，制订周训练计划和日训练计划每周训练 4 天，每周持续更新。

表8—1    九十四中"停课不停练"周训练计划

| 年级 | 时间 | 训练内容 | 备注 |
|---|---|---|---|
| 初一年级 | 星期一 | 跳绳、上下肢力量、亲子游戏 | 共同完成 |
| | 星期三 | 观看排球颠球教学视频、模仿动作无球练习 | |
| | 星期四 | 模仿排球颠球动作从有球到无球、上肢力量练习 | |
| | 星期六 | 颠球练习、短跑频率练习、亲子游戏 | 共同完成 |
| 初二年级 | 星期一 | 腰腹力量、上肢力量、频率练习、亲子游戏 | 共同完成 |
| | 星期三 | 观看足球教学视频、模仿熟悉球性练习 | |
| | 星期四 | 熟悉球性练习、耐力练习、亲子游戏 | 共同完成 |
| | 星期六 | 熟悉球性、上下肢力量、腰腹力量 | |
| 初三年级 | 星期一 | 跳绳、上下肢力量练习、跳远 | |
| | 星期三 | 跳绳、腰腹力量、实心球、亲子游戏 | 共同完成 |
| | 星期四 | 跳绳、下肢力量练习 | |
| | 星期六 | 跳绳、跳远、实心球、亲子游戏 | 共同完成 |

表8—2    初一年级第一周(1)天训练内容

| 序号 | 训练内容 | 要求 | 组数 | 时间 | 备注 |
|---|---|---|---|---|---|
| 1 | 跳绳 | (1)1分钟计时跳绳160个<br>(2)30秒计时跳绳85～90个 | 2～3 | 10分钟 | |
| 2 | 腰腹力量训练 | 仰卧起坐20～25个/组 | 2～3 | 8分钟 | |
| 3 | 下肢力量练习 | 高抬腿30～40个 | 2～3 | 8分钟 | |
| 4 | 亲子游戏 | 击掌俯卧撑10～15个/组 | 2～3 | 8分钟 | |

表8—3    初二年级第一周(2)天训练内容

| 序号 | 训练内容 | 要求 | 组数 | 时间 | 备注 |
|---|---|---|---|---|---|
| 1 | 腰腹训练 | (1)登山跑30～40秒/组<br>(2)仰卧起坐30～35个/组 | 2～3 | 15分钟 | |
| 2 | 亲子游戏<br>接力跳跃 | 7米距离接力跳跃 | 2～3 | 10分钟 | |
| 3 | 上肢力量练习 | 俯卧撑10～15个/组 | 3～4 | 8分钟 | |

表 8—4 　　　　　　　　初三年级第一周(3)天训练内容

| 序号 | 训练内容 | 要求 | 组数 | 时间 | 备注 |
|---|---|---|---|---|---|
| 1 | 跳绳 | (1)1 分钟计时跳绳 185～200 个;<br>(2)30 秒计时跳绳 100～110 个 | 2～3 | 12 分钟 | |
| 2 | 上肢力量训练 | 俯卧撑 15～20 个/组 | 3～4 | 8 分钟 | |
| 3 | 下肢力量练习 | 负重 20kg 蹲起 15～20 个 | 2～3 | 10 分钟 | |
| 4 | 跳远练习 | (1)挺身跳 10～15 个;<br>(2)立定跳远完整动作 10～15 个 | 2～3 | 15 分钟 | |

我们每个训练的内容都会拍摄相应的示范视频,每个视频中都会将此动作的技术要点、要求和标准示范以动态和文字体现在视频中,更加生动和形象,方便学生观看。如还有不明确的,学生可以直接和老师视频连线,老师会在线给予相应的指导。我们老师也会通过视频连线,在线教学生一些新的知识和新的练习方法。

(三)方案转达:形成团队合力

《"停课不停练"指导方案》确定后,上交至教育一处、教育二处和分管校长审核。经校领导和相关处室审核通过后,由教育一处和二处通过办公平台下发给各班主任和相关教师,并由班主任和教师转发到家长群或者学生群。通过这样的环节避免了体育组单兵作战,而是形成一个强大的团队,合力指导、督促学生的锻炼。教育从来都是团队文化的体现。

(四)具体实施:从被动到主动,从他律到自律

初中学生主动性和自律性较差,肯定会有部分同学出现不按时按量锻炼的现象,我们希望通过他律来提高学生的自律性。为了能够更好地督促学生保质保量地完成体育锻炼内容,采取如下措施:

1. 搭建沟通交流的桥梁

班主任和体育老师牵头,建立 QQ 群,将所有同学加入 QQ 群,搭建沟通交流的平台,及时掌握学生练习情况,老师通过 QQ 群中布置"作业"的功能,将每周每天的锻炼内容和相关要求及时准确地发给学生,并让学生提交锻炼时的视频和图片。

2. 他律干预——录制视频

为了避免学生偷懒,对视频检测中可能出现的问题,尽量做到全面考虑,体

育老师每天锻炼时间开始的时候,由任课教师给出相应的密码,密码写在纸卡上录进视频中,防止一个视频重复使用。在开始锻炼和结束锻炼的时候要求有显示时间的佐证和锻炼的人物同时出现在镜头内,保证每天的锻炼时间得到充分保证。每天锻炼的视频会比较长,为了降低学生传输和录制的困难,我们要求休息时间暂停,降低学生以及家长的时间和精力消耗。

3. 他律干预——随机抽测检查

学生每天上传视频也会消耗很多的精力,老师不可能每个同学的视频都看一遍,就采取随机抽测检查的方式来监督检测,因为有时间和密码的出现,学生不能利用以前的视频充数,也不能在被抽到后补录视频,每个同学都有属于自己的学号,体育老师每天都会随机抽取不同尾号的同学进行检查,如今天抽的是尾号 1、3、5 的同学,就将这些同学的锻炼视频发出来进行检查。如没有完成,要求写情况说明并由家长签字后拍照发给老师。

4. 由他律到自律的转变——制定锻炼记录表、成绩记录表

为了能更好地督促学生很好地训练,激发学生的训练热情,培养学生勇于拼搏、敢于尝试、敢于挑战的精神并能让学生真切地体会到自己的进步,让学生更加主动地锻炼,我们制定了锻炼记录表。

表 8-5　　　　　　　　　　　××同学锻炼记录表

| 姓名 | 日期 | 训练内容 | 个数 | 组数 | 学生自我打分签字 | 家长签字 | 备注 |
|------|------|----------|------|------|------------------|----------|------|
| 例如 | 2.11 | 俯卧撑 | 12 | 2 | 90 分　签字 | 签字 | |
| 例如 | 2.13 | 俯卧撑 | 15 | 3 | 95 分　签字 | 签字 | |
| ⋮ | ⋮ | ⋮ | ⋮ | ⋮ | ⋮ | ⋮ | |
| ⋮ | ⋮ | ⋮ | ⋮ | ⋮ | ⋮ | ⋮ | |

我们在制订训练计划时,训练内容的单次个数和共计组数都不是固定的,都有一定区间,能力强的同学可以完成相应多的个数和组数,能力差的同学可以发扬顽强拼搏和挑战自我的精神,从此记录表中能直观地体现出学生的进步。让学生爱上锻炼,让被动的锻炼变成主动训练,由他律转变成自律,从而达到更好的锻炼效果。

表 8-6　　　　　　　　　　　××同学自测成绩记录表

| 序号 | 测试时间 | 测试项目 | 成　绩 | 备　注 |
|------|----------|----------|--------|--------|
| 1 | 第一周 | 1 分钟跳绳 | 170 个 | |

续表

| 序号 | 测试时间 | 测试项目 | 成　绩 | 备　注 |
|------|----------|----------|--------|--------|
| 2 | 第二周 | 1分钟跳绳 | 180 个 | |
| 3 | 第三周 | 1分钟跳绳 | 185 个 | |

测试是检测学生训练效果的方法之一,故每周安排一次测试,并将测试成绩进行记录,老师会对学生的成绩进行分析。学生也能很直观地看到自己成绩是否有进步,将自己的成绩与其他同学进行比较,成绩好的同学会更加努力和主动地进行练习,成绩稍差的同学要赶超成绩好的同学,也会更努力和主动地进行练习。

竞技是体育的一大魅力,竞技既能带给成功者无限的喜悦和成就感,也会教育后进者如何接受自己的失败,更能顽强自身不服输的心理,进而表现为不断努力练习,再通过自身的努力成功迈进成功者的行列。竞技成功的快感会是他终生难忘的一种愉悦体验,有了成功的体验后,学生的锻炼就会由最开始老师、家长督促练习,变为现在主动练习,很好地由他律转变成自律。

5. 由他律到自律的转变——成功的快感如何体验

本学期我校初一年级的教学内容之一是排球的双手正面垫球,有很多同学在期末的考核中,成绩并不是特别理想,在家里自我练习的时候也会感觉特别的头疼。双手正面垫排球的技术难度较高,器材也受到相当的限制,于是成了家庭锻炼中的难题。初一(10)班有一名很自律的同学向老师哭述:"老师,我每天不是在垫排球,我是在捡排球,我一点都没有体会到体育带给我的成就感,我都没有继续锻炼下去的兴趣了。"老师通过观看学生发来的视频,发现学生对排球落点的判断总是出现错误。于是给出了专业的意见,让学生从垫气球开始体验。学生垫气球很快就熟练了,也体会到体育带来的成功感,也有了坚持锻炼下去的兴趣。体育课教学的目标是健康第一,体育教学的目的是终身体育,老师一个简单的指导促成了学生终身体育的培养。

6. 由他律到自律的转变——学生自制训练器材

一大在 QQ 群中有个同学发了两张图片并@了老师:"老师您看我自制的器材实心球怎么样?"老师当即回复她一个大大的赞!这个同学放假的时候没有将实心球带回家中,而且现在在老家没有地方购买,她主动自己动手自制器材,没有人强迫和要求她这样做,这就是从他律到自律的一个很大的转变。但这个实心球不是特别的规范,随后老师将实心球重量和尺寸等进行数据公布并拍摄了一个实心球制作的视频,家中没有实心球的同学可以自制实心球,并鼓励大家开动脑筋自制更多的训练器材,有疑问随时联系老师。

**7. 由他律到自律的转变——亲子运动**

在制订方案时我们还专门制订了亲子运动项目,让学生主动邀请家长来一起完成训练的内容,起初是一个任务,慢慢转变到学生练习的时候,主动邀请家人一起来参与。与此同时,家长朋友们也行动起来,让家长从一个监督者转变成孩子的运动伙伴,让孩子感觉到父母的陪伴和父母的爱,增进之间的亲情。这真是一个特别有价值的举动,带来了多重效益,达到我们的预设目标。

一位家长的留言让我们感到无比欣慰:感谢老师的良苦用心,通过亲子练习,不仅自己也锻炼了身体,同时也监督了孩子,更重要的是增进了与孩子之间的感情,拉近了与孩子之间的关系。

疫情结束,我们会做一次检测,通过检测结果分析这次"停课不停练"的效果。

(九十四中　吴昌平　张磊　唐邦明)

## 三、民族中学:让"家政生活"进入"空中课堂"

一场突如其来的"新冠"疫情打乱了我们宁静的生活,阻挡了我们正常开学的步伐。病毒无情,教育有爱。为了最大限度地减少疫情对教学工作的影响,学校化疫情危机为教育契机,及时出台了具体工作方案,充分利用各种信息化工具,为学生搭建线上学习平台,借助"空中课堂"组织学生在家学习,并立足学情,开设了"家政生活"课程,既确保学生停课不停学,还拓宽了教育视野,给予学生生活的教育和未来的启迪。

(一)分析学情现状,思考创新课程

我们学校80%的学生都是农民工子女和少数民族学生,基本上都是贫困家庭的孩子,与家人聚少离多。走读学生,平日上学,父母早出晚归,难得与父母见面交流;住读学生,一周回家一次,父母还忙着加班,即便聊上几句,几乎也离不开学习的话题,一不小心还闹得"鸡飞狗跳";还有长住读学生,一学期才回家一次,假期好不容易与父母团聚,见了面,彼此却不知该说什么;甚至还有部分学生,父母为了生计,长期外出打工,一年或几年才相聚一次,孩子和家人不仅缺少沟通,还有了隔阂,相互埋怨!我们深知,我们的学生大多数缺乏父母的陪伴和家庭温暖。家庭教育的缺失,让他们缺少了日常生活中必需的知识技能,缺少亲情,缺少幸福家庭的观念,更没有独立生活的能力。他们接受的教育已经远远落后于未来生存发展的需要。而这场疫情,把孩子和父母都困在了家里,这是一次多么难得的家庭教育机会!让孩子融入家庭,给予孩子生活的教育,助推融洽和谐的亲子关系的建立,我们学校决定抓住这一教育契机,开设家政生活课程,借助"空中课堂",落实家庭教育,创新教育课程。

（二）落实课程目标，着眼未来发展

家政生活课程是一门以生活为切入点的学科，旨在培养青少年基本的生活理念和生活技能，帮助他们进行必要的劳动体验和职业认知，为个人的幸福生活和长远发展做准备。在这些特殊的日子里，我们开设家政生活课程，对于锻炼和培养学生独立生活能力，引导学生形成正确的人生观、世界观和价值观，密切家校联系，共创育人环境，增进亲子感情，发挥家校共育功能，具有事半功倍的效果。

为了让课程的实施达到目的并带来良好的效果，我们根据抗疫这一特殊时期的具体情况，结合学生宅家实际，将家政生活课程的教学内容精心设计为服饰礼仪、饮食与健康、居家与环境、消费与理财、家庭教育、保健与护理、生活美化、休闲生活、职业规划九个方面。并根据学生年龄特征和不同学段的特点，明确提出了课程的教学目标要求，主要是让学生了解家庭日常生活中居家、饮食、衣着、消费、休闲等基本活动环节，掌握日常生活和家庭经营等基本知识与技能，理解人际关系、环境、经济等因素与家庭生活的紧密联系，树立幸福和谐的家庭生活理想和科学健康的家庭生活观念，培养学生美化生活的兴趣和适应现代家庭与社会生活的良好素质与能力，进而增强学生把握自己前途和幸福的信心。

（三）开展课程实践，重视教师指导

实践是检验真理的唯一标准。"家政生活"的"空中课堂"正式开通了，在实践中，我们强调隔离不隔爱，教师做好指导、点评和激励工作。我们采取以"老师任务驱动＋学生自主学习＋教师与家长指导答疑"的方式开展教学活动。第一周我们家政生活课程的教学主题是"做家务"，主要内容包括整理家庭内务，为家人做饭、洗碗、收拾厨房等。各班级针对学生的实际情况任选一项作为教学内容。

巡课走进班级群，我们发现老师们无论布置学习任务，还是指导学生操作或点评成果，都是尽职尽责，更是用心用情。我们看见了这样一些镜头——

一位高年级的老师是这样开头的：

爸爸妈妈为了你们的成长，付出了一生的心血。你看他们头上的白发、额头的皱纹、布满血丝的双眼、粗糙的双手……这些都是无言的证明。孩子们，你准备好了吗？让我们行动起来，为家人做一顿丰盛的午餐吧！毋庸置疑，这种情感导入，激发了孩子们对父母的爱和感恩，使孩子们立即进入了学习环节。指导点评时，老师们更是充满爱心，积极鼓励：孩子们，在使用刀的时候一定要小心哟！小刘同学，你认真洗菜的样子好帅，老师给你点赞！哇，洪洪同学，你做的这道番茄炒蛋真是太漂亮了！隔着屏幕，我都闻到月月同学做的糖醋排骨的香味啦！这道双椒鱼简直做得太棒了,老师都没你做得好呢,好想吃！哇,莉莉还会做蛋糕呀,真牛……

有位低年级的老师用温情的问题这样导入:

宝贝们,你们爱自己的爸爸妈妈吗？……爸爸妈妈天天工作,为我们的成长操碎了心,我们怎样来表达对父母的感恩呢？……接着说:老师这个星期要教你们几个表达爱与感恩的绝招,你们想学吗？……那就是整理内务、洗碗、收拾厨房……视频看懂了吗？那就行动吧,比一比,看谁做得最好……老师的眼睛随时在关注你哟……

指导点评时充满了关心与呵护:彤彤宝贝的手真巧,把碗洗得干干净净！宽宽宝贝做事真细心,房间里的东西弄得整整齐齐……昊昊宝贝,你连书柜上方的灰尘都不放过,做事真是一丝不苟！不过小心梯子滑倒哟,安全第一……宝贝们,今天这节课你们表现得太棒了！你们都是生活的小能手,老师为你们感到骄傲！

教育是一门技术,更是一门艺术。我们的家政生活课在实践中既教给了学生生活的技能,也让我们的老师再一次深切地体会到了教育的艺术魅力。

(四)反馈课程收获,彰显教育成果

家政生活课程实施后,通过班级群搜集反馈信息,在学生的感想中,我们看到了他们的成长与进步;与家长和老师的交流中,我们发现课程的意义和价值。这里摘录部分文字如下:

九年级9班黄盟洪同学的感想这样写道:我终于完成了人生又一个第一次——做饭,煮饭、炒青菜、洋葱炒肉,幸好我的数学学得好,合理安排,没花多少时间,哈哈,味道嘛,的确不怎么样。做完饭菜,我以为自己好厉害的,结果一看班级群,做鱼的、做蛋糕的、炸酥肉的,还有煮火锅的……家政生活课不仅让我学会了煮饭炒菜。还让我明白了一个道理:有些事情看似简单,实际操作却不是这么容易,更让我体会到了爸爸妈妈的辛苦。这家政生活课,还真让我成长了,看着爸妈幸福的笑容,想想我曾嫌弃妈妈做的饭菜这不好那不好,真感羞愧！

五年级2班蒋宇航同学有感而发:第一次由我把厨房整理得如此干净,好有成就感,可是我累得想马上倒下了！妈妈平时给我讲道理,我都不以为然,今天的劳动让我更爱我的妈妈了,想起妈妈每天买菜、做菜、洗碗、收拾房间……我走进房间,抱住妈妈,对她说:"妈妈,谢谢您这么多年每一餐饭都做得那么好吃,谢谢你为我付出的一切！"

九年级9班代正航妈妈说:这是他第一次做鱼,还不错！得感谢廖老师让这些不算勤快的娃娃锻炼了动手能力,培养了劳动观念,学会生活。家政生活课很不错,我们家长觉得这课开得太好了,希望这些课以后能长期保留。

五年级 2 班陈煜婷爸爸讲：还是老师的话管用，指导安排有方，平时我喉咙说干了都不做家务。今天中午做了饭菜，晚上还主动洗碗筷。我们觉得家政生活这门课程相当好，让孩子掌握生活的一些小技能，更好地让孩子知道了父母的不易。

二年级 2 班张瀚文妈妈说：我家孩子的自觉性较差，收拾整理能力较弱，学校开展这个课程不光教会他们收拾物品、自我整理，还能让他们体会与家人相处的艺术。

实践证明，家政生活教育课程的实施，培养了孩子们的动手能力、吃苦精神和感恩意识，让孩子们体会到了家长的艰辛与不易；也给亲子沟通搭建了平台，让孩子与父母之间有了更多的理解与关心，为孩子们拥有幸福的家庭生活提供了学习的机会；也更让我们看到了家政生活课程的价值，对于贯彻落实党的教育方针，培养德智体美劳全面发展的社会主义建设者和接班人，具有重要的现实意义。我们深信，"新冠病毒"阻击战我们终将获得最后的胜利，我们的家政生活课程也一定会为助推学校持续健康发展谱新篇！

（民族中学 阳世雄 郭仁俊 秦中君）

### 四、公民小学：打造属于我们的"泥课堂"

#### （一）面临的困难

当前，新型冠状病毒疫情仍然十分严峻，我市各级各类学校 2 月底前不开学；同时，网络上充斥着各种在线学习课程，虽然对学生的学习有一定辅助作用，但弊病也较多：种类繁多，时间长，过量使用电子产品不利于学生身体健康……

在这样的大背景下，再看我校学情，学校属于公租房小学，全校 1 789 名孩子大部分是流动人口子女，他们现在在哪里？目前居住地现状如何？他们是否能接收到稳定的信号？家长流量费用是否能承担？是否具备线上学习的硬件条件？……

#### （二）师生的现状

为了能够更全面、更准确地掌握我校师生情况，制订出更科学、更实际、更具可操作性、更有公民小学特点的方案，我校在前期进行了问卷调查。

通过分析数据，我们发现，受春节影响，大家原计划是回家过年，师生无电脑占比较大，学生所带学具、书籍有限，居住地信号接收情况与手机流量受限；同时，我校大约有 1/3 的孩子家中有两个或三个在读学生，如果每个孩子都要进行网络学习，给家长增加了很大的负担，会引起家长不满，无法达到预期学习效果。

村庄：25.4%

城市：50.34%

乡镇：24.26%

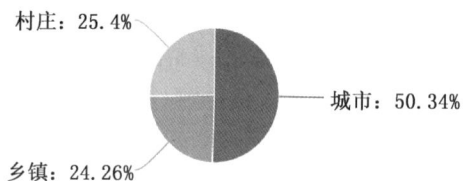

图8-3　学生目前居住地情况

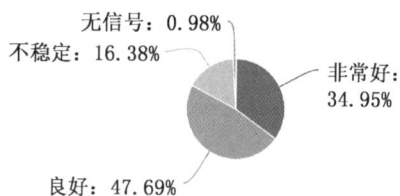

无信号：0.98%

不稳定：16.38%

非常好：34.95%

良好：47.69%

图8-4　学生网络信号接收情况

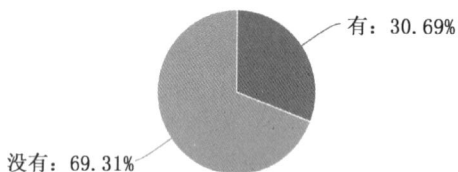

有：30.69%

没有：69.31%

图8-5　学生家里是否有电脑

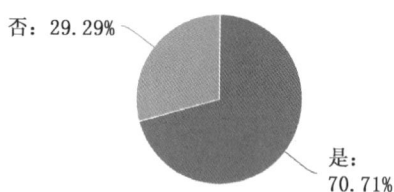

否：29.29%

是：70.71%

图8-6　是否带齐学习用品

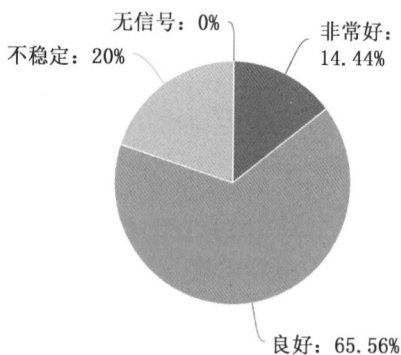

无信号：0%

不稳定：20%

非常好：14.44%

良好：65.56%

图8-7　家长手机流量情况

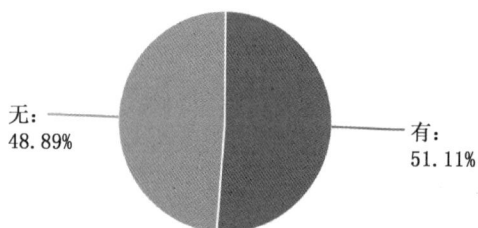

无：48.89%

有：51.11%

图8-8　教师身边是否有电脑

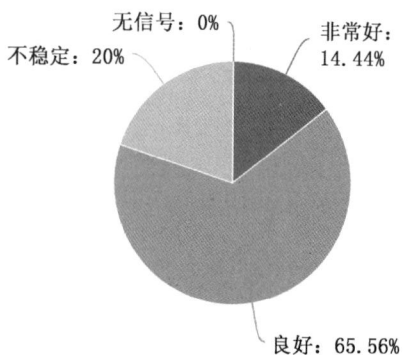

无信号：0%

不稳定：20%

非常好：14.44%

良好：65.56%

图8-9　教师网络信号接收情况

（三）打造属于我们的"泥课堂"

基于以上的调查分析，需要大流量支撑的在线学习不适合我校学情，通过工作群的讨论，我校决定打造属于公民小学的课堂，既然很多同学都在老家或有农村生活经历，就让我们回归老家，立足实际，因地制宜，修养静气，以丰富多彩的"老家"文化为教科书，以实实在在的生活实践为课堂，通过认识老家的"物""人""事"，丰富学生学习生活，为抗击疫情增添一抹亮色——拟名为"泥课堂"。

以学校"延期不延学"方案为指导，保证各年级教学秩序正常进行为前提，利用课表中"家务小能手""午餐有礼"的时间段开展"泥课堂"，通过原班级习惯的班级群为媒介进行分享交流。

具体活动如下：

1. 识老家的"物"

（1）内容

农作物：就地取材，在保证安全的前提下，认识地里种着的、厨房摆着的、家里储存着的粮食果蔬，通过询问家人，了解它们的播种时间、生长特点、收割时间、储存方式等。

农具：观察家里的农具（传统农具或现代农具），通过请教家人，认识它们的名字，了解它们的制作方法、用途、用法、保养维修方法等。

（2）交流方式

为你认识的农作物或农具做个宣传吧，拍张照片、画张画像、做张名片、办一张小报都可以哟，上传到班级 QQ 群交流分享。

2. 认老家的"人"

你发现了吗？在老家，亲戚的称呼可多了："大舅""二爸""三姑""四婶""幺姨爹""表叔"……听起来虽然很复杂，有的叫法好奇怪哦，字典上都没有这个字呢！可是仔细想想是不是很有趣呢？要不，我们来研究一下？

（1）内容

和父母一起盘点一下老家的亲戚，想想，你分别应该叫什么？他是爸爸这一边的亲戚还是妈妈这一边的呢？她/他和你是怎样的血缘关系呢？有没有令你惊掉下巴的称呼呢？比如，明明你和他一样大，他却要叫你小姑姑？

（2）交流方式

介绍一下你的亲戚吧，拍张照片或给他/她画张像，写上称呼，再介绍一下你们之间的血缘关系，发到班级群和同学们交流一下，说不定你会发现，虽然血缘关系是一样的，地方不同，称呼也会不一样哦！

3. 做老家的"事"

你知道床单要怎么办才不会到处"乱跑"吗？你知道怎么织围巾吗？你知道火要怎么烧才会又旺又省柴吗？你知道唤小鸡来吃食的时候嘴里应该怎么念叨吗？唤小猪呢？……看似简单的家务，其实藏着很多技术活儿呢！一起来试试吧！

（1）内容

选择一项劳动，家务劳动或者手工活儿都可以，向家人请教具体做法、注意事项，虚心学习，反复操练。

（2）交流

将自己的劳动过程或成果拍成照片或者短视频在班级群和大家分享，还可以教教大家是怎么做的哟！

　　　　实施我们的"泥课堂"——给老师们的小贴士

亲爱的老师们：

大家好！

自泥课堂开展以来，我们陆续收到来自各班的图片、绘画、视频等资料，真好，说明咱们的孩子都动起来了，咱们的泥课堂得到了孩子的喜欢、家长的认可。孩子们跳出各种在线课堂的轰炸，严重的疫情之下获取了一份难得的轻松与自在。同时，我们也在孩子们的发现与尝试中不经意就回想到自己的童年，我们吃过的野菜、用过的农具、干过的农活随着学生的反馈慢慢回到脑海中。

当然，也有老师隐隐担心，觉得自己班上的视频很一般，没啥亮点，别担心，给大家几个建议吧！

第一，改变我们的心态。我们的初心是什么？就是让孩子们在沉重的疫情之下通过这样的方式放松心情，从中学习，受教育，寓教于乐。所以，不管班上同学第一次发的视频怎么样，我们都积极地去接受它，欣赏它。对于孩子来说，愿意去尝试，这已经是很了不起的事情了！所以，你要做的第一件事情是——狂点赞！

第二，我们班主任可以怎么去助学生一臂之力呢？比如我们来看看这几个视频，道上有"斧头帮"，群里出现了"锄头帮"，看，锄头，锄头，还是锄头！好伤脑筋！怎么办呢？我们细细看会发现，虽然都是锄头，但有大文章可以做哟！首先，可以做成情景式——锄头发现大PK，第一个孩子介绍比较粗略，第二个孩子发现了里面起固定作用的小木块，第三个甚至发现了里面的布，布让锄头上了"双重保险"，我小时候，家里一般在几个大晴天之后，会把锄头泡在水里一会儿，在水的浸泡下布、木屑都发胀，锄头就更稳固了。你看，就是一块小小的烂布、木块，最常见的最不起眼的，背后还挺有科学设计感的。再看最后这个同学的，这锄头了不起，多功能的！另外，这些锄头长相大不一样，那它们使用起来的功能会有什么区别呢? 这个跟区域有关系吗? 这些我们班主任都可以去引导学生开发出来,把活动深入下去,会很有意思的!

第三,泥课堂才开始,我们会遇到这样那样的问题,多么正常的事情,大家放松放松再放松,不着急。发现不错的视频就报给学校,今天还没有做出来也没关系呀,慢慢做,要学骆驼,慢慢走,总会到的,慢慢嚼,总会吃饱的。

让我们享受"泥课堂"吧!

(四)"泥课堂"掠影

镜头一:春日的阳光照进湖北省随州市的一个小山村里,五(4)班的秦乐萱和妹妹穿上筒靴、戴好口罩、扛着锄头、拿起镰刀,来到地里,两个小女孩学着外婆的动作先用锄头挖坑,沙质土又干又硬,挖起来很费力,双手不一会儿就冻红了。接着,把老菊花根缠上叶子,种进土里,用镰刀把外面的石头一块一块刨开,再填土、压平、埋住根部。妹妹有点想放弃,姐姐有些不甘心。继续挖坑、种植、填土……日已中午,孩子们终于种好一块地,早就饿得"前胸贴后背"。隔天,还要去浇水、施肥,数着日子检查发芽情况,小女孩心里又忐忑又期待:菊苗会发芽吗? 什么时候才开花呢?

镜头二:六(3)班的吕俊希和爸爸趁着晴朗的天气,戴上口罩,带好装备,出门去挖"折耳根"。圆圆的叶子,白白胖胖的根,父子俩已经许久不见这么可爱的植物……父子俩把视频发到班群后,大家由衷地感慨,城市发展很快,生活变化很大,现在的孩子被手机、电视等各种电子产品紧紧包围,不少人变成了"游戏迷""小眼镜"。"儿童散学归来早,忙趁东风放纸鸢"已成为父母那一代人的"过去式",而这次"泥课堂"让孩子们有难得的机会重新体验"儿童急走追黄蝶,飞入菜花无处寻"的乐趣,领略"草长莺飞二月天,拂堤杨柳醉春烟"的美景。

镜头三:2月13日,阳光灿烂,二(4)班的杜荨宜和8岁的"小幺姥"趴在老屋的窗边看风景。她看到了树枝上淡绿的新芽,看到了欢呼雀跃的鸟儿,于是有感而发写下了一首小诗:

如果人有一双翅膀
可以飞过金黄的沙滩
飞过蔚蓝的大海
飞过郁郁葱葱的森林
飞过一望无际的城市
只要人有一双翅膀
不管你到哪里
即便是遇到邪恶的病毒
你也会像鸟儿一样

飞高,飞远……
逃离病毒……

**图 8—10    公民小学学生在"泥课堂"上认真劳作**

老话说:玩泥长大的孩子活得好。当我们仰望浪漫的云朵飘过天际时,你是否注意过泥?泥,是一种实在,一种扎根,一种期待。在这个特殊的时期,让我们的孩子同我们以前一样,玩着泥长大,我们也愿化作春泥来护花。

(公民小学    杨晓霞    欧瑜)

**五、花园小学:"指尖课堂",别样的精彩**

(一)"指尖课堂"诞生记

人们都说花开向阳,可来势汹汹的"新冠"疫情让沉浸在节日氛围中的我们猝不及防。"宅家抗疫""延期开学"让孩子缺少了阳光的爱抚、老师的呵护……狭小的活动空间、有限的学习条件让看电视、玩手机成为孩子们的日常生活,抢电视、藏手机也成为众多家庭每日必演的"大戏"。

为了做到"延课不延学",让宅家的孩子们有规律地生活、学习,学校成立

"延课不延学"工作领导小组，制订方案、编制课表、撰写导学单……2月10日，花小线上课堂如期开启，面对全新的学习方式，家长、孩子、老师都手忙脚乱，对孩子视力、学习效果的担忧蜂拥而至。如何做好学生延课期间学习指导，真正落实"停课不停学"根本要义这一问题摆在了我们面前。当天，学校对线上教学情况进行调研并统一认识：教育不只是传授知识，更需要我们通过各种方式、途径启迪学生的智慧和好奇心，促进学生自主学习。课程设计更应该从孩子们的生活场景出发，从孩子们身边事、身边人出发。根据学生没有充足的活动空间、缺乏丰富的学习材料、缺少网课学习设施技术和指导的实际情况，学校结合"小葵花"课程关于手工制作课程开发的要求，利用《快乐手工》这一教学成果，确立"指尖运动——快乐手工，走进童心"主题，开发实施以手上运动、手工制作为主要内容的"指尖课堂"，让孩子们在看一看、学一学、做一做、比一比的过程中提高实践能力，培养创新精神。

（二）"指尖课堂"行走记

俗话说"十指连心"，手是思维的镜子，是意识的培育者，是智慧的创造者。著名教育家苏霍姆林斯基说："儿童的智慧在他的手指尖上。"通过手上活动，能提升孩子手指灵活度，让他们的双手、身心、大脑都得到锻炼，促进孩子成长。

（三）手上运动——快乐运动，走进童心！

宅家做运动是奢望！NO！瞧，花小孩童们正跟着音乐做手指操呢！动感的节奏，律动的手指，孩子们乐在其中！四（2）班的周韵竹说"这是指尖上的舞蹈"。有孩子说："节奏太快了，总觉得自己的手指僵硬，怎么也跟不上节奏。但很有趣，我要好好练习，继续挑战！"而有的孩子则是自信满满："小菜一碟，我就是魔指大王！"于是我们的初级魔指、中级魔指、高级魔指、终极魔指大王就诞生了！瞧，孩子们可爱的小脸上闪烁着自信、乐观的光芒，宅家多日的紧张与不快被手指操赶得烟消云散。孩子的快乐感染着身边的人，家长们也有模有样地做起了手指操，玩起了飞叠杯和手影游戏，开启了一波全家参与的"指上大战"，为枯燥的宅家生活带来无限的生机与乐趣！

（四）手工制作——快乐手工，点亮童心！

《快乐手工》是花园小学的校本教材，曾获得大渡口区教学成果二等奖，也是"指尖课堂"诞生的原点，更是花小"小葵花"课程体系之一。如今，它成了花园小学孩童们宅家生活的"葵花宝典"，老师将手工制作的技法辅以短视频进行指导，孩子们融入了自己的理解和想法，利用家里现有材料，进行创意制作，可以说"快乐手工，创意无限"。

镜头一：巧手制学具，有用！

@全体成员、各位家长们、宝贝们：今天下午我们是要预习二年级下册《算盘的认识》,请孩子们通过图片阅读了解算盘,动手做算盘,全面认识算盘! 算盘怎么"算"? 可以向爷爷奶奶甚至祖辈请教! 请各位家长耐心讲解,给宝贝们打好基础,返校后学起来更加轻松!

于是,在孩子们的创意下,手工算盘诞生了!

@全体成员、亲爱的孩子们:开学第一周我们要学习一种中国古老的智力玩具"七巧板",今天我们先来了解一下,请孩子们在家长的协助下跟着视频做一做!

于是,一副满载亲子感情的七巧板诞生了!

实物比大小、手工五子棋、有趣的口算游戏……一个个极具学科特色,又有手工创意的学具在孩子们的巧手下完成,一扫往日说到学具就要花钱购买的习惯,让孩子们明白学具也是可以自己制作的!

镜头二:手工小动物制作,有爱!

二年级的孩子们在美术老师的指导下开展"手工制作小动物"活动,既让孩子学会了用剪、贴、折、立体造型等方式制作小动物,也让孩子们明白保护动物就是保护我们家园的道理。活动中我们也遇到了重重困难:制作材料缺乏,怎么办? 老师引导孩子利用生活中废品做替代,比如用牛奶盒硬纸板做瓦楞纸、用快递硬纸板做森林背景等。孩子年龄小,无人督促、指导怎么办? 老师就制作微课指导孩子进行创作。

做的手工作品能够展示出自己的想法,希望大家都保护野生动物,就不会再有冠状病毒出现了。(郑倩如)

小动物们很可爱,请大家保护动物,就是保护我们自己。(龙恩惜)

老师带领我们做小动物手工,很有意思,让我们在家学习的日子更加有趣。(陈思杰)

我很喜欢做手工,希望那些杀害野生动物的人不再伤害这些可爱的动物了。(钱静)

一句句稚嫩的语言,书写着孩子们对小动物的爱;猫头鹰、蜻蜓、小兔子……一个个可爱的小动物作品,让我们看到孩子都是天生的艺术家,一点技法,一点创意,构成一个美丽的世界。

镜头三:"变废为宝"小制作,有情!

牙签、橡皮泥制作的各种框架造型,瓜子壳、米粒、各种豆类制作的贴画,旧红包制作的灯笼、小动物,废纸箱、饮料瓶制作的帆船……是中、高年级的孩子们在"变废为宝"主题小制作中的一件件创意之作。每一件都是孩子们与"低碳"的亲密接触,都表达了孩子们对战胜疫情的美好愿望,为武汉加油,为中国加油! 在制作活动中培养了孩子的自信心、成就感和解决问题的能力,真正让家长和孩子们宅在家里动起来、乐起来,让无聊的时光精彩纷呈。

镜头四:家长认可,孩子喜欢! 有效!

空间有限,想象无限,让孩子们身边的一切成为手工制作原材料,成就一件件满载创意、希望和梦想的作品,驱除了"宅陪"的苦闷与无聊,点亮了一颗颗智慧的童心,培养了良好的动手能力和动手习惯。我们来听听孩子和家长们的声音:

手工制作丰富了我的课余生活,给我带来了快乐,提高了我的动手能力,还让我做事更认真、专心。(赵瑞妍)

做手工让我在疫情隔离期间有趣、充实,同时也做到了不出门,不给国家添乱,尽一个小学生的本分。(陈可)

手工不仅好玩,还能提高我的操作能力。(喻春)

做豆贴画可以打发无聊的隔离时间,很有趣,还很有意思!(李金爵)

让小孩在家里做做手工很不错,除了语文、数学的学习,做点这些小孩挺喜欢,还有老师在网上耐心地指导,很好。(彭惠盈爸爸)

学校网上手工制作的安排还是很不错的,孩子在家自己没有计划,现在有老师的帮助,孩子的活动也有计划和条理了。(龙恩惜妈妈)

做手工可以提高孩子的兴趣,动手又动脑,这几天陪孩子做手工,发现小朋友比大人都厉害,看着一堆东西,我们还不知道怎么下手,可孩子们的脑海就会出现一个自己想做的东西,马上就能说出来。在家里动手做手工,还可以增进孩子和父母的感情,我们平时都比较忙,很少陪孩子。现在,能在家抽点时间陪孩子一起动动手,一起思考,不管做得怎么样? 孩子都会露出满意的笑容。(陈秋妍妈妈)

没有冬天不可逾越,没有春天不会抵达。愿"指尖课堂"这辆通往春天的列车,载着花园孩童们在"宅家"路上宅得丰富而精彩,有收获,亦有成长⋯⋯

(花园小学　李炼)

## 第二节　一线校长的审视与思考

突如其来的"新冠肺炎疫情"打乱了我们正常的生活、工作与学习节奏。延期不延学,成长不延期,孩童成长路上应有老师家长的陪伴。学校从课程设置、教学模式、任务驱动、学习效果等作出探索尝试,引导学生和家长能够安心静心居家防控,学生有规律地生活学习,学会自主成长,健康快乐地度过这段前所未遇的时光。

### 一、关于停课不停学的思考

突如其来的"新冠肺炎疫情"打乱了我们正常的生活、工作与学习节奏。教育部为此提出了"延期开学、学生停课不停学"的抗疫举措。

延期不延学,成长不延期,孩童成长路上应有老师家长的陪伴。如何引导学生和家长能够安心静心居家防控,学生有规律地生活学习,学会自主成长,健康快乐地度过这段前所未遇的时光呢?

（一）思考一:构建线上课程体系

我们学校少数民族学生、农民工子女占90%以上,困难家庭子女、学习有困难学生、农村留守儿童多。这些孩子家庭教育缺失、生活习惯不同、学习差异较大、生长环境迥异、兴趣爱好不广泛,目前大多数学生回到家乡回到农村,拥有电脑的家庭不多,手机智能化低、版本低,地处山区信号弱,学习工具不齐等。生活即教育,现实是最好的教科书,这次疫情是灾难,更是一次难得的弥补课堂教学、学校教育缺失的亲情教育、生命教育、生活教育、自律与责任教育的大好契机。

基于此,学校设置防疫与"身心健康教育＋学科教学＋道德修养教育＋家政与生活教育＋兴趣艺体活动"五大板块课程。把疫情、把灾难变成教材,保持良好的积极的心态,完成好家国情怀教育、生命教育、生活教育、信念教育、科学教育、道德教育、公共安全教育和心理健康教育等。疫情期间,学校特别开设家政与生活教育课程,通过学习、教育和训练,引导学生加深对幸福的理解,让学生在学习之余,适当关注自己的家庭生活,树立正确的幸福观,提升生活的品位,为将来成为具有独立人格的社会人做准备。五大板块课程,让孩子们学会自律、自主学习、自主管理、自主成长。

（二）思考二:建立线上教学模式

线上教学和线上学习,对于学校、教师、学生、家长来说都是新鲜事物,如何让教师尽快适应,实现课程学习全覆盖并保证教学质量? 为此,学校建立起"任务驱动＋学生线上学习与自主学习＋教师线上教学与指导答疑"的课堂模式和"低起点、缓坡度、密台阶、重基础、能学懂、有收获"的教学策略。让师生可操作,明确提出务必放慢教学进度,准确把握知识重点,精简教学内容,降低教学难度,夯实基础,加强后进生个别辅导。把教学的目标和衡量教学质量的标准定为:不出现因学生学不懂让家长和学生产生忧虑,不影响学生安心静心居家防控大局,不影响学生身心健康发展,尽可能让所有学生能学懂,科学有序落实国家课程的实施。

（三）思考三：科学选择学习内容

根据目前师生实际情况，科学选择学习内容，依据"三个支撑"驱动学习任务，保障网络学习有序有效开展。

一是任务支撑。我校中小学部学生学习习惯尚未完全养成，自学能力较弱，不能合理安排作息时间，更不会选择学习内容，因此我校推出了学习任务单。教师根据学校的课程设置，将每天的学习安排和学习任务提前推送给学生。推送的学习资源以照片式教材、导学案为主，视频、微课、网站等可供有条件的学生选择。每节课的学习任务以激发兴趣和弄懂每节课的最基本知识为主，不仅有看（目前主要是使用电子产品）的内容，还应有听、说、读、写、思等任务，减少学生使用电子产品的时间。不同学科，根据学科特点，可以多些体验式、探究式任务，可以围绕新冠病毒肺炎开展研究性课题或小课题，阅读课本、经典，复习以前知识、预习新课，练字，写日记，锻炼身体等作为学科教学内容。

二是网络支撑。采取"电视点播＋网络授课平台"形式推送学习任务。网络授课平台主要采用 QQ 群、微信群、钉钉直播、腾讯直播、微师课堂直播等。针对网络信号弱等特殊原因无法通过电视或网络参与在线学习的学生，教师可以采用发短信等方式布置任务，加强个别辅导，将优质教育资源传送给每一个学生。

三是资源支撑。依托学习强国、国家中小学网络云平台、教育部中小学国家课程电子版教材、重庆市基础教育资源公共服务平台、重庆云课堂、进修学校推送的相关教学微视频等，为学生提供丰富的学习资源。

（四）思考四：有效指导学习方法

一是让学生清楚在线学习的任务与流程。教师要根据学科特点、学生情况对学生进行指导，让学生明确线上学习的任务和学习流程，为此，我们制定了线上学习流程示意图（图 8—11）。

二是让教师清楚在线教学的任务与流程。教师要清晰地知道自己如何有效地将优质的资源有序地提供给学生。要将网络平台的资源充分整合，选择适合我校学生学习的精华资源，如果没有很合适的资源，则教师可以根据课本知识自制微课或课件，有序地推送给学生学习。为了能制订出适合我校学生的线上教学流程，我们定时开展网络教研，集大家的力量与智慧，相互学习借鉴，互相交流，齐心协力，取长补短，最终形成了如下在线教学流程（图 8—12）。

三是让家长清楚指导监督孩子学习的方式方法。因为网络学习的特殊性，老师无法时刻对学生进行监管，为保障教学任务和学习效果，我们携手家长，引导家长做好孩子学习的指导监督工作，全力确保学生身心健康有保障、能力素养有提升、家长焦虑有疏导、家校共育有促进。引导家长培养孩子以下几个学

| 线上学习流程 | 课前预习：认真完成老师布置的预习作业 |
| | 自主学习：带上课本和笔记本观看视频，同步完成学习任务 |
| | 互动交流：积极参与互动学习，提出自己的疑问，和老师、同伴共同学习 |
| | 课后作业：按时完成作业并在规定时间内提交 |
| | 纠错解惑：结合作业反馈完成纠错，提出自己的困惑在老师帮助下解决 |

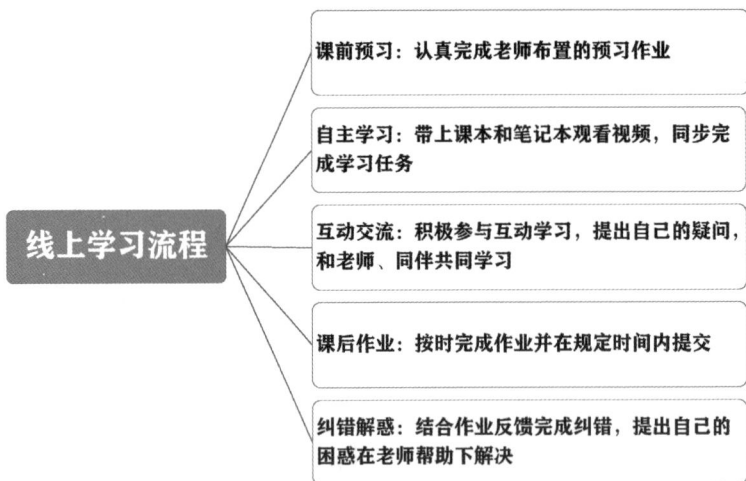

图8—11　线上学习流程示意图

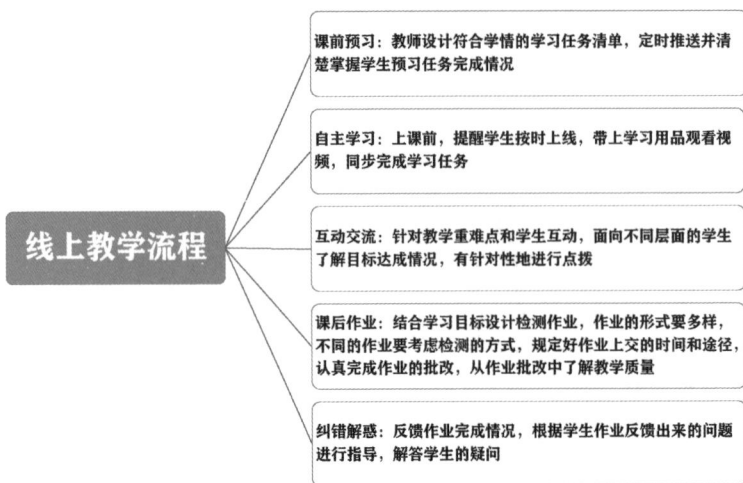

| 线上教学流程 | 课前预习：教师设计符合学情的学习任务清单，定时推送并清楚掌握学生预习任务完成情况 |
| | 自主学习：上课前，提醒学生按时上线，带上学习用品观看视频，同步完成学习任务 |
| | 互动交流：针对教学重难点和学生互动，面向不同层面的学生了解目标达成情况，有针对性地进行点拨 |
| | 课后作业：结合学习目标设计检测作业，作业的形式要多样，不同的作业要考虑检测的方式，规定好作业上交的时间和途径，认真完成作业的批改，从作业批改中了解教学质量 |
| | 纠错解惑：反馈作业完成情况，根据学生作业反馈出来的问题进行指导，解答学生的疑问 |

图8—12　线上教学流程示意图

习习惯：合理安排作息时间，上课不迟到不早退；提前做好课前准备，按照教师推送的学习任务单开展自学；保护眼睛，每节课连续观看屏幕的时长不超过15分钟；课堂上积极思考、主动发言；有条件的家长陪伴孩子一起学习、锻炼和完成家政与生活课程。

（五）思考五：客观评价线上教学

一是要合理设计课堂教学流程。我们的学生学习兴趣普遍不浓，激发兴趣环节不能少,教学方式要多样化并不时交替进行,教学流程要清晰,教学内容的推送要短小化,每一段视频播放时间尽量控制在 10 分钟以内,避免学生长时间看电子产品,避免孩子跟不上学习节奏。

二是提高学生自主学习的能力。网络在线教与学,绝大部分老师和学生都是生平第一次经历,教学平台的使用、教学资源的甄选、教学流程的设计等多方面的内容都是每一次遇见,没有经验,没人培训,怎么办?只有铆足干劲,一心一意为做好在线教学而努力学习,充分提高自己的自学能力。

三是加强网络学习的评价。网络学习的效果如何?如何提高网络学习效果?为解决这一问题,我们必须加强网络学习的督导和评价。在督导方面,我们采取了在线巡课来督导教师,同时每天公示当天的巡课总结,以便大家相互学习相互督促。在评价方面,我们从家长的反应、学生反馈和学生的学习效果进行综合评价。

(六)思考六:强化线上教学反思

非常时期,第一次尝试网络教学,干部与教师应该做好教学反思与过程资料收集,养成收集整理有价值的文字、图片、案例的习惯,这样有利于学科资源共享和促进教师专业发展。

一是收集优秀课程设计、教学设计、教材创编、教学思路。

二是善于发现收集在实施五大板块课程中师生的感受、体会、评价。

三是挖掘师生间、生生间、家长与老师之间的互动交流感人瞬间,优秀事迹。

疫情无情,人间有爱。我们虽不能像"最美的逆行者"一样在一线冲锋陷阵,但我们可以在家园为"战役"保驾护航,为培养德智体美劳全面发展的社会主义建设者和接班人而坚持不懈、奋斗不息!

(民族学校校长 阳世雄)

### 二、于焉幸"自得"——双山实验小学"停课不停步"

抬头揽尽二月春,迎接鸿运好兆头。今天是 2020 年 2 月 24 日,农历二月初二,谚语有言"二月二,龙抬头",寓意好兆头。今天也是"停课不停学"线上指导学习的第三周了,老师们走过了一个从开初的手忙脚乱,然后慢慢适应,以至当下得心应手的过程。也是在今天,我们得到市教委继续延期开学的通知。面对接下来的持久战,老师们,您做好准备了吗?希望在后一段居家的日子里,老师们继续做到"自省、自律、自励"。把这个"思辨、规范、实践"的经历,凝炼为我们且行且思的提升获得,成为我们在实践中获得认知、在操作中突破创新的"生命课堂"。

（一）自省会"自得"

自省就是理解自我，明确了该干什么，就能付诸行动，从而自得其乐！

在防控疫情就是生命战争的今日，我们教育人也有自己的前沿阵地，对于"停课不停学"应有我们自己的思考。思考"停课不停学"的终极目标是什么，是要做什么，是为了什么？作为教育人在这个时期责任和担当又是什么？疫情当前，防控就是责任。生命安全，身心健康才是首要。特别是对于我们只有一二三年级，这样一个低段学生占主导的群体，更是多思多想该做些什么？基于这样的目标，学校才有了课程内容的调整，才有了"阅读、锻炼、家务劳动、综合实践活动"四大版块的体系安排。

有了思考，才有行动。所以，学校鼓励各年级老师根据四大板块自主制订学习方案。经过老师们一遍遍修改，各版块的细化内容逐渐明朗起来：

一是强阅读、诵（背）经典。童话、小说、寓言……主题系列阅读更加深入深刻地让孩子受益。

二是规范写字、练好品质。从开始的无要求到后来分类别练习，既让学生复习巩固生字又潜移默化探寻规律。

三是以锻炼为根、劳动为本。我们把锻炼身体和家务劳动结合起来，让孩子们从观察父母做家务开始，每一周的项目式活动让孩子学会一种家庭生活技能。两周时间，孩子们学会了洗菜、择菜，练就一道厨艺；学会了整理房间、洗衣服，培养生活自理意识。

四是实践出真知，教育即生活。疫情当下，怎样保护自己，怎样不给他人添麻烦？冠状病毒是什么，它又是怎么传染的呢？最美逆行者，他们为什么要逆行……这些问题在实践活动中，孩子们通过科学实验、查找资料、真实生活而获得解答。

不难看出，自省让我们的教学找到方向，学生在自我成长中"自得"，也成就了老师的"得"。在防疫紧张时期，阅读老师们制作的美篇：《为你插上翅膀，愿你自由飞翔》《劳动的果实最甜》《为中国加油，以画笔为"枪"抗击疫情》《不负春光，不负韶华》……分享学生的成长喜悦，无疑成为每日枯燥生活的调味品。所以，老师们，思考好接下来的目标后，你一定能在实践中自得其乐。

（二）自律即"自得"

自律就是规范自我。懂得怎么干，就能在实践中自得其道！

在"停课不停学"准备、实施过程中，各级各类的教学资源铺天盖地冲刷着我们的屏幕。面对这些可以信手拈来的信息，我们怎么办？原封不动地抛给家长来教？抑或是让学生自己看PPT、微课自学？我想这都不是家长能接受的方式，也不是大渡口教育人的本色。守护留守家中的学生，是教育人在抗疫战争中的神圣使命，是考验我们老师工作自律的时候。这个时候，我们的角色要变了，由学生学习的引导者转变为学生自主学习的陪伴者。从心出发，动态优化，构筑起"家长放心、学生有心、教师用心"的"空中育人走廊"。需将课堂面授的教学资源，转换为自主学习的学习资源。

首先，认真甄别、筛选。以生为本，学情为大。面对每一个学习资源，叩问自己3个问题：第一学的是什么，即解决什么问题；第二解决问题的方法是否具有可操作性；第三效果是否可视可检。

其次，指导学生会"隔空聊话"。"隔空聊话"或许是特殊时期的一种交流方式，但可能也是未来的一种主流交际方式。"隔空聊话"的核心是求真，讲真话，叙真感情。对特殊关爱的学生给予点对点的关爱、一对一的帮扶。

最后，引导家长。疫情既是"危"也是"机"。宅在家里是最好的家风建设、道德传统、亲子关系建立时机，家长的责任不是"陪练＋陪读"，而是教会孩子自主学习，学会管理自己。

如何不见面而不停学，如何指导学生自主学习，如何提炼隔空传递的学习内容，如何管理检视学生学习情况……这无疑给我们带来新的困惑，恰又提供了边学边干、亦教亦研的专业发展新机遇、新路径。把握时机，就是自律的历练。因而在我们的团队中涌现出许多优秀事迹：班主任刘老师声情并茂的一封信——《给我最牵挂的人》，触动心灵，得到学生家长的积极回应；关心关爱医护人员子女的学科老师用实际行动为"最美逆行者"护航，解后顾之忧；进步青年、党员老师为参加"应急防疫支援队"，瞒着家人手写申请书，用担当谱写青春序曲……当问到他们为什么这样做时，他们的回答都是"这是我应该做的"。从这些老师的身上，我们看到他们的思想、能力在不断提升，看到他们心中的内生力种子在破土、在发芽。

（三）自励也"自得"

自励就是超越自我。把握如何干好，就能获得创新，得到提升！

古人云："梓匠轮舆，能与人规矩，不能使人巧。"自我修炼、向外生长才能产生智慧、提高素养。一练技之长。常言道，技多不压身，面对这个延长的假期，我们可以多练练厨艺，拿出几道看家的菜品。写一写疫情期间的感人故事，分享瞬间的感动……种花，养鸟，且坚持，让这些技长为生活添姿增彩，在自然灾害面前多一份娴静与淡然，且伴你终生。二悟思之道。由于我们的职业有别，必须具备一定的管理能力和格局，才能面对错综复杂的班级事务，理清眉目，分门别类有条不紊解决问题。才能在多元的教育价值理念中不失本真不忘初心。所以阅读人人需要，时时需要。如《毛泽东选集》"实事求是"的理论，"具体问题具体分析"的做法，给予了我们很好的经验。三修业之精。何为专业，别人不可替代就是专业。你们年轻,学习正当时,利用当下闲余,修炼学科技能,涵泳学科知识,定会成为你们专业成长的催化剂!长风破浪会有时,直挂云帆济沧海!愿这个初春成为你们生命向外生长的最佳时期!

"爱在左,同情在右,走在生命的两旁,随时撒种,随时开花,将这一径长途,点缀得香花弥漫,使穿枝拂叶的行人,踏着荆棘,不觉得痛苦……"此时此刻,冰心的这一段话萦绕在耳畔,今天所发生的一切,会成为我们人生的大事记,因为在疫情风暴里的每一个人都站在历史的峡谷前。我骄傲,我有一群披荆斩棘的同路人;我骄傲,因为我们对学生、对生命的敬畏,对家园、对国家的守护,是同频共振的……一首歌中唱到"有爱才能扬起嘴角"。

为了让身边的人、我们最牵挂的人嘴角扬起微笑,我们于焉幸自得,为双实学子,为自己擎起自得成长的天空!

(双山实验小学校长    陈宏)

### 三、疫情之下,重新审视教育的多维价值

2020 年的春节,原本阖家团聚、喜庆祥和的氛围,被一场突如其来的疫情强制按下了暂停键。每一个中国公民或宅在家里,或用生命奋斗在抗疫第一线,大家都在用自己的方式,诠释着"众志成城、抗击疫情"的真谛。庚子年春,必将成为每一个中国人终身难以磨灭的记忆。

中国人是善于"痛定思痛"的,而在"痛"中反思、改变,既是对灾难的有力纪念,也是对自我成长、自我价值的一次全新审视。作为教育工作者,我们应该给予孩子有价值的教育,为未来社会可持续健康发展播撒种子,而最有价值的教育往往来自经历和体验。2003 年的非典、2008 年的汶川大地震,对于今天处于小学阶段的孩子们而言,似乎太过遥远,而这一次大疫灾难却近在咫尺,每一个人还都置身其中。以前我们在教科书上认识的英雄不再遥不可及,不再只是"书中人物",而是变得具体,变得现实,他们每天都出现在我们身边,深深地感动着我们。这一切都是教育的最好素材,是活生生的教科书,也是我们育人的最好时机。

(一)爱国教育——家国情怀

越是危难之际,国家力量愈发彰显。此次疫情爆发初期,中央一声令下,全国各地一呼百应,白衣天使主动请战、火速集结,披星戴月紧急奔赴抗疫第一线;14 亿老百姓听从中央号召宅在家不给国家添乱;四面八方的捐赠物资源源不断涌向武汉;十天时间修建完成一座六万多平方米的医院并投入使用;9 000多万共产党员成为抗击疫情的排头兵……这就是今日之中国,强大的中国,团结的中国,有爱的中国! 尤其是近期全球疫情爆发,各个国家不同的应对处理

方式,更让我们深切感受到了国家的伟大! 我为自己身在中国,是一名中国人而倍感骄傲!

深深感动的同时,我们也要静下来思考:我们一个个小小的生命个体,如何为大大的国家、大大的民族去承担自己应有的责任? 新时代的教育,就应该引导孩子充分认识个人与国家、民族的关系,国家安定了,民族强大了,作为个体的我们才能享受安静祥和的生活。要让我们的孩子深刻感受到国家的力量,让家国情怀在孩子们心中更清晰、更有分量!

(二)责任教育——榜样引领

"一个国家、一个民族,总要有一批心忧天下、勇于担当的人,总要有一批从容淡定、奋发进取的人,总要有一批任劳任怨、矢志不移的人。"这些人就是鲁迅先生说的"中华民族的脊梁"! 在学校,我们给孩子讲董存瑞舍身炸碉堡、刘胡兰宁死不屈等英雄故事,孩子们的眼中天真却茫然,因为这些离他们太远。而今天,当一批批医务工作者不惧生死、逆向而行时,当已是垂暮之年的钟南山院士、李兰娟院士奋战在抗疫第一线、不分昼夜工作时,当一位又一位医生、护士、人民警察、社区志愿者在工作岗位上前赴后继时,学校教育就应该抓住这些教育契机,点亮孩子的心灯。让孩子们知道,今天所享受的岁月静好,不过是因为有这些英雄在负重前行! 从来没有什么从天而降的英雄,有的只是挺身而出的凡人。这些挺身而出者就是中国真正的脊梁,他们才是孩子们应该追逐的那颗最闪亮的"星"!

一般来说,孩子只有首先对个人有责任感,想到自己应该成为对社会有益的人,才会想到应该按社会要求做点什么,从而逐渐表现出对他人、对集体和对社会的责任感。所以从某种程度上说,孩子对自我负责也是对社会负责的表现。而向疫情中那些迎向危难,勇于担当、守护安宁、用生命去呵护生命的平凡英雄致敬和学习,从而让孩子们明白,宅在家里不为防疫抗疫添乱,合理安排好自己的学习和生活,做到学习上有计划、有行动、有总结,生活上按时作息、勤锻炼、爱劳动。养成自主学习、自我管理的好习惯,就是孩子们当下应有的责任。

(三)健康教育——珍爱生命

从本质来讲,生命教育是一种"全人教育",它不仅仅是"望文生义"的认知中关乎生死的教育,更是对生命自身使命与意义探寻的教育。而这样的生命教育,在本次抗击疫情中得到了充分的展现和生动的诠释。

在这次疫情面前,小到医护人员全力救治患者,大到国家不惜停工停产,以牺牲经济发展为代价,只为保全中国人民的生命健康,因为生命无价! 让生命有尊严、有质量,国家做出了最好的表率,医护人员给出了最好的答案:无论贫贱,我们应学会珍惜生命、尊重生命,善待每一个人。

常言道"身体才是革命的本钱",这场疫情更是在检验着人们的免疫力。对正处于成长发育重要阶段的孩子来说,体育运动所起的作用无可替代。学校教育应该始终将孩子的健康成长摆在第一位,进一步让"每天运动一小时,健康生活一辈子的理念"落地,用好抗疫题材,家校共育,提升对运动锻炼的重视程度、促进孩子运动习惯的养成,让孩子们在未来的生活中健康活力、自信满满又充盈着乐趣。

(四)自我教育——习惯养成

现代教育家叶圣陶先生说:"教育是什么?往简单方面说,只需一句话,就是要养成良好的习惯。"在课程改革不断深入的今天,让小学生养成良好的学习习惯、生活习惯,甚至是思考习惯,对他将来的学习、工作、生活将起到积极的促进作用。

"勤洗手、多通风、戴口罩"这应该是疫情中广为人知的宣传口号和卫生提示。其实除戴口罩以外,其他两点我们以前不也是天天挂在嘴边,是养成教育的重要环节吗?但真正落实得又如何呢?孩子们往往只记住了"勤洗手"这个词儿,没有获得正确的洗手技能,更没有形成行为习惯。而这场疫情让我们从来没有过的高度重视这些生活中的"小节",包括正确洗手七步法、健康饮食习惯、保持社交距离等。宅家期间家校共育,通过示范、指导、检查,促进好习惯养成不正是教育的契机,带给孩子有价值的成长吗?希望如此惨痛的教训能为我们敲响警钟,希望每一个人都能站在"防疫就是责任"的高度认识好习惯养成的重要性,每一个人都能积极行动起来,哪怕是疫情结束之后,仍然保持生活中的好习惯。

最好的教育往往来自经历和体验,所有危机都是绝佳的教育契机。我们无法预测下一个灾难发生的时间和方式,唯有从每一个灾难中汲取教训,穿越灾难,砥砺前行,才能避免重蹈覆辙,才能真正成长。

所以,用好疫情这本历史教科书,给孩子们上好爱国教育、生命教育、健康教育、自我教育等几堂生动的大课,给孩子有价值的教育,是所有教育工作者当下义不容辞的责任和使命!

（跳磴小学校长　周余）

## 四、疫情防控常态化下的学生管理初探

4月20日启动复课至今,各项工作平稳、顺利、有序开展。很长一段时间以来,反复推演复学方案、精准"三史"排查、错时错峰上放学、标画标线、检测温度、错位就餐、制作挡板、保障物资、应急处置、克服疲劳、心灵鸡汤……凡此种种,每个学校都在殚精竭虑、精益求精。随着线下教育教学的逐渐正常化,疫情

防控和教育教学两手抓两不误是当前的核心任务。它不仅需要我们以理性的思考、广阔的整体观和系统观，对疫情影响进行认真分析，更需要对疫情防控常态化后的学生管理和培养这个难点作思考。那么，让我们肩负责任，用心出发，保持对前景的美好盼望，在当前工作中努力做到有所为有所不为，在学生管理与培养的应对策略上进行积极的探索和引导。

（一）问题梳理

如何利用疫情这本大书，科学完善疫情背景下的班级考核指标与实施，成为引导学生成长的纲领？

如何引导历经疫情大考后的学生，在规则意识、责任意识、生态意识等方面逐步成长、逐步改进，有所进益？

如何帮助学生调整返校新标准及线上线下教学等带来的心理适应？

（二）制度保障

工作推进，制度先行。我校从制度的出台、执行、监督、考核、宣传五个方面予以闭环落实。

一是制度出台。出台《茄中防疫 28 条》，从校级层面对工作作明确界定与职责划分。

二是执行保障。构建"校级—年级—班级"三级立体执行体系，各司其职，各明其责。突出年级的主体和主导作用。

三是监督保障。实施网格化监督，做到政策执行不走样。

四是考核保障。校德育处在原有的班级考核基础上，修改并出台《疫情背景下班级考核新常规》，涵盖规则意识、家国情怀、责任意识等五个方面，暂时删除集会、大型活动板块分值，调减课间活动权重，新增疫情知识、诚信报备、节约物资、保持距离、志愿者执勤等项目，调增遵守秩序、开窗通风等分值，形成正面清单 18 条，负面清单 7 条，解决了学生返校生活惯性思维与习惯，在班级、学生中形成清晰的考核约束导向。

五是宣传保障。在我校，人人都是宣传员，每个师生都得说得出一两句。其实，说不是关键，内化才是关键，才是我们想要的结果。当然，编制的宣传语要朗朗上口，接地气最好，如"错时错峰不聚集，定点定线不交叉""看路标、听指挥、不扎堆"等，学生随口就来。

（三）具体措施

新冠疫情给我们所有人上了一堂人生大课。"疫情虽事发眼前，却源于久远。各类病毒在地球上存续了数十亿年，它们遍布在生态系统的每一个角落，是自然界用来平衡生态的手段。人类文明的发展历史证明，几乎所有瘟疫的源头，都是由于人类侵犯了本来属于野生动物的领地，导致本来只是潜伏在动物身上的病毒像发现新大陆一样找到新的宿主,破坏人的细胞、感染人的身体,最后演变成对人类伤害极大的传染病。"这句话就是在告诉我们,尊重生命、尊重规则、尊重生态就是尊重自己,敬人则人敬之。

因此,我们实施并坚守了以下六个微观层面的措施。

(1)遵守一米线距离,就是规则意识。规则就是红线、就是底线,不可逾越。我们选取了取餐、如厕、清洗餐具三个关键环节,让一米线等候成为常态。保持距离既是对自己的保护,更是对他人的尊重。

(2)上放学排队制度,这是秩序素养。2 000 余人,尤其是放学,无论初一还是高三,无论三九寒冬还是三伏高温,都按照规定两路纵队在值班老师的指引下,有序离开学校的排队放学制度已执行 5 年。如今,叠加进"排队入校"环节,除了解决安全问题,更重要的是,灌输学生"秩序"二字,这是未来公民必不可少的基本素养,以适应未来社会对他们的选拔。

(3)一次性餐具分类收纳,这是极致自律。我校四个年级总计 1 500 余学生采用一次性餐具就餐,一天两顿,产生废弃餐盒 3 000 余个,若不提出要求,废弃餐盒的无规则回收必然造成环卫车一次无法完全运送的状况。基于此,我们将家庭"收纳"的概念嫁接到餐盒管理当中,纳入班级考核。以班为单位,将就餐完毕的餐盒盖是盖,盒是盒,分类同向重叠、收纳,整理好后再送至垃圾站。不仅节约垃圾桶空间,还干净卫生,更培养学生收拾整理有效利用空间的好习惯。以 50 人班级为例,一餐下来,积累的废弃餐盒才 40 余厘米高。同时,垃圾分类的处置也得到了更好的实施。

(4)参与分餐体会尊重,这是尊重与被尊重。值日班级制度是我校一项长期制度。学生不仅自己劳动,还要学会尊重他人劳动成果。当启用一次性餐盒就餐方式后,值日班级学生便分批进入食堂,与师傅们一起流水作业一起分餐,一起体味劳动的艰难,体谅食堂师傅的辛苦。有同学说,以前总抱怨,学校伙食不好吃,挑三拣四尽浪费,亲自参加分餐大汗淋漓手腕酸疼后,才知道大锅伙食不易,尊重师傅劳动是做人根本。有了这样的认识,今后的他们一定会倒逼自己学会绝处逢生。

(5)不忘学习主业,主动适应新常态,这是责任与使命。没有统一上下课铃声,长短课互为补充,各年级运转有序。高三年级按预定节奏进入了正常的备考复习状态。其他年级返校至今,主动问问题、主动交作业,学习氛围浓厚。扎实学好课程是核心更是关键。要求老师避免一刀切式的"零起点"教学、"回锅肉"式教学,线上教学那么宝贵的经验和资源补位而不越位,从而对学生精准进行查漏补缺和能力提升,实现平稳对接。

(6)重视身心健康,这是对生命的爱护与敬畏。一是拟建立学校心理健康基金,资助问题学生解决心理问题。二是在防疫前提下,按照"一错二分三固定"原则,逐步启动大课间或以班为单位的一些小型活动;三是建立考试分数公布预案制度,杜绝简单公布分数,做到提前分析学生,多分析数据,班主任和老师更要在鼓励、肯定的前提下,适时公布考试分数,尤其是毕业年级。

武汉解封亮起的明灯,点亮的不仅是武汉这座英雄城市,更是每个人内心的春天。这场肆虐全球的疫情唤醒的不仅是个人卫生习惯、规则意识,更是我们教书育人的初衷。每个学生读书目的或有不同,但唯有责任担当的读书、规则意识的读书、生命意义的读书、家国情怀的读书更显境界、更有温度、更有力量。

(茄子溪中学校长 李燕)

# 第三节 阶段性的反思与总结

## 一、云端研修问道寻路,在线引领"停课不停学"

2020 年,当新型冠状病毒席卷中华大地之时,国人开启了"史无先例"的宅家运动,1.8 亿中小学生也掀开了"停课不停学"的线上学习。

面对突如其来的全民网课,我曾质疑过:有没有必要上? 教学效果好不好? 会不会冲击疫情时的生活……但时间不等人,谁都没有经历过谁也没有发言权,教师们都往前冲了,教研员更要往前冲,大家一起"战斗"。一个人的力量是单薄的,众人拾柴火焰高。为此,我们成立了由学科教研员、教学名师及骨干教师组成的小学数学指导团队,旨在发挥其引领作用和集体智慧,切实保障我区延期开学期间的线上小学数学教育教学平稳有序推进。我们建立了研修队伍,开展引领行动。

(一)传递理念,温暖人心

这次新冠疫情的出现,使传统的教学场景、教学内容、教学方式、教学工具、教学样态及师生角色都发生了改变,教师们面临着巨大的身心挑战。要改变常规行为,必先改变认识及观念。指导小组的成员们商议用一封信的方式,去表达、沟通和引导。告诉老师们:在个人情绪及教学节奏上我们要不急,慢慢经历线上教学的常态实施;在教育思想及教学方法上要不懈,遵循教育的思想,坚守数学学科的边界,找到更多新颖有趣的、适合线上教学的方法;对特殊家庭和特殊孩子要不弃,用爱心、信心、责任心去守护每一个孩子、每一个家庭。特殊时期的一封信,让教师们感受到了作为一群理性的数学人的浪漫人文情怀。大家觉得特别温馨,从内心产生认同感。

（二）调研施策，落地课堂

线上学习是一项应运而生的系统工程，很急也很新。虽然有了理念的指引，但行为的跟进还需时间去沉淀。面对接踵而来的各种问题，指导小组没有急于给出答案。我们首先开启了调研活动。围绕"各校教研组的学科规划、集体备课、材料选择、平台利用情况，学生学习时长、内容、反馈、评价以及无法进行线上学习学生的指导情况，家长的陪护时间、陪护人数、参与程度等情况"进行调查。

我们发现：教师们思维较为定势，将线上学习和线下学习的教学进度等同，导致教学内容多、时间长、节奏快，学生及家长焦虑情绪重。于是，我们给全区小学数学教师制定了各个年级的进度表作为参考。将教材一课时的内容划分成两课时，将容量适当分解，使节奏放慢、坡度降低，同时调整单元教学的顺序，把适合线上教学的内容前移，不适合的就放在线下进行。教师对资源的选择能力也参差不齐，有的资源匮乏，学习单一，有的面对众多资源只会盲选。指导小组成员在各自课堂实践的基础上，为教师们选择了几个资源出处，让学习的内容更丰富且优质。

大家这样做，就是坚信：有时候，退，是为了更好的进；慢，是为了更好的长。这样的节奏调整，脚步放慢，正是当前疫情之下我们所需要的课程重构的取向。

如何开展线上教学，各类公众号都给了非常多的实施技巧。教师该如何抓重点，科学组织线上学习活动？我们根据各年段学生的学习特点，探究出不同的侧重点。

低段：依靠家校协作，促学生兴趣地学。一、二年级学生年龄小，好奇心强，但自控力低，注意力易分散，学习习惯、方法尚在形成中。对于低段学生而言，平时的学习需要家长配合，延期开学间的线上学习更离不开家长的督促和参与。首先，教师要争取家长的理解和支持，让家长成为"同盟军"。如在学习工具的配备上、学习环境的营造上、学习材料的准备上、学习时间的安排上等，很多细致的要求需要家长和孩子一起做。其次，老师去做家长的教育指导师。长时间的独处，家长可能对孩子出现烦躁情绪或陷入无计可施的境遇，老师要做到多关心、多建议。另外，教师设计有趣的亲子活动，让家长积极地融入。如有的老师在教学了"平移旋转"后，布置学生和家长一起剪图形。有的家长负责录制视频，对孩子的语言表达进行补充等；有的家长和孩子在动手过程中，不仅完成规定任务，还颇具创意地呈现新作品。这次疫情，既重温了父母与孩子的亲子时光，更增进了教师与家长的沟通，让大家都明白："教育"不是孤军奋战。

中段：依托教材呈现，促学生独立地学。线上学习不等同于看视频，也不等同于看直播。线上学习只是学习方式变了——学习要真正发生，关键是学生经历思维和体验过程。就小学数学的学习而言，学生要想一想、练一练、听一听。对于中段学生，教师要巧妙利用教材、教辅引导学生自主学习。主要做法是借助任务导学单推进教学活动。教师设计导学单前认真研读教材，明晰各课时核心知识点，预判易错点，最大化地用好身边的资源。导学单的探究形式灵活多样，不一而足。如：教学"运算定律"时教师让学生去"观察——猜想——枚举——发现——归纳——应用"；教学"观察物体（二）"时，让学生借助家中可用的材料自制学具，然后"拼摆——观察——绘画"，或"看图——想象——拼摆"。教师以丰富多样的方式导学，才不会让学生感到单调，不会有"格式化"之感。同时，在导学单中设置"自我评价"，激励学生学习。在远程教学中用好纸质教材，回归原始的学习路径，既能培养学生读书自学、独立思考的能力，又可避免学生长时间用眼而影响视力的问题。

图8—13　三十七中高三王元松老师在上网络直播课

高段：依赖规则制定，促学生自律地学。小学高段的学生已具备一定的学习习惯和独立学习能力。线上学习，更考验学生的自律性。老师要考虑学生用电子产品学习，会不会分心用于其他玩耍。因此，教师对规则的制定及执行直接决定教学的效率。一是课前要有流程：学生根据"微视频"和"任务单"并按照学习流程，开展预学活动，对有疑问的地方做好标记或记录，便于第二天线上学习讨论。上课前，教师和学生都提前做好情绪和工具上的准备。二是课中要有互动：学生与视频互动，采用暂停播放式，边看边思边解决，直到微视频学习结束;学生与同伴互动,以答疑解惑。三是课后有约定:教师约定时间,为个别学生答疑,进行家庭作业反馈等。

（三）追踪质量,研判衔接

有了理念的传播、方法的指导,还要通过成效来检验。为了得到真实的反馈信息,指导小组成员分组包校,各自承担两三所学校的数学课堂追踪任务。首先,在取得执教教师许可的前提下,进入云课堂,关注教师是否重视了备课,对现成的课程资源有适合班情的修改;是否重视指导学生自学,给材料、给方法、给时间;是否有互动,学生间有无交流分享;是否体现了"少讲精练",作业量是否有效控制。指导小组成员只听不评,避免给教师带来心理压力——主要是通过云课堂的巡查,了解目标的达成效果。然后,成员每周集中一次反馈课堂教学情况,大家找到共性的问题进行分析、讨论、解决,并在全区小学教导主任群里进行提示,促使教学质量的提升。同时,我们对了解到的学习状况进行研判,为后期的线下教学做准备。

疫情终将过去,新技术对教育教学的冲击无法避免,教研人不能置身事外。只有建立学习共同体,增强网络教研力量,加速提升信息化能力,将线上学习和线下学习有机融合,我们的教育才能更好地拥抱未来。

（本案例作为重庆市优秀线上教学案例,推送到教育部）

（进修学校　牟敏　谷小平　程聪）

## 二、"导学任务单"开启"博物馆云展览"学习之路

实验小学教育集团在"停课不停学"时期,以"互联网＋"的思维,构建"以生命健康为基础的启慧空中课堂",努力探索以"导学任务单为通道,开启博物馆云展览学习之路"的路径,把博物馆教育和美术学科有机整合,通过"我和博物馆有约"课程实施,拓宽学生视野,增长知识,提升美术素养,增强家国情怀,激发学生对美好生活的向往。

（一）实施背景

2020年新年伊始,突如其来的"新型冠状病毒"迅速蔓延,牵动着每一位国人的心。此疫情,让我们猝不及防,让寒假变得如此漫长,让我们无法如期重返校园。按照教育部和重庆市教委关于《中小学延期开学期间"停课不停学"有关工作安排的通知》,以及《大渡口区2020年春季延期开学期间小学生学习指导方案》,各校纷纷开始制定"停课不停学"的实施方案。重庆市大渡口区实验小学教育集团从实际情况出发,以"互联网＋"的思维,努力构建"以生命健康为基础的启慧空中课堂",加强"爱国、健康、生命、家庭、疫情"等教育,以更好地实现"停课不停学"的最大价值。

"我和博物馆有约"正是在这个时期孕育而生的集团校本课程。大家知道,博物馆作为历史文化的展示场所,人文、社科、艺术的传播机构,是拓宽学生视野、提高学生美术素养的重要阵地。博物馆式教育就是现场式教学,即将学生带到博物馆或者课程中经典作品的原地,进行现场式教学。云博物馆通过"互联网+",把博物馆从线下联系到网络中,打造有声博物馆,打破时空界限,让我们居家领略到历史文化的魅力。博物馆云展览学习是处于博物馆云展览场域中的观众,通过参观展览、参与活动等方式感知文化意义的存在,并在个人经验的基础上建构起对文化意义的理解。我们把博物馆教育和美术教学有机整合,让美术教师来实施,旨在通过"我和博物馆有约"课程,拓宽学生视野,增长知识,提升美术素养,增强家国情怀,激发学生对美好生活的向往。

(二)实施过程

第一阶段:自由行

由于时间仓促,在"我和博物馆有约"课程实施初期,我们是抱着先给学生推出一些云博物馆网址,让学生自由选择"逛"云博物馆展览场,激发学生学习兴趣的这一想法来实施课程的。我们把这个阶段称为云博物馆的"自由行"。

"我和博物馆有约"校本课程的实施统一安排在周一的上午,整个学习活动时间为40分钟,我们给学生制定了《学习攻略》。活动前,美术老师在班级群中推送全国著名博物馆云展览网络地址,师生在家自主逛博物馆。我们选取了一些有代表性的博物馆进行推送,如北京故宫云博物馆、敦煌云博物馆等,这些博物馆采用3D实景,博物馆图像清晰、配乐优美、画面流畅,让孩子如同身临其境。学生可以任意选择各个分场馆和展品,可以对展示品上下左右切换视角,放大缩小,拉近拉远。同学们表现出浓厚的兴趣,认识了一种新的参观博物馆以及学习知识的方式和途径。但在这个环节我们也发现了一些问题:有的孩子性格活泼,不能静下心来参观博物馆,对于小学生来说40分钟的自主学习时间太长;学生逛博物馆目标性不强,走马观花,没有达到提高学生文化素养的目的;学生的网络硬件条件会制约博物馆的体验感受;等等。

第二阶段:向导引

在第一次博物馆学习之后,我们立即征求教师、家长和学生对这门课程的意见或建议。我们欣喜地发现,孩子们是非常喜欢的,家长也很支持,这坚定了我们继续开发"我和博物馆有约"校本课程的信心。同时,我们组织美术教师针对学生学习的状况和存在的问题进行了深入的研讨,我们发现,线上教学因为不同的学习环境、不同的学习设备、不同的学习能力,学生的学习情况更多的是"我的学习我做主";有限的教学时长、聚焦核心的教学内容、自主检测的学习效果,让教师"鞭长莫及"。我们的线上学习需要以学生为中心,凸显学生的主动探索、主动发现和对所学知识意义的主动建构,引导学生自主构建认知经验。学生居家博物馆学习需要有好的"向导",这个"向导"是什么呢? 对,就是"导学任务单"! 要提高"我和博物馆有约"课程学习的效果,必须以"导学任务单"为通道,开启学习之路。"向导引"使学习更有目标性和针对性。

| 时段 | | 周一 | 周二 | 周三 | 周四 | 周五 |
|---|---|---|---|---|---|---|
| 上午 | 9:00-9:40 | 班队活动 | (语文)综合性学习 | 探索与发现 | (语文)综合性学习 | 探索与发现 |
| | 9:40-10:40 | 眼保健操+体能锻炼,线下自主开展 | | | | |
| | 10:40-11:20 | 我和博物馆有约 | (数学)游戏与思维 | 探索与发现 | (数学)游戏与思维 | 探索与发现 |
| 下午 | 14:00- | 自主活动、可选内容:素读、书法、阅读、手工、绘画、音乐欣赏、家务劳动、科学活动、"新冠肺炎"主题学习、观看电影等 | | | | |
| 晚间 | 7:00-7:30 | 童眼看社会(与家人一起收看《新闻联播》) | | | | |
| | 7:30-8:00 | 别样的窗口(根据自愿原则,自主在班级群、朋友圈、我的足迹中分享当天的活动及成果等) | | | | |
| 建议与说明 | | 1. 阶段划分:2月17-21日第二阶段;2月24-28日第三阶段。<br>2. 授课时长:降低教学要求、放慢教学进度、切实防止居家学习替代学校课堂教学;控制时长,每课时教师讲授时间不超过15分钟。<br>3. 课程说明:<br>(1)班级活动:聚焦当下,开展家国情怀、防疫心理健康团辅等活动,由德育团队负责,请班主任老师组织实施;<br>(2)我和博物馆有约:即学生点击链接全国著名博物馆云逛展展览网络地址,在家自主学习;<br>(3)探索与发现:即集科学、综合实践、劳动技术、品德与社会等学科融合的主题项目式学习,请科学团队负责,由学习自主学习。<br>4. 鼓励教师根据班情巧借资源、大胆探索、自主开发,让学生在学科融合中学有所获 | | | | |

图8—14  实验小学空中课堂课程表

于是,在"我和博物馆有约"课程实施的第二阶段,我们引入了"导学任务单"。课程活动时间仍旧安排在周一,为了保护学生视力,固定时间调整为15分钟。活动前,美术老师先推送博物馆学习任务单,学生了解任务单以后,打开任务单所对应的云博物馆网址,有针对性地逛博物馆,并完成任务单。老师根据学生的年龄、学段设计不同难度的任务单问题,针对博物馆的典型文物设计问题,让学生有目的地短时间了解该博物馆的文化艺术精华。

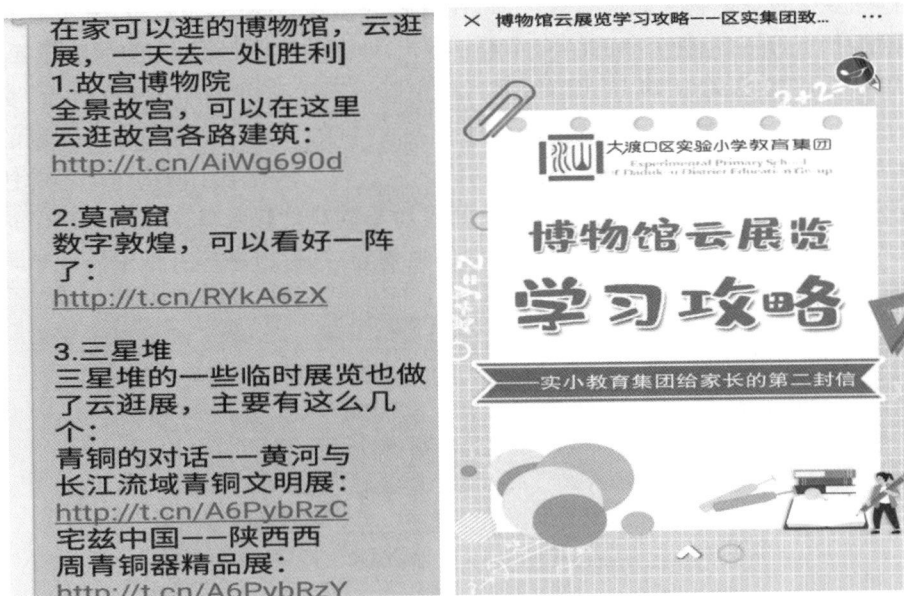

图8—15 实验小学博物馆课程学习攻略

有了任务单的导学,第二阶段的学习更有针对性,更能体现"以生为本""以学定教",聚焦了核心的学习内容,提高了学习效果。学习时间的缩短,减少了学生看电子产品的时长。绝大多数学生都能积极完成任务单,对博物馆藏品的历史文化有了更深入的认识。当然,在课程实施过程中,我们始终是以研究者的角度去探索、去发现课程中的问题,如集团内有些校区的学生觉得15分钟时间太短,没有时间完成任务单;有些校区学生认为任务单难度大,博物馆内容多,一时找不齐答案;等等。这些问题都反映出我们设计的任务单不够优化,没有充分考虑到不同班级、不同学生的学情需求。

第三阶段:兴趣研

一份优质的"导学任务单",必须具有育人、导学、对话、反馈四大功能。优质的"导学任务单"如何设计,它应该具有哪些结构元素?在"停教不停学"倡导"一班一案""一生一案"落地行动之际,学科性、年段性、差异性等在"导学任务单"中如何体现?在第三阶段,我们把"导学任务单的优化"作为了研究重点,选择学生感兴趣的主题,开展云博物馆学习,旨在提升空中课堂的教学效率,提升育人质量。

对于"我和博物馆有约"课程的实施,学校做了如下要求:一是全面降低任务单的学习难度,减少少学生学习负担。二是制作博物馆导逛视频和博物馆简介,教会学生在博物馆如何有效学习,在有限的学习时间中,收获更多,更有兴趣学习。三是规范任务单的结构元素和格式,即我的学习目标、我的活动任务、我的学习评价三个板块,从而实现"目标引导——活动引导——评价引导"目的。四是细化博物馆区域,从不同展厅开展欣赏,如设计一次以瓷器为主题的博物馆参观之旅、以一件国宝为主的认识国宝之旅。这样缩小博物馆内容的任务单,更有针对性,还可以根据班级学情发送不同难度任务单。五是针对个别差生和不能网络学习的学生,开展课后单独辅导,推送电视等其他资源的学习方式。

3、这是(      )宫,它有什么用途?
(                      )。

二、填空
    北京故宫是中国(    )两代的皇家宫殿,于明成祖永乐四年(    )年开始建设,旧称(    )城,位于北京中轴线的中心。北京故宫以三大殿(    )殿、(    )殿、(    )殿为中心,内廷的中心是(    )宫、(    )殿、(    )宫,统称后三宫,是皇帝和皇后居住的正宫。占地面积(    )万平方米,建筑面积约(    )万平方米,有大小宫殿七十多座,房屋九千余间。北京故宫是世界上现存规模最大、保存最为完整的木质结构古建筑之一,(    )年被列为世界文化遗产。
三、看图识宝物

**图8-16    实验小学博物馆课程导学任务单**

图8-17和图8-18是两份"我和博物馆有约"课程的导学单设计。

导学任务单的设计,需要做到以下几点:一是变有序——从无序操作到循序探索(体现探索性);二是重过程——从简单获知到过程经历(体现学科特点);三是撤梯子——从过度铺垫到展开思维(体现年龄段特点);四是求变式——从单一训练到灵活拓展。在"导学任务单"的设计中,要处理好"导学任务单"与线上课堂的衔接关系。

青花瓷学习任务单

班级：（　　　　）　姓名：（　　　　）

**课题：　青花瓷鉴赏**

**学习目标：**

1、通过观看视频，了解青花瓷纹样以及图案寓意并学习，欣赏青花的素净雅致与釉里红的深沉艳丽和谐地统一在画面上的艺术美感。

2、在青花瓷纹样的设计中感受中国古代人民对于美好生活的向往与热爱。

**任务：**同学们青花瓷花纹丰富，寓意深远，观看视频后请完成下面2个小题。

**任务一：**鱼戏莲叶间花纹的对应谐音词。

（1）鱼----（　　）

（2）莲----（　　）

（3）组成成语----（　　　　）

**任务二：**青花瓷花纹中动物的吉祥寓意

（1）孔雀：

（2）凤鸟：

（3）龙：

| | | |
|---|---|---|
| 自我评价 | 我能自主学习：☆☆☆☆☆<br>我能认真作业：☆☆☆☆☆ | 我能专心观看：☆☆☆☆<br>我能积极思考：☆☆☆☆ |

* 备注：请同学们把答卷拍照上传至各自的班级群《美术》里。

图 8－17　“我和博物馆有约”课程导学单(1)

（三）实施成效

目前，重庆市大渡口区实验小学教育集团“启慧空中课堂”实施已有一个多月。第一阶段，我们走过彷徨不安的适应期；第二阶段，我们经过摸着石头过河的探索期；第三阶段，我们的启慧空中课堂已逐步走向“深水区”。一路走来，我们从空中课堂的定位与认知、国家课程与校本课程的特色架构、线上教学的组织与实施、信息技术的支撑效能层层切入，努力探索着“以生命健康为基础的启慧空中课堂”的更好模式，以更好地实现“停课不停学”的最大价值。在“我和博物馆有约”校本课程的实施中，我们美术组教师始终以课程开发者、研究者、执行者的姿态，以“学生身心健康”为前提，努力夯实理论学习，不断探索实践、反思改进、总结提炼。

(1)丰富了学校课程和教学内容，为学科教学与博物馆教育的整合提供了有效的范式。现代教育观认为，要培养高素质的人才，单靠学校教育是远远不够的，还必须有社会教育、家庭教育的密切配合，而社会教育中的博物馆教育是

博物馆之约——认识国宝学习任务单

校区：（ ）班级：（ ） 姓名：（ ）

学习目标 ：1.了解《击鼓说唱俑》材质、诞生年代、收藏博物馆。

2、通过陶俑的动作、服装分析陶俑在汉朝的的身份和地位。

3、对比古今说唱者认识现代社会的安定幸福，增加对国家、社会的认同

我的活动

任务一、看图填空

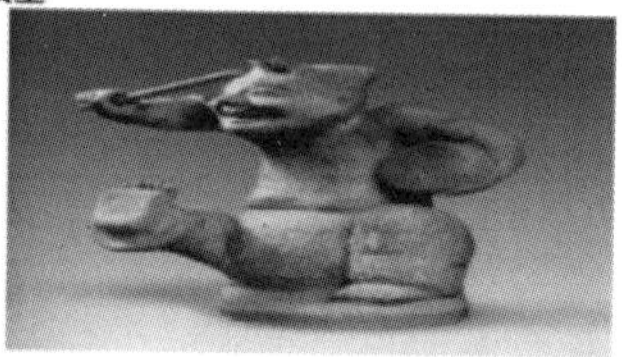

1.我的名字是（ ），现藏于（ ）博物馆。

2. 我出土于（ ）省 汉崖墓，俑通高55厘米，以泥质灰陶制成，俑身上原有彩绘，现已脱落。

3.我在汉朝是的身份是（ ），相当于现代的rap艺人.

任务二、模仿一下吧（任务二和任务三可以选取其中一题完成）

跟着国宝动起来，给你的家人来段说唱表演吧！

任务三、国宝畅想（任务二和任务三可以选取其中一题完成）

假如回到东汉，你就是这位击鼓说唱者。畅想一下，正在表演的你会穿着什么色彩、什么材质的服装，正在干什么？周围的观众是谁？他们会有什么样的反应？……(请写50-100字左右的欣赏评述)

我的自评 （看看自己的表现吧！ 在相应的括号里打勾）

课前学习：很认真（ ）比较认真（ ）有点马虎（ ）

课中学习：很专心（ ）比较专心（ ）有点跟不上（ ）

我想说 ：（有什么想说的话，鼓励一下自己，表扬一下自己……）

图8—18 “我和博物馆有约”课程导学单(2)

一个重要的不可替代的环节，是学校教育的延伸和拓展。作为学校，在顶层设计学校课程时，必须思考如何将博物馆教育资源与小学美术、品德、音乐、科学、书法等学科有机整合，构建适合本校学生发展需求的校本课程。在“停课不停学”期间，“我和博物馆有约”课程的开发和实施，丰富了学校校本课程、教学内容，改变了教与学的方式，很好地把美术与云博物馆教育资源进行了整合，让孩子们在家利用互联网和3D实景技术等现代高科技，走进云博物馆，近距离接触文物，身临其境去亲身体验，了解博大精深的中国文化，感受我国古代文物的神奇、特点和价值，体会古代劳动人民的高超技艺，增强爱国主义情怀、民族自豪感、家国情怀，激发对美好生活的向往。今后，我们还将在此基础上，探索品德、书法、科学、音乐等其他学科与博物馆资源的有效整合的方式。

(2)优质的“导学任务单”，极大地提高了空中课堂的学习效果。“导学任务单”是打通空中课堂教与学的重要载体，是引领学生自我管理、有效进行自主学

习的有效途径。"导学任务单"关注对学生自学能力的培养，从一定意义上体现了"先学后教""边学边教"的趋向。明确方向是自主学习活动的前提，所以我们的"导学任务单"注重目标引导，在学习活动开始前提示学生"学什么""有什么用""怎样学"，帮助学生明确本次活动的学习内容、学习价值、学习方法。课中，师生在"导学任务单"的引导下开展探究交流，点拨核心知识。课后巩固、拓展、延伸。在导学任务单中，结合班情加入评价激励机制，在这样特殊的师与生不能见面的教学时期，促进学生自我参与、自我管理、自我激励，调动学生主观能动性参与线上学习。在三个阶段的云博物馆学习中，导学任务单从无到有、从有到优，我们看到了学生不同的学习效果。优质的导学任务单，更能让"停课不停学"的目标落实落地。

（3）"我和博物馆有约"课程的实施促进了家庭亲子关系的改善。孩子的成长需要家长的陪伴！家庭亲子关系是所有学校教育和社会教育的基础。这一次疫情，把离家打工的父母留在了家里，共同做家务，一起学习，一起玩耍，这是一个特别令人欣慰的现象，亲子关系更加亲密了。在"我和博物馆有约"课程中，家长陪同孩子一起"逛"云博物馆，一起完成学习任务，亲子共学、共读时间得到保证，亲子关系得到了改善。同时，在特殊时期，家长沉下心来陪伴孩子学习，感受到学校对"停课不停学"要求的认真落实、对课程实施的重视、对学生的身心健康的关爱、对学校工作更加支持与理解，家校共育合力增强。

（4）"停教不停研"，教研团队力量使课程实施更加落地落实。空中课堂线上学习对于教师来说，既是挑战也是机遇。教师们在没有网络教学经验、没有事前演练的情况下，摸着石头过河开展"停课不停学"。我们定期进行网络教研，每周一下午 2 点，非语数学科教师开展教研活动，每周二下午 2 点，语数学科开展网络教研活动。一要解决空中课堂工具和技术问题。我们学习直播，通过实操、演练做直播主持，熟练掌握 QQ、钉钉等云直播、在线授课，成为网络优秀主播；学习视频编辑、剪接大师，成为微课制作高手，教师的信息素养提到迅速提升。我们研究如何设计任务单、如何优化任务单，发挥"导学任务单"的育人、导学、对话、反馈功能？如何面向所有学生，把握任务单的难易程度，考虑到每一个班，每一个学生，落实"一班一策""一生一策"？我们边研究、边实施、边改进。从第一阶段的一股脑推送，生怕孩子没有东西学；第二阶段的有目的的引导，就怕孩子学不到；到第三阶段详细周到的考虑，从兴趣出发引导学生，让一个孩子也不掉队。我们的"导学任务单"逐步完善。一次次深入的研讨，教师们群策群议，思维火花绽放在各学科群里，优质的"导学任务单"彰显出教师团队的教育智慧，我们的课程实施也因此更加落地落实。

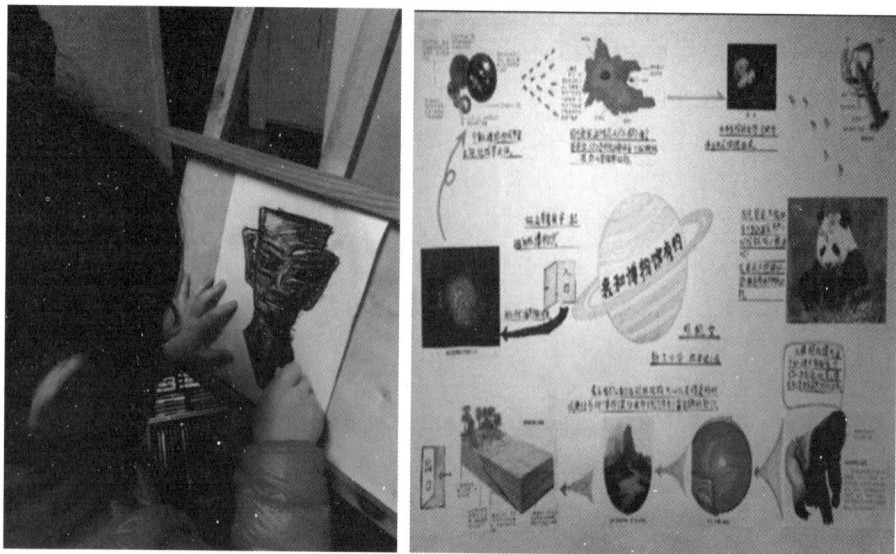

**图8—19　学生作业及作品**

(四)问题与思考

在"我和博物馆有约"课程实施中,我们清醒地看到:学情极大地制约着学习效果。不同校区,不同班级,不同学生,在任务单反馈中展示了不同的学习效果。有的校区、班级、家庭学习氛围较好,家长的辅导和学生的自我管理帮助他们更好地、更快地完成学习任务。优生在第一阶段就能很好地完成对云博物馆的自主学习,而大多数学生也能通过第二阶段任务单的学习和第三阶段对任务单的优化有效地完成对云博物馆的学习,然而个体差异依然存在。在平常班级教学中,我们可以通过合作学习等方法,学生高带低,互相帮助,共同学习,共同提高。但在这种特殊的时期,孩子们往往是独自在家学习,如果家长没有很好的辅导能力,或者家里的硬件设施不能跟上,博物馆的学习就不能得到落实。只有单独给予这些特殊学生关怀,才能落实每个学生的学习,并且给优生推送更多更广的学习方式才可以让优生更优。

同时,我们深深地认识到,"授人以鱼不如授人以渔"。在自主学习活动中,教师不再是单纯的知识传授者,而是要成为学生的引路人和合作者,要教给学生学习的方法,要让学习发生在学生身上。从引导学生参观博物馆,到让学生学会如何鉴赏艺术品、文物,有独立的理解和思考才是本次"我和博物馆有约"课程学习的核心,所以下一阶段我们将研究如何联系教材、联系学校特色、联系学生生活,开展有特色的校本研究,如"如何欣赏书画作品、如何鉴赏陶器?怎样看雕塑?"等博物馆主题单元活动。希望通过这些活动培养学生的自主鉴赏能力,从了解出发,理解民族核心文化,提升核心素养。

总之,这一次疫情,逼着我们在教育观念、课程设置、教学内容、教学方法等方面进行了改变,给我们的教育带来了很多新挑战。正视每一个挑战,积极应对,是我们每一个教育人的责任与担当。无论是疫情下还是疫情后,博物馆教育始终是我们教育集团重要的校本课程,我们将继续不断深入探究下去!

(本案例作为重庆市优秀线上教学案例,推送到教育部)

(实验小学教育集团新工校区 雷佳 郑洪霞)

### 三、行稳致远——钰鑫小学"停课不停学"阶段性回顾

2020年春,注定将载入史册。突如其来的"新型冠状病毒"无情地阻挡了孩子们正常迈进校园学习的步伐。"停课不停学",这是来自国家教育部的声音。面对全新的教学模式,我校积极响应,根据教育部及市、区教委关于"停课不停学"通知的要求,迅速启动了"停课不停学"工作。成立了以崔满校长为组长的"停课不停学"工作领导小组,以张雪梅副校长为组长的"停课不停学"课程指导小组。一路走来,且思且行。目前,我们已经做了三个阶段的尝试。今天就在此分享我们走过的心路历程:

(一)第一阶段:摸石过河,牛刀小试明方向

学校全体教师线上教学是一种新生事物,无处借鉴与参考。我们只能摸着石头过河,一边实践一边反思一边修正。工作初期,领导小组主要通过线上会议,反复围绕"线上教学教什么? 怎么教? 上课时长多少合适? 如何提高操作实效?"等核心问题进行了深入研讨,逐步形成了停课不停学——"义渡云课堂"第一阶段实施方案。

"义渡云课堂"实施初期,基于五育并举、规范作息的设计理念,学校统筹架构了12门课程:"每日晨诵""读写天地""趣味数学""快乐ABC""鑫童乐吧""翰墨书香""今日我当家""科普乐园""艺术美苑""信息小达人""小眼看疫情"项目式学习及"亲子时光"。"义渡云课堂"学习内容几乎涵盖小学全部学科,作息时间也是井井有条,从早上8:30到晚上8:30,甚至对孩子周末的学习内容也进行了细致安排。同时,每个学科组分别组织教师,拟定了线上学习导学案。

在实施过程中,第一阶段的"义渡云课堂"凸显出四大特色:

特色一:强健了体魄。由学校体育组教师设计开发的"我运动,我健康"和"我运动,我快乐"课程,让学生坚持每天上、下午各50分钟的室内体育活动,保证了学生运动的强度与时长,增强了学生的体质。

表 8—7 　　　　　　　　大渡口区钰鑫小学"义渡云课堂"课程表

| | 时间 | 周一 | 周二 | 周三 | 周四 | 周五 | 周六 | 周日 |
|---|---|---|---|---|---|---|---|---|
| 上午 | 第一节 8:30～9:00 | 每日晨诵 | 每日晨诵 | 每日晨诵 | 每日晨诵 | 每日晨诵 | 复习;背诵;预习;自主室内体育锻炼;练习玩"魔方""24点""华容道"等游戏 | 自主室内体育锻炼;练习玩"魔方""24点""华容道"等游戏;帮助家长进行家庭清洁扫除 |
| | 第二节 9:00～9:40 | 读写天地 | 读写天地 | 读写天地 | 读写天地 | 读写天地 | | |
| | 9:50～10:40 | 我运动 我健康 | | | | | | |
| | 第三节 10:40～11:20 | 趣味数学 | 趣味数学 | 趣味数学 | 趣味数学 | 趣味数学 | | |
| | 第四节 11:30～12:10 | 今日我当家(1～2年级);快乐ABC(3～6年级) | 快乐ABC | 鑫童乐吧 | 今日我当家(1～2年级);快乐ABC | 鑫童乐吧 | | |
| | 12:10～2:30 | 午餐 午休 | | | | | | |
| 下午 | 第一节 2:30～3:10 | 翰墨书香 | | | | | | |
| | 第二节 3:20～4:00 | 艺术美苑 | 科普乐园 | 信息小达人 | 科普乐园 | 艺术美苑 | | |
| | 4:00～4:30 | 我运动 我快乐 | | | | | | |
| | 第三节 4:30～5:10 | 小眼看疫情 | 我爱美文 | 小眼看疫情 | 亲子乐园 | 小眼看疫情 | | |
| | 5:10～7:00 | 晚餐 | | | | | | |
| 晚上 | 7:00～7:40 | 观看《新闻联播》(建议4～6年级每天完成10条新闻摘抄和简单新闻评论) | | | | | | |
| | 7:50～8:30 | 整本书阅读、亲子共读 | | | | | | |

（注：左侧分别标注"线上学习"（上午）与"线下学习"（下午））

特色二:增长了知识。"义渡云课堂"课程指导小组组织学校骨干教师、年级备课组长精心设计了导学案、精挑微视频、精选习题,实现了教师线上教学的规范性和易操作性,保证了学生每天学习的质量。

特色三:守住了本源。"义渡云课堂"立足学科素养,坚持五育并举的设计理念,12门课程包含了国家课程和校本课程,内容涉及德、智、体、美、劳五大方面,实现了学生的全面发展。

特色四:体现了大格局。结合了当前大背景、大题材,变疫情为课程的"小眼看疫情"项目式学习,通过观看视频、查资料、统数据、做小报、静反思、宣传语等多形式,从"认识新冠""预防新冠""新冠带给我们的思考"三个维度,让孩子们感受生命、珍惜生命、敬畏生命;从"我与防疫""社会与防疫""人类历史与防疫"连线个体与社会、个体与人类,使孩子更加懂得生活、生命、生态的意义,明白自己的历史使命与责任担当。

这一阶段,也很快暴露出一快一多一少的问题:

(1)学习节奏较快。学生在家的学习状态较学校松散,而"义渡云课堂"作息时间安排与学生在校学习的作息时间安排基本一致,紧凑的作息安排让学生感到了些许不适应,增加了学生学习的紧张感。

(2)学习内容较多。义渡云课堂共计 12 门课程,不仅有国家课程,还有校本特色课程,几乎面面俱到,学生在各个课程中转换角色,让学生感到身心俱疲。

(3)自主空间较少。多个校本课程也被整齐划一地安排在作息时间表内,但受学习环境、个人喜好等因素的影响,部分学生并不能较好地完成校本课程内容的学习,学习效果并不乐观。

(二)第二阶段:统整优化,稳步前行见实效

基于实施初期呈现的亮点与暴露出来的问题,学校停课不停学工作小组成员反复思考,不断叩问:"义渡云课堂"到底追求的是什么? 目标定位在哪? 是否与学校"义达天下、竞渡未来"的办学理念、"多维一体、大渡教育"的区域理念相吻合? 是否符合当下学生学习的真正需求? ……带着这些问题,工作小组再次审视"义渡云课堂"实施方案。

通过项目工作领导小组多次研讨、商议,达成共识,形成了新的"义渡云课堂"第二阶段实施方案。该方案凸显出以下四大特色:

(1)缩短作息时间,以生为本有温度。每天开课时间从原来的 8:30 调整到9:00,让学生能够充分地调整身心、做好学习准备,精神饱满地开始一天的学习。结束时间从下午的 5:10 调整为下午 2:30 后的任意时刻,让学生根据自己的学习实际情况自由安排时长。

(2)优化课程内容,灵动开放有宽度。鉴于当前的社会大背景、学生心理和学习环境等现状,对课程设置进行了进一步的统整与优化,保留了初期的"读写天地""趣味数学"和"一起律动吧"等基础课程;同时为学生提供更多弹性学习空间,增加"小鬼来当家""亲子好时光""哆来咪发嗦""妙笔能生花""习字助立人""小眼看疫情"等自主活动内容,学生根据自己的兴趣、特长等自主选择学习课程,实现学生的个性化学习;增设亲子课程,让孩子们尽情享受与家人共享的快乐时光,与家人一块烹饪,一块游戏,一块阅读,一块整理房间,分享抗疫心得等。培养孩子主动参与、自主学习的能力,养成良好的生活习惯、健康习惯,享受"宅家学习"的快乐。

(3)深挖课程内涵,四堂大课有品质。崔满校长指出,社会即课堂、生活即教育,面对灾难,作为"摆渡人",学校变危机为契机,结合当下疫情,充分挖掘素材,为学生上好生命教育、信念教育、科学教育、公德教育四堂大课。在四堂大课中,具化理解学校义渡文化理念中"大义""大爱""大美""大公"的内涵,践行

"多维一体,教育大渡"的区域教育理念。帮助学生树立正确的世界观、人生观、价值观,最终实现让学生成长为合格的中国特色的社会主义建设者和接班人的终极目标。

(4)转变教师角色,责任担当有情怀。①做孩子的学习伙伴。教师应以学习者的身份贯穿学生的学习过程,多交流互动,同研共进,成为孩子的学习伙伴。②做孩子的生活密友。教师要了解学生的生活、学习现状,给予独居孩子更多的人文关怀,消除他们心里的恐惧,做孩子的知心朋友。③做孩子的人生导师。教师要以疫情为契机,把疫情、灾难变成教材,开展丰富的学习内容,为学生构建正确的世界观、人生观、价值观,培养学生坚忍不拔、从容不迫、爱国爱民的家国情怀。

第二阶段,"停课不停学"领导小组进一步理清了思路、明确了方向,让"义渡云课堂"的脉络更加清晰可见,实施过程有条不紊、效果显著。

表8—8　　　　　　大渡口区钰鑫小学"义渡云课堂"作息时间表

| | 时间 | 内容 | 指导老师 | 学习方式 | 备注 |
|---|---|---|---|---|---|
| 上午 | 9:00～9:40 | 读写小天地 | 语文老师 | 在线学习 | |
| | 9:50～10:40 | 律动一下吧 | 自主活动 | | |
| | 10:40～11:20 | 数学趣味园 | 数学老师 | 在线学习 | |
| 中午 | 11:30～12:10 | 小小营养师(与家人一道准备午餐) | | | |
| | 12:10～14:30 | 午餐　午休 | | | |
| 下午 | 14:30～ | 自主活动内容:<br>(1)阅读更悦心:选择你喜欢的书籍,独自阅读或与家人一起进行亲子阅读;<br>(2)妙笔能生花:用手中的画笔,描绘眼中、心中的绚丽世界;<br>(3)哆来咪发嗦:欣赏喜欢的中外名曲,陶冶情操;<br>(4)小鬼来当家:和家人一道整理房间,擦擦窗户,扫扫地,做做家务;<br>(5)亲子好时光:与家人一道开展才艺表演、室内游戏等活动,享受快乐的亲子时光;<br>(6)习字助立人:静心练练硬笔书法、软笔书法;<br>(7)小眼看疫情:关注疫情中的那些人、那些事,讲一讲他们的故事,唱一唱抗疫歌曲,诵一诵抗疫诗歌,写一写心中所想,画一画令你感动的抗疫瞬间……| | | 自主活动建议:<br>(1)每天可自主选择活动内容;<br>(2)通过照片、视频等方式在班级群或朋友圈晒一晒自己的学习成果 |
| 晚上 | 21:00 | 盥洗　休息 | | | |

第二阶段推进的过程中,我们发现给孩子提供的自主学习内容较为宽泛,时间、空间非常充足,缺少了老师在一旁的有力指导,又出现了以下几个新的问题:(1)孩子学习范式单一,催生了学习倦怠期;(2)多数孩子的学习缺乏一定的深度;(3)个别孩子,因家长复工等问题,缺失了家长的督学,自主学习得不到有效落实。

(三)第三阶段:深入推进,生命成长益终身

基于第二阶段出现的新问题,我们对课程内容和教学方式再次进行优化调整:

1. 推进四大课堂的实施力度

充分利用"疫情"教育资源,加强学科统整与深度融合,以"小眼看疫情"项目式学习为载体,跨学科,多维度思考学科深度学习活动,语文、数学、音乐、美术、科学、信息技术等多个学科聚焦四大课堂教育的核心内容,教师们齐心协力,用心开发教材和学习活动,取得了润物无声的教育效果。

2. 进一步优化项目式学习内容

在孩子们前期学习的基础上,分年级纵深推进活动内容,让孩子的学习有深度、有价值,具体内容如下:

**做一做:**

(1)口罩制作:查找资料,认识防毒口罩的功能,自制一个简单口罩;

(2)病毒模型制作:通过资料查询,了解病毒的特征和形态,用橡皮泥或其他材料模拟制作病毒模型;

(3)空气实验:通过上网查找、家长指导,做一做病毒传染"认识空气的特征"的实验;

(4)思维导图:查找、认识"新冠病毒"的基本特征、传播途径,试着绘制一张思维导图;

(5)统计(表)图:搜索疫情数据,进行统计、分析、思考,写出内心的感想;

(6)智能编程:有条件的孩子,尝试完成一款病毒传播途径的小游戏,初步了解模块化编程技能;

……

**写一写:**

(7)一首小诗:收集战"疫"中的诗歌、文章、歌曲,尝试写一首儿歌或小诗;

(8)一封信:战"疫"前线的那些人、那些事都深深地触碰着你的内心,我手抒我心,给"他"或"他们"写一封信,致敬"最美逆行者";

(9)一份倡议书:了解此次"疫情"的来源和历史上发生的相关事件,给人类写一份倡议书,告诉人类要敬畏自然;

(10)一份颁奖词:为战"疫"中"最美逆行者"写一份颁奖词,塑造孩子们正确的价值观,树"我们心中的榜样";

(11)一份小法典:针对"疫情"思考,写一写关于禁止触碰野生动物的一部"小法典";

(12)科学小论文:结合此次疫情,学习写科学小论文。

①如何保护生态环境?抵御未来可能发生的病毒风险。

②通过网上调查,预测疫情之后,哪些行业的经济会得到更大发展?

……

第三阶段的学习,注重加入老师的引导,孩子们在丰富的学科活动中学会了静心思考,用心参与,努力完成他们人生中这一张注定意义深远的"特殊"答卷。在完成"疫情数据统计图"时、在"为最美逆行者写颁奖词"时、在"给人类的一封信"中……我们听到了孩子心灵的呐喊,看到了他们生命的成长。

三月,芽苞已绽放枝头,"停课不停学"第四阶段又将拉开帷幕。线上教学作为一种新生事物,大家都是在实践中不断摸索,在摸索中不断思考,在思考中不断修正,在修正中不断完善,谨以我校的点滴做法与同仁们共启生智,以求线上教学之路能走得更稳、行得更远。

（钰鑫小学　张雪梅　冉丽）

### 四、大渡口区"停课不停学"线上教学总结

#### 抓实做细"停课不停学"
#### 构筑"家长放心、学生专心、教师用心"的大渡口"空中育人走廊"

为贯彻落实好国家教育部和市教委关于"停课不停学"的相关文件精神,结合我区实际,按"一区一策"制定我区"停课不停学"在线教学方案,稳步实施在线教育教学。

(一)线上课程推进力求"稳"

深刻理解"停课不停学"深刻要义,在确保学生身心健康的前提下稳步实施在线教学,我区根据国家教育部和市教委前后陆续下发的各级各类文件,组织线上教学按"三步走":

第一步:探索推进,"三化""三融合""三统筹"课程建设。

新的背景下,师生采用全新的教育教学环境和方式势必有一个探索完善的过程。2月10~27日,我区主要采取"预习+巩固+拓展"学习,我们引领学校在课程构建上做到"三化",即基于校情、生情差异性,差异化构建学校课程;广泛拓展思路,在做好基础课程构建基础上,构建学校特色化课程;进而形成具体

自身品质化课程。在课程实施上做到"三融合"，即在课程内容上体现国家课程与校本课程的广泛融合，在教学方式上体现学生为主体与教师为主导的广泛融合，在复课前后衔接上体现课程与线下课程的广泛融合。课程管理上做到"三统筹"，即区教委加强与市教委沟通联系，加强学校课程实施政策方向指导；重点依托进修学校智力支撑，指导学校做好"停课不停学"课程设计、实施和组织；学校发挥好教学管理团队、骨干教师力量的核心作用，统筹好延期开学期间的"停课不停学"工作开展。

第二步：调研总结，课题式、诊断式、指导式摸底学生学情。

2月25日，市教委下发《重庆市中小学校"停课不停学"线上教学工作指导方案》，要求从3月2日开始实施国家课程学习。为更好、更平稳地推动下一阶段工作，充分总结前阶段"停课不停学"工作的经验、成效，发现工作推进中的问题、困难，我区教委依托进修学校组建了16个调查小组，于3月2～6日为期一周深入每一所学校，全面调查了解前期线上教学工作中存在的问题、困难，听取学校下一步工作推进的意见建议。精准摸排到全区917个班级共40 142名中小学生中，有1 102名学生无法参与线上上课，3 329名学生无法收看电视教育频道，317名学生既无法线上上课，又无法收看电视教育频道；随着"复工潮"，全区共6 262名学生家中无家长陪护。

第三步："一校一策"，分类别、分层级统筹推进国家课程。

在前期调查研究总结基础上，充分考虑学生居家学习的困难，我区采取由教委统筹专款，向全区3.9万余名中小学生免费快递教材教辅25万余册；充分考虑校际差异、学生实际，再次优化调整前期工作方案，于3月9日起全面分类、分级有序推进国家课程学习，并切实做到：

"三关注"：一是关注学习困难的学生，强化学习方式的思考和研究，建立居家学习、复课学习的前后衔接，补漏补差，让学生放心、家长安心。二是关注父母复工复产独居留守的学生，加强学生学习自律性的培养和学习内驱力的激发。三是关注支援一线的医务人员等特殊群体的孩子，侧重身心健康指导和情绪疏导，让班级、学校成为他们安全的港湾、坚强的依靠。

"三松绑"：一是充分尊重学校"一校一策"，给学校松绑；二是要求全区各学校杜绝形式主义，"屏蔽"所有与线上教学无关的任务，给老师减少工作干扰，从精神层面、工作量层面、业务指导层面给教师松绑；三是减负提质、五育并举，为学生松绑。

"三分类"：一是对高三、初三年级建立重点督查指导机制，重点依托进修学校，由全体教研员与初三和高三教师进行网络教研、集体蹲点教研、线上巡课和听课等方式，扎实有序推进高考、中考备考工作。二是对其他非毕业年级，严格执行"降难度、缓坡度"的原则,稳步推进国家课程教学。三是针对中职学校,要求学校充分结合各类专业特点,开展生活式职业技能培养。

(二)空中课堂指导重在"实"

2020年春季网上全面开课,这对教师来讲是一场不小的挑战,老师们对网上教学"教什么""怎么教""怎么教得更好"等问题有着从未有过的困惑。为推进"停课不停学"平稳有序、务实有效,我区由机关业务科室人员牵头,重点依托进修学校构建起线上教育教学常态有序推进的"纵横交错、立体帮扶""4×4＋10"机制体制,并持续发挥五级指导作用:

一是学科研究指导团队引领作用。"一个人走得快,一群人走得远",为充分发挥教学名师、骨干教师和优秀班主任的引领作用和集体智慧,我区重点依托教研员,在全区范围内抽取教学名师、骨干教师、优秀班主任、心理学专业教师共计81名,组建了十个"停课不停学"学科研究指导团队,切实发挥教育教学骨干"关键少数"的团队引领作用,采取"分片""包校"等方式开展项目式、学科式、片区式、网络式研修和点对点指导。截至目前,十个指导团队已成为我区"停课不停学"业务指导的智慧中心和指挥中心,成为各学校线上教学的"主心骨"和"总枢纽",成为特殊时期全区一线教师在线教学的坚强后盾和后援力量。

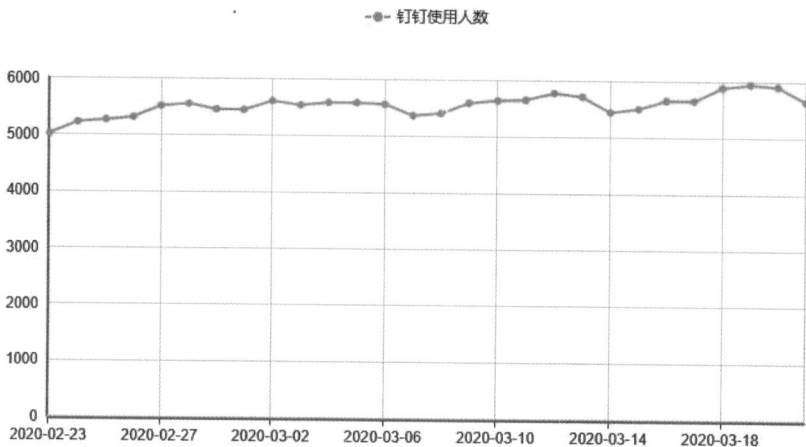

图8—20    三十七中每天使用钉钉人数统计

二是检查小组动态督促作用。由教委业务科室4名干部牵头,依托进修学校32名行政干部和教研员,组建16个片区督查小组,动态调研各学校学生居家学习的现状包括每个班级有多少学生无法在线上课、多少学生无法收看电视、多少学生无家长陪护等;督促学校做到对每个学生家庭、学习环境条件、身心健康等"底数清、情况明、措施实"；检查指导学校对落实国家学习的要求是否到位务实、线上授课时间是否规范，并为学校提供必要的帮助。

三是机关业务科室统筹作用。业务科室加强横向、纵向的沟通联系，理解好文件精神、把握好政策方向、把握好工作原则和总基调，有效推进五育并举和学生心理健康教育指导。技装中心针对没有终端设备的学生，主动联合学校、联动家长，实施精准帮扶。

四是德育骨干后援支撑作用。随着学生居家学习时间持续延长和线上教学的持续推进，学生、家长都将进入一个焦虑期、疲劳期、瓶颈期，家长、学生的情绪、心理健康都需要引领和疏导。我区充分发挥好德育骨干、班主任、心理专业教师的团队作用，成为支撑我区"空中育人走廊"的主体框架。团队定期研究并推送生命教育、感恩教育、家国情怀教育等主题教育项目，指导学校开展学生与家长的心理调适，引导家长参与孩子学习成长等方面发挥着重要作用。

五是学校自身管理监督作用。通过强化学校的主体责任，引领学校建立管理者、教师全员参与的线上教学指导运行机制，发挥统筹管理效能。部分学校很快摸索出网上巡课制度，由校级干部＋中层干部＋教研组长共同组成线上巡课小组，对每位教师的教学内容、教学模式、教学形式、课堂组织、课堂时间、课后任务等方面进行详细记录，用于课后总结经验、发现问题、诊断改进，学校内部管理从茫然走向从容，从摸索上路走向经验成效凸显。

（三）底线原则督导强化"严"

市教委多个"停课不停学"的相关文件，对半日授课制度、每天网上授课时长、每次连续授课时间等都做了很多硬性的原则底线规定。教师分散、学生居家，如何监管是个难题，对此我们坚持做"三到位"：

一是要求到位。教委业务科室准确领悟各级文件精神，所有指令统一发声，做到上下政令畅通。在教委和学校设立两级公开投诉电话，供学生家长提供信息、举报教师不规范教学行为。

二是提醒到位。在"停课不停学"期间，及时调研发现线上教学中的各类问题，做到日常工作推进每日有提醒、每日有跟进、每日有小结。

三是监管到位。重点依托16个督查小组，严格监控学校在线教学时长，严格半日授课制，严格监测各学校作业布置的科学性、有效性，确保学生学习任务适量适度。

大灾即大考，2020年新冠疫情推迟开学对教育人来讲也是一场前所未有的"考试"。从教学内容重构到教学方法革新，从师生情感沟通方式变化到学校管理制度的变革，教师、学校、教研机构、教育行政部门一路行走、一路磨合、一路调适，从盲目到清晰、从焦虑到从容，我们看到了教育人的智慧与担当。这场全

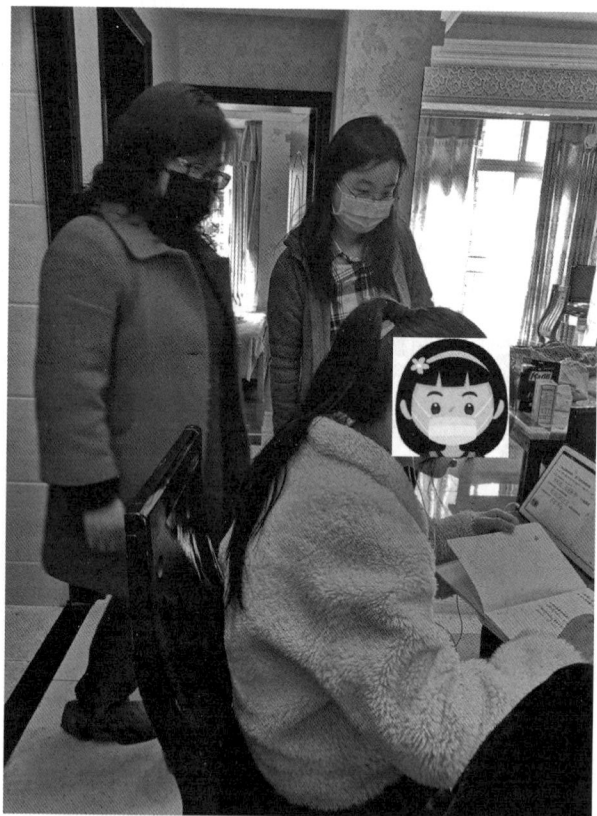

图 8—21　三十七中老师关爱独居学子

新的挑战也应与举国上下抗击疫情一样成为教育史上浓墨重彩的一笔,更是全民迈入数字化时代下教育改革的开始!

（大渡口区教委　伍平伟）